TADZJIEKS

WOORDENSCHAT

THEMATISCHE WOORDENLIJST

NEDERLANDS
TADZJIEKS

De meest bruikbare woorden
Om uw woordenschat uit te breiden en
uw taalvaardigheid aan te scherpen

9000 woorden

Thematische woordenschat Nederlands-Tadzjieks - 9000 woorden

Door Andrey Taranov

Woordenlijsten van T&P Books zijn bedoeld om u woorden van een vreemde taal te helpen leren, onthouden, en bestudering. Dit woordenboek is ingedeeld in thema's en behandelt alle belangrijk terreinen van het dagelijkse leven, bedrijven, wetenschap, cultuur, etc.

Het proces van het leren van woorden met behulp van de op thema's gebaseerde aanpak van T&P Books biedt u de volgende voordelen:

- Correct gegroepeerde informatie is bepalend voor succes bij opeenvolgende stadia van het leren van woorden
- De beschikbaarheid van woorden die van dezelfde stam zijn maakt het mogelijk om woordgroepen te onthouden (in plaats van losse woorden)
- Kleine groepen van woorden faciliteren het proces van het aanmaken van associatieve verbindingen, die nodig zijn bij het consolideren van de woordenschat
- Het niveau van talenkennis kan worden ingeschat door het aantal geleerde woorden

T&P Books Publishing
www.tpbooks.com

ISBN: 978-1-78492-287-0

Dit boek is ook beschikbaar in e-boek formaat.
Gelleve www.tpbooks.com te bezoeken of de belangrijkste online boekwinkels.

TADZJIEKSE WOORDENSCHAT
nieuwe woorden leren

T&P Books woordenlijsten zijn bedoeld om u te helpen vreemde woorden te leren, te onthouden, en te bestuderen. De woordenschat bevat meer dan 9000 veel gebruikte woorden die thematisch geordend zijn.

- De woordenlijst bevat de meest gebruikte woorden
- Aanbevolen als aanvulling bij welke taalcursus dan ook
- Voldoet aan de behoeften van de beginnende en gevorderde student in vreemde talen
- Geschikt voor dagelijks gebruik, bestudering en zelftestactiviteiten
- Maakt het mogelijk om uw woordenschat te evalueren

Bijzondere kenmerken van de woordenschat

- De woorden zijn gerangschikt naar hun betekenis, niet volgens alfabet
- De woorden worden weergegeven in drie kolommen om bestudering en zelftesten te vergemakkelijken
- Woorden in groepen worden verdeeld in kleine blokken om het leerproces te vergemakkelijken
- De woordenschat biedt een handige en eenvoudige beschrijving van elk buitenlands woord

De woordenschat bevat 256 onderwerpen zoals:

Basisconcepten, getallen, kleuren, maanden, seizoenen, meeteenheden, kleding en accessoires, eten & voeding, restaurant, familieleden, verwanten, karakter, gevoelens, emoties, ziekten, stad, dorp, bezienswaardigheden, winkelen, geld, huis, thuis, kantoor, werken op kantoor, import & export, marketing, werk zoeken, sport, onderwijs, computer, internet, gereedschap, natuur, landen, nationaliteiten en meer ...

INHOUDSOPGAVE

UITSPRAAKGIDS

Letter	Tadzjieks voorbeeld	T&P fonetisch alfabet	Nederlands voorbeeld
А а	Рахмат!	[a]	acht
Б б	бесохиб	[b]	hebben
В в	вафодорй	[v]	beloven, schrijven
Г г	гулмохй	[g]	goal, tango
Ғ ғ	мурғобй	[ʁ]	gutturale R
Д д	мадд	[d]	Dank u, honderd
Е е	телескоп	[e:]	twee, ongeveer
Ё ё	сайёра	[jɔ]	New York, jongen
Ж ж	аждахо	[ʒ]	journalist, rouge
З з	сӯзанда	[z]	zeven, zesde
И и	шифт	[i]	bidden, tint
Й й	обчакорй	[i:]	team, portier
Й й	хайкал	[j]	New York, januari
К к	коргардон	[k]	kennen, kleur
Қ қ	нуқта	[q]	kennen, kleur
Л л	пилла	[l]	delen, luchter
М м	мусиқачй	[m]	morgen, etmaal
Н н	нонвой	[n]	nemen, zonder
О о	посбон	[o:]	rood, knoop
П п	папка	[p]	parallel, koper
Р р	чароғак	[r]	roepen, breken
С с	суръат	[s]	spreken, kosten
Т т	тарқиш	[t]	tomaat, taart
У у	мухаррик	[u]	hoed, doe
Ӯ ӯ	кӯшк	[œ]	Duits - 'Hölle'
Ф ф	фурӯш	[f]	feestdag, informeren
Х х	хушксолй	[x]	licht, school
Ҳ ҳ	чарогох	[h]	het, herhalen
Ч ч	чароғ	[ʧ]	Tsjechië, cello
Ҷ ҷ	чанчол	[ʤ]	jeans, jungle
Ш ш	нашриёт	[ʃ]	shampoo, machine
Ъ ъ [1]	таърихдон	[:], [ʹ]	zonder klank
Э э	эхтимолй	[ɛ]	elf, zwembad
Ю ю	юнонй	[ju]	jullie, aquarium
Я я	яхбурча	[ja]	signaal, Spanjaard

Opmerkingen

[1] [:] - Verlengt de voorgaande klinker; ['] - na medeklinkers wordt gebruikt als een "harde teken"

AFKORTINGEN
gebruikt in de woordenschat

Nederlandse afkortingen

abn	-	als bijvoeglijk naamwoord
bijv.	-	bijvoorbeeld
bn	-	bijvoeglijk naamwoord
bw	-	bijwoord
enk.	-	enkelvoud
enz.	-	enzovoort
form.	-	formele taal
inform.	-	informele taal
mann.	-	mannelijk
mil.	-	militair
mv.	-	meervoud
on.ww.	-	onovergankelijk werkwoord
ontelb.	-	ontelbaar
ov.	-	over
ov.ww.	-	overgankelijk werkwoord
telb.	-	telbaar
vn	-	voornaamwoord
vrouw.	-	vrouwelijk
vw	-	voegwoord
vz	-	voorzetsel
wisk.	-	wiskunde
ww	-	werkwoord

Nederlandse artikelen

de	-	gemeenschappelijk geslacht
de/het	-	gemeenschappelijk geslacht, onzijdig
het	-	onzijdig

BASISBEGRIPPEN

Basisbegrippen Deel 1

1. Voornaamwoorden

ik	ман	[man]
jij, je	ту	[tu]
hij	ӯ, вай	[œ], [vaj]
zij, ze	ӯ, вай	[œ], [vaj]
het	он	[on]
wij, we	мо	[mo]
jullie	шумо	[ʃumo]
U (form., enk.)	Шумо	[ʃumo]
U (form., mv.)	Шумо	[ʃumo]
zij, ze (levenloos)	онон	[onon]
zij, ze (levend)	онҳо, вайҳо	[onho], [vajho]

2. Begroetingen. Begroetingen. Afscheid

Hallo! Dag!	Салом!	[salom]
Hallo!	Ассалом!	[assalom]
Goedemorgen!	Субҳатон ба хайр!	[subhaton ba χajr]
Goedemiddag!	Рӯз ба хайр!	[rœz ba χajr]
Goedenavond!	Шом ба хайр!	[ʃom ba χajr]
gedag zeggen (groeten)	саломалейк кардан	[salomalejk kardan]
Hoi!	Ассалом! Салом!	[assalom salom]
groeten (het)	воxӯрдй	[voχœrdi:]
verwelkomen (ww)	воxӯрдй кардан	[voχœrdi: kardan]
Hoe gaat het met u?	Корҳоятон чй хел?	[korhojaton ʧi: χel]
Hoe is het?	Корҳоят чй хел?	[korhojat ʧi: χel]
Is er nog nieuws?	Чй навигарй?	[ʧi: navigari:]
Tot ziens! (form.)	То дидан!	[to didan]
Doei!	Хайр!	[χajr]
Tot snel! Tot ziens!	То воxӯрии наздик!	[to voχœri:i nazdik]
Vaarwel! (inform.)	Падруд!	[padrud]
Vaarwel! (form.)	Хайрбод! Падруд!	[χajrbod padrud]
afscheid nemen (ww)	падруд гуфтан	[padrud guftan]
Tot kijk!	Хайр!	[χajr]
Dank u!	Раҳмат!	[rahmat]
Dank u wel!	Бисёр раҳмат!	[bisjor rahmat]

Graag gedaan	Марҳамат!	[marhamat]
Geen dank!	Намеарзад	[namearzad]
Geen moeite.	Намеарзад	[namearzad]

Excuseer me, … (inform.)	Бубахш!	[bubaχʃ]
Excuseer me, … (form.)	Бубахшед!	[bubaχʃed]
excuseren (verontschuldigen)	афв кардан	[afv kardan]

zich verontschuldigen	узр пурсидан	[uzr pursidan]
Mijn excuses.	Маро бубахшед	[maro bubaχʃed]
Het spijt me!	Бубахшед!	[bubaχʃed]
vergeven (ww)	бахшидан	[baχʃidan]
Maakt niet uit!	Ҳеч гап не	[heʧ gap ne]
alsjeblieft	илтимос	[iltimos]

Vergeet het niet!	Фаромӯш накунед!	[faromœʃ nakuned]
Natuurlijk!	Албатта!	[albatta]
Natuurlijk niet!	Албатта не!	[albatta ne]
Akkoord!	Розӣ!	[rozi:]
Zo is het genoeg!	Бас!	[bas]

3. Hoe aan te spreken

Excuseer me, …	Мебахшед!	[mebaχʃed]
meneer	ҷаноб, оқо	[dʒanob], [oqo]
mevrouw	хонум, бону	[χonum], [bonu]
juffrouw	ҷавондухтар	[dʒavonduχtar]
jongeman	ҷавон	[dʒavon]
jongen	писарбача	[pisarbaʧa]
meisje	духтарча, духтарак	[duχtarʧa], [duχtarak]

4. Kardinale getallen. Deel 1

nul	сифр	[sifr]
een	як	[jak]
twee	ду	[du]
drie	се	[ɜo]
vier	чор, чаҳор	[ʧor], [ʧahor]

vijf	панҷ	[pandʒ]
zes	шаш	[ʃaʃ]
zeven	ҳафт	[haft]
acht	ҳашт	[haʃt]
negen	нуҳ	[nuh]

tien	даҳ	[dah]
elf	ёздаҳ	[jozdah]
twaalf	дувоздаҳ	[duvozdah]
dertien	сездаҳ	[sezdah]
veertien	чордаҳ	[ʧordah]
vijftien	понздаҳ	[ponzdah]
zestien	шонздаҳ	[ʃonzdaʰ]

zeventien	хафдаҳ	[hafdah]
achttien	ҳаждаҳ	[haʒdah]
negentien	нуздаҳ	[nuzdah]

twintig	бист	[bist]
eenentwintig	бисту як	[bistu jak]
tweeëntwintig	бисту ду	[bistu du]
drieëntwintig	бисту се	[bistu se]

dertig	сй	[si:]
eenendertig	сию як	[siju jak]
tweeëndertig	сию ду	[siju du]
drieëndertig	сию се	[siju se]

veertig	чил	[tʃil]
eenenveertig	чилу як	[tʃilu jak]
tweeënveertig	чилу ду	[tʃilu du]
drieënveertig	чилу се	[tʃilu se]

vijftig	панчоҳ	[pandʒoh]
eenenvijftig	панчоху як	[pandʒohu jak]
tweeënvijftig	панчоху ду	[pandʒohu du]
drieënvijftig	панчоху се	[pandʒohu se]

zestig	шаст	[ʃast]
eenenzestig	шасту як	[ʃastu jak]
tweeënzestig	шасту ду	[ʃastu du]
drieënzestig	шасту се	[ʃastu se]

zeventig	ҳафтод	[haftod]
eenenzeventig	ҳафтоду як	[haftodu jak]
tweeënzeventig	ҳафтоду ду	[haftodu du]
drieënzeventig	ҳафтоду се	[haftodu se]

tachtig	ҳаштод	[haʃtod]
eenentachtig	ҳаштоду як	[haʃtodu jak]
tweeëntachtig	ҳаштоду ду	[haʃtodu du]
drieëntachtig	ҳаштоду се	[haʃtodu se]

negentig	навад	[navad]
eenennegentig	наваду як	[navadu jak]
tweeënnegentig	наваду ду	[navadu du]
drieënnegentig	наваду се	[navadu se]

5. Kardinale getallen. Deel 2

honderd	сад	[sad]
tweehonderd	дусад	[dusad]
driehonderd	сесад	[sesad]
vierhonderd	чорсад, чаҳорсад	[tʃorsad], [tʃahorsad]
vijfhonderd	панчсад	[pandʒsad]

| zeshonderd | шашсад | [ʃaʃsad] |
| zevenhonderd | ҳафтсад | [haftsad] |

| achthonderd | ҳаштсад | [haʃtsad] |
| negenhonderd | нӯхсадум | [nœhsadum] |

duizend	ҳазор	[hazor]
tweeduizend	ду ҳазор	[du hazor]
drieduizend	се ҳазор	[se hazor]
tienduizend	даҳ ҳазор	[dah hazor]
honderdduizend	сад ҳазор	[sad hazor]
miljoen (het)	миллион	[million]
miljard (het)	миллиард	[milliard]

6. Ordinale getallen

eerste (bn)	якум	[jakum]
tweede (bn)	дуюм	[dujum]
derde (bn)	сеюм	[sejum]
vierde (bn)	чорум	[tʃorum]
vijfde (bn)	панчум	[pandʒum]

zesde (bn)	шашум	[ʃaʃum]
zevende (bn)	ҳафтум	[haftum]
achtste (bn)	ҳаштум	[haʃtum]
negende (bn)	нӯхум	[nœhum]
tiende (bn)	даҳӯм	[dahœm]

7. Getallen. Breuken

breukgetal (het)	каср	[kasr]
half	аз ду як ҳисса	[az du jak hissa]
een derde	аз се як ҳисса	[az se jak hissa]
kwart	аз чор як ҳисса	[az tʃor jak hissa]

een achtste	аз ҳашт як ҳисса	[az haʃt jak hissa]
een tiende	аз даҳ як ҳисса	[az dah jak hissa]
twee dorde	аз се ду ҳисса	[az se du hissa]
driekwart	аз чор се ҳисса	[az tʃor se hissa]

8. Getallen. Eenvoudige berekeningen

aftrekking (de)	тарҳ	[tarh]
aftrekken (ww)	тарҳ кардан	[tarh kardan]
deling (de)	тақсим	[taqsim]
delen (ww)	тақсим кардан	[taqsim kardan]

optelling (de)	чамъ кардани	[dʒam' kardani]
erbij optellen	чамъ кардан	[dʒam' kardan]
(bij elkaar voegen)		
optellen (ww)	чамъ кардан	[dʒam' kardan]
vermenigvuldiging (de)	зарб, зарбзани	[zarb], [zarbzani:]
vermenigvuldigen (ww)	зарб задан	[zarb zadan]

9. Getallen. Diversen

cijfer (het)	рақам	[raqam]
nummer (het)	адад	[adad]
telwoord (het)	шумора	[ʃumora]
minteken (het)	тарх	[tarh]
plusteken (het)	ҷамъ	[dʒam']
formule (de)	формула	[formula]
berekening (de)	хисоб кардани	[hisob kardani]
tellen (ww)	шумурдан	[ʃumurdan]
bijrekenen (ww)	хисоб кардан	[hisob kardan]
vergelijken (ww)	муқоиса кардан	[muqoisa kardan]
Hoeveel? (ontelb.)	Чӣ қадар?	[tʃi: qadar]
Hoeveel? (telb.)	Чанд-то?	[tʃand-to]
som (de), totaal (het)	хосили ҷамъ	[hosili dʒam']
uitkomst (de)	натиҷа	[natidʒa]
rest (de)	бақия	[baqija]
enkele (bijv. ~ minuten)	якчанд	[jaktʃand]
weinig (bw)	чанд	[tʃand]
restant (het)	боқимонда	[boqimonda]
anderhalf	якуним	[jakunim]
middendoor (bw)	ним	[nim]
even (bw)	баробар	[barobar]
helft (de)	нисф	[nisf]
keer (de)	бор	[bor]

10. De belangrijkste werkwoorden. Deel 1

aanbevelen (ww)	маслихат додан	[maslihat dodan]
aandringen (ww)	сахт истодан	[saχt istodan]
aankomen (per auto, enz.)	расидан	[rasidan]
aanraken (ww)	даст расондан	[dast rasondan]
adviseren (ww)	маслихат додан	[maslihat dodan]
afdalen (on.ww.)	фуромадан	[furomadan]
afslaan (naar rechts ~)	гардонидан	[gardonidan]
antwoorden (ww)	ҷавоб додан	[dʒavob dodan]
bang zijn (ww)	тарсидан	[tarsidan]
bedreigen	дӯғ задан	[dœʁ zadan]
(bijv. met een pistool)		
bedriegen (ww)	фирефтан	[fireftan]
beëindigen (ww)	тамом кардан	[tamom kardan]
beginnen (ww)	сар кардан	[sar kardan]
begrijpen (ww)	фахмидан	[fahmidan]
beheren (managen)	сардорӣ кардан	[sardori: kardan]
beledigen	тахқир кардан	[tahqir kardan]
(met scheldwoorden)		

beloven (ww)	ваъда додан	[va'da dodan]
bereiden (koken)	пухтан	[puχtan]
bespreken (spreken over)	муҳокима кардан	[muhokima kardan]

bestellen (eten ~)	супоридан	[suporidan]
bestraffen (een stout kind ~)	чазо додан	[dʒazo dodan]
betalen (ww)	пул додан	[pul dodan]
betekenen (beduiden)	маъно доштан	[ma'no doʃtan]
betreuren (ww)	таассуф хӯрдан	[taassuf χœrdan]

bevallen (prettig vinden)	форидан	[foridan]
bevelen (mil.)	фармон додан	[farmon dodan]
bevrijden (stad, enz.)	озод кардан	[ozod kardan]
bewaren (ww)	нигоҳ доштан	[nigoh doʃtan]
bezitten (ww)	соҳиб будан	[sohib budan]

bidden (praten met God)	намоз хондан	[namoz χondan]
binnengaan (een kamer ~)	даромадан	[daromadan]
breken (ww)	шикастан	[ʃikastan]
controleren (ww)	назорат кардан	[nazorat kardan]
creëren (ww)	офаридан	[ofaridan]

deelnemen (ww)	иштирок кардан	[iʃtirok kardan]
denken (ww)	фикр кардан	[fikr kardan]
doden (ww)	куштан	[kuʃtan]
doen (ww)	кардан	[kardan]
dorst hebben (ww)	об хостан	[ob χostan]

11. De belangrijkste werkwoorden. Deel 2

een hint geven	луқма додан	[luqma dodan]
eisen (met klem vragen)	талаб кардан	[talab kardan]
excuseren (vergeven)	афв кардан	[afv kardan]
existeren (bestaan)	зиндагӣ кардан	[zindagi: kardan]
gaan (te voet)	рафтан	[raftan]

gaan zitten (ww)	нишастан	[niʃastan]
gaan zwemmen	оббозӣ кардан	[obbozi: kardan]
geven (ww)	додан	[dodan]
glimlachen (ww)	табассум кардан	[tabassum kardan]
goed raden (ww)	ёфтан	[joftan]

| grappen maken (ww) | шӯхӣ кардан | [ʃœχi: kardan] |
| graven (ww) | кофтан | [koftan] |

hebben (ww)	доштан	[doʃtan]
helpen (ww)	кумак кардан	[kumak kardan]
herhalen (opnieuw zeggen)	такрор кардан	[takror kardan]
honger hebben (ww)	хӯрок хостан	[χœrok χostan]

hopen (ww)	умед доштан	[umed doʃtan]
horen (waarnemen met het oor)	шунидан	[ʃunidan]
huilen (wenen)	гиря кардан	[girja kardan]

| huren (huis, kamer) | ба ичора гирифтан | [ba idʒora giriftan] |
| informeren (informatie geven) | ахборот додан | [aχborot dodan] |

instemmen (akkoord gaan)	розигй додан	[rozigi: dodan]
jagen (ww)	шикор кардан	[ʃikor kardan]
kennen (kennis hebben van iemand)	донистан	[donistan]
kiezen (ww)	интихоб кардан	[intiχob kardan]
klagen (ww)	шикоят кардан	[ʃikojat kardan]

kosten (ww)	арзидан	[arzidan]
kunnen (ww)	тавонистан	[tavonistan]
lachen (ww)	хандидан	[χandidan]
laten vallen (ww)	афтондан	[aftondan]
lezen (ww)	хондан	[χondan]

liefhebben (ww)	дӯст доштан	[dœst doʃtan]
lunchen (ww)	хӯроки пешин хӯрдан	[χœroki peʃin χœrdan]
nemen (ww)	гирифтан	[giriftan]
nodig zijn (ww)	даркор будан	[darkor budan]

12. De belangrijkste werkwoorden. Deel 3

onderschatten (ww)	хунукназарӣ кардан	[χunuknazari: kardan]
ondertekenen (ww)	имзо кардан	[imzo kardan]
ontbijten (ww)	ноништа кардан	[noniʃta kardan]
openen (ww)	кушодан	[kuʃodan]
ophouden (ww)	бас кардан	[bas kardan]
opmerken (zien)	дида мондан	[dida mondan]

opscheppen (ww)	худситой кардан	[χudsitoi: kardan]
opschrijven (ww)	навиштан	[naviʃtan]
plannen (ww)	нақша кашидан	[naqʃa kaʃidan]
prefereren (verkiezen)	бехтар донистан	[beχtar donistan]
proberen (trachten)	озмоиш кардан	[ozmoiʃ kardan]
redden (ww)	начот додан	[nadʒot dodan]

rekenen op ...	умед бастан	[umed bastan]
rennen (ww)	давидан	[davidan]
reserveren (een hotelkamer ~)	нигох доштан	[nigoh doʃtan]
roepen (om hulp)	чег задан	[dʒeʁ zadan]
schieten (ww)	тир задан	[tir zadan]
schreeuwen (ww)	дод задан	[dod zadan]

schrijven (ww)	навиштан	[naviʃtan]
souperen (ww)	хӯроки шом хӯрдан	[χœroki ʃom χœrdan]
spelen (kinderen)	бозй кардан	[bozi: kardan]
spreken (ww)	гап задан	[ʁap zadan]
stelen (ww)	дуздидан	[duzdidan]
stoppen (pauzeren)	истодан	[istodan]

| studeren (Nederlands ~) | омӯхтан | [omœχtan] |
| sturen (zenden) | ирсол кардан | [irsol kardan] |

tellen (optellen)	ҳисоб кардан	[hisob kardan]
toebehoren ...	таалуқ доштан	[taaluq doʃtan]
toestaan (ww)	ичозат додан	[idʒozat dodan]
tonen (ww)	нишон додан	[niʃon dodan]

twijfelen (onzeker zijn)	шак доштан	[ʃak doʃtan]
uitgaan (ww)	баромадан	[baromadan]
uitnodigen (ww)	даъват кардан	[da'vat kardan]
uitspreken (ww)	талаффуз кардан	[talaffuz kardan]
uitvaren tegen (ww)	дашном додан	[daʃnom dodan]

13. De belangrijkste werkwoorden. Deel 4

vallen (ww)	афтодан	[aftodan]
vangen (ww)	доштан	[doʃtan]
veranderen (anders maken)	иваз кардан	[ivaz kardan]
verbaasd zijn (ww)	ба ҳайрат афтодан	[ba hajrat aftodan]
verbergen (ww)	пинҳон кардан	[pinhon kardan]

verdedigen (je land ~)	муҳофиза кардан	[muhofiza kardan]
verenigen (ww)	якчоя кардан	[jakdʒoja kardan]
vergelijken (ww)	муқоиса кардан	[muqoisa kardan]
vergeten (ww)	фаромӯш кардан	[faromœʃ kardan]
vergeven (ww)	бахшидан	[baχʃidan]

verklaren (uitleggen)	шарҳ додан	[ʃarh dodan]
verkopen (per stuk ~)	фурӯхтан	[furœχtan]
vermelden (praten over)	гуфта гузаштан	[gufta guzaʃtan]
versieren (decoreren)	оростан	[orostan]
vertalen (ww)	тарчума кардан	[tardʒuma kardan]

vertrouwen (ww)	бовар кардан	[bovar kardan]
vervolgen (ww)	давомат кардан	[davomat kardan]
verwarren (met elkaar ~)	иштибоҳ кардан	[iʃtiboh kardan]
verzoeken (ww)	пурсидан	[pursidan]
verzuimen (school, enz.)	набудан	[nabudan]

vinden (ww)	ефтан	[joftan]
vliegen (ww)	паридан	[paridan]
volgen (ww)	рафтан	[raftan]
voorstellen (ww)	таклиф кардан	[taklif kardan]
voorzien (verwachten)	пешбинӣ кардан	[peʃbini: kardan]
vragen (ww)	пурсидан	[pursidan]

waarnemen (ww)	назорат кардан	[nazorat kardan]
waarschuwen (ww)	танбеҳ додан	[tanbeh dodan]
wachten (ww)	поидан	[poidan]
weerspreken (ww)	зид баромадан	[zid baromadan]
weigeren (ww)	рад кардан	[rad kardan]

werken (ww)	кор кардан	[kor kardan]
weten (ww)	донистан	[donistan]
willen (verlangen)	хостан	[χostan]
zeggen (ww)	гуфтан	[guftan]

zich haasten (ww)	шитоб кардан	[ʃitob kardan]
zich interesseren voor ...	ҳавас кардан	[havas kardan]
zich vergissen (ww)	хато кардан	[χato kardan]
zich verontschuldigen	узр пурсидан	[uzr pursidan]
zien (ww)	дидан	[didan]

zijn (ww)	будан	[budan]
zoeken (ww)	ҷустан	[dʒustan]
zwemmen (ww)	шино кардан	[ʃino kardan]
zwijgen (ww)	хомӯш будан	[χomœʃ budan]

14. Kleuren

kleur (de)	ранг	[rang]
tint (de)	тобиш	[tobiʃ]
kleurnuance (de)	тобиш, лавн	[tobiʃ], [lavn]
regenboog (de)	рангинкамон	[ranginkamon]

wit (bn)	сафед	[safed]
zwart (bn)	сиёҳ	[sijɔh]
grijs (bn)	адкан	[adkan]

groen (bn)	сабз, кабуд	[sabz], [kabud]
geel (bn)	зард	[zard]
rood (bn)	сурх, арғувонӣ	[surχ], [arʁuvoni:]

blauw (bn)	кабуд	[kabud]
lichtblauw (bn)	осмонӣ	[osmoni:]
roze (bn)	гулобӣ	[gulobi:]
oranje (bn)	норанҷӣ	[norandʒi:]

| violet (bn) | бунафш | [bunafʃ] |
| bruin (bn) | қаҳвагӣ | [qahvagi:] |

| goud (bn) | тиллоранг | [tillorang] |
| zilverkleurig (bn) | нуқрафом | [nuqrafom] |

beige (bn)	каҳваранг	[kahvarang]
roomkleurig (bn)	зардтоб	[zardtob]
turkoois (bn)	фирӯзаранг	[firœzarang]
kersrood (bn)	олуболугӣ	[olubolugi:]

| lila (bn) | бунафш, нофармон | [bunafʃ], [nofarmon] |
| karmijnrood (bn) | сурхи сиехтоб | [surχi siehtob] |

licht (bn)	кушод	[kuʃod]
donker (bn)	торик	[torik]
fel (bn)	тоза	[toza]

kleur- kleurig (bn)	ранга	[ranga]
kleuren- (abn)	ранга	[ranga]
zwart-wit (bn)	сиёҳу сафед	[sijɔhu safed]
eenkleurig (bn)	якранга	[jakranga]
veelkleurig (bn)	рангоранг	[rangorang]

15. Vragen

Wie?	Кӣ?	[ki:]
Wat?	Чӣ?	[tʃi:]
Waar?	Дар кучо?	[dar kudʒo]
Waarheen?	Кучо?	[kudʒo]
Waar ... vandaan?	Аз кучо?	[az kudʒo]
Wanneer?	Кай?	[kaj]
Waarom?	Барои чӣ?	[baroi tʃi:]
Waarom?	Барои чӣ?	[baroi tʃi:]
Waarvoor dan ook?	Барои чӣ?	[baroi tʃi:]
Hoe?	Чӣ хел?	[tʃi: χel]
Wat voor ...?	Кадом?	[kadom]
Welk?	Чанд? Чандум?	[tʃand tʃandum]
Aan wie?	Ба кӣ?	[ba ki:]
Over wie?	Дар бораи кӣ?	[dar borai ki:]
Waarover?	Дар бораи чӣ?	[dar borai tʃi:]
Met wie?	Бо кӣ?	[bo ki:]
Hoeveel? (ontelb.)	Чӣ қадар?	[tʃi: qadar]
Hoeveel? (telb.)	Чанд-то?	[tʃand-to]
Van wie?	Аз они кӣ?	[az oni ki:]

16. Voorzetsels

met (bijv. ~ beleg)	бо, ҳамроҳи	[bo], [hamrohi]
zonder (~ accent)	бе	[be]
naar (in de richting van)	ба	[ba]
over (praten ~)	дар бораи	[dar borai]
voor (in tijd)	пеш аз	[peʃ az]
voor (aan de voorkant)	дар пеши	[dar peʃi]
onder (lager dan)	таги	[tagi]
boven (hoger dan)	дар болои	[dar boloi]
op (bovenop)	ба болои	[ba boloi]
van (uit, afkomstig van)	аз	[az]
van (gemaakt van)	аз	[az]
over (bijv. ~ een uur)	баъд аз	[ba'd az]
over (over de bovenkant)	аз болои ...	[az boloi]

17. Functiewoorden. Bijwoorden. Deel 1

Waar?	Дар кучо?	[dar kudʒo]
hier (bw)	ин чо	[in dʒo]
daar (bw)	он чо	[on dʒo]
ergens (bw)	дар кучое	[dar kudʒoe]
nergens (bw)	дар ҳеҷ чо	[dar hedʒ dʒo]

bij ... (in de buurt)	дар назди ...	[dar nazdi]
bij het raam	дар назди тиреза	[dar nazdi tireza]

Waarheen?	Кучо?	[kudʒo]
hierheen (bw)	ин чо	[in tʃo]
daarheen (bw)	ба он чо	[ba on dʒo]
hiervandaan (bw)	аз ин чо	[az in dʒo]
daarvandaan (bw)	аз он чо	[az on dʒo]

dichtbij (bw)	наздик	[nazdik]
ver (bw)	дур	[dur]

in de buurt (van ...)	дар бари	[dar bari]
vlakbij (bw)	бисёр наздик	[bisjor nazdik]
niet ver (bw)	наздик	[nazdik]

linker (bn)	чап	[tʃap]
links (bw)	аз чап	[az tʃap]
linksaf, naar links (bw)	ба тарафи чап	[ba tarafi tʃap]

rechter (bn)	рост	[rost]
rechts (bw)	аз рост	[az rost]
rechtsaf, naar rechts (bw)	ба тарафи рост	[ba tarafi rost]

vooraan (bw)	аз пеш	[az peʃ]
voorste (bn)	пешин	[peʃin]
vooruit (bw)	ба пеш	[ba peʃ]

achter (bw)	дар қафои	[dar qafoi]
van achteren (bw)	аз қафо	[az qafo]
achteruit (naar achteren)	ақиб	[aqib]

midden (het)	миёна	[mijona]
in het midden (bw)	дар миёна	[dar mijona]

opzij (bw)	аз пахлу	[az pahlu]
overal (bw)	дар ҳар чо	[dar har dʒo]
omheen (bw)	гирду атроф	[girdu atrof]

binnenuit (bw)	аз дарун	[az darun]
naar ergens (bw)	ба ким-кучо	[ba kim-kudʒo]
rechtdoor (bw)	миёнбур карда	[mijonbur karda]
terug (bijv. ~ komen)	ба ақиб	[ba aqib]

ergens vandaan (bw)	аз ягон чо	[az jagon dʒo]
ergens vandaan	аз як чо	[az jak dʒo]
(en dit geld moet ~ komen)		

ten eerste (bw)	аввалан	[avvalan]
ten tweede (bw)	дуюм	[dujum]
ten derde (bw)	сеюм	[sejum]

plotseling (bw)	ногоҳ, баногоҳ	[nogoh], [banogoh]
in het begin (bw)	дар аввал	[dar avval]
voor de eerste keer (bw)	якумин	[jakumin]
lang voor ... (bw)	хеле пеш	[xele peʃ]

opnieuw (bw)	аз нав	[az nav]
voor eeuwig (bw)	тамоман	[tamoman]

nooit (bw)	ҳеҷ гоҳ	[heʤ goh]
weer (bw)	боз, аз дигар	[boz], [az digar]
nu (bw)	акнун	[aknun]
vaak (bw)	тез-тез	[tez-tez]
toen (bw)	он вақт	[on vaqt]
urgent (bw)	зуд, фавран	[zud], [favran]
meestal (bw)	одатан	[odatan]

trouwens, ... (tussen haakjes)	воқеан	[voqean]
mogelijk (bw)	шояд	[ʃojad]
waarschijnlijk (bw)	эҳтимол	[ɛhtimol]
misschien (bw)	эҳтимол, шояд	[ɛhtimol], [ʃojad]
trouwens (bw)	ғайр аз он	[ʁajr az on]
daarom ...	бинобар ин	[binobar in]
in weerwil van ...	ба ин нигоҳ накарда	[ba in nigoh nakarda]
dankzij ...	ба туфайли ...	[ba tufajli]

wat (vn)	чй	[ʧiː]
dat (vw)	ки	[ki]
iets (vn)	чизе	[ʧize]
iets	ягон чиз	[jagon ʧiz]
niets (vn)	ҳеҷ чиз	[heʤ ʧiz]

wie (~ is daar?)	кӣ	[kiː]
iemand (een onbekende)	ким-кӣ	[kim-kiː]
iemand (een bepaald persoon)	касе	[kase]

niemand (vn)	ҳеҷ кас	[heʤ kas]
nergens (bw)	ба ҳеҷ куҷо	[ba heʤ kuʤo]
niemands (bn)	бесоҳиб	[besohib]
iemands (bn)	аз они касе	[az oni kase]

zo (Ik ben ~ blij)	чунон	[ʧunon]
ook (evenals)	ҳам	[ham]
alsook (eveneens)	низ, ҳам	[niz], [ham]

18. Functiewoorden. Bijwoorden. Deel 2

Waarom?	Барои чй?	[baroi ʧiː]
om een bepaalde reden	бо ким-кадом сабаб	[bo kim-kadom sabab]
omdat ...	зеро ки	[zero ki]
voor een bepaald doel	барои чизе	[baroi ʧize]

en (vw)	ва, ... у, ... ю	[va], [u], [ju]
of (vw)	ё	[jo]
maar (vw)	аммо, лекин	[ammo], [lekin]
voor (vz)	барои	[baroi]
te (~ veel mensоn)	аз меъёр зиёд	[az me'jor zijod]
alleen (bw)	фақат	[faqat]

| precies (bw) | айнан | [ajnan] |
| ongeveer (~ 10 kg) | тақрибан | [taqriban] |

omstreeks (bw)	тақрибан	[taqriban]
bij benadering (bn)	тақрибй	[taqribi:]
bijna (bw)	қариб	[qarib]
rest (de)	боқимонда	[boqimonda]

de andere (tweede)	дигар	[digar]
ander (bn)	дигар	[digar]
elk (bn)	ҳар	[har]
om het even welk	ҳар	[har]
veel (grote hoeveelheid)	бисёр, хеле	[bisjɔr], [xele]
veel mensen	бисёриҳо	[bisjɔriho]
iedereen (alle personen)	ҳама	[hama]

in ruil voor ...	ба ивази	[ba ivazi]
in ruil (bw)	ба ивазаш	[ba ivazaʃ]
met de hand (bw)	дастй	[dasti:]
onwaarschijnlijk (bw)	ба гумон	[ba gumon]

waarschijnlijk (bw)	эҳтимол, шояд	[ɛhtimol], [ʃojad]
met opzet (bw)	барқасд	[barqasd]
toevallig (bw)	тасодуфан	[tasodufan]

zeer (bw)	хеле	[xele]
bijvoorbeeld (bw)	масалан, чунончи	[masalan], [tʃunontʃi]
tussen (~ twee steden)	дар байни	[dar bajni]
tussen (te midden van)	дар байни ...	[dar bajni]
zoveel (bw)	ин қадар	[in qadar]
vooral (bw)	хусусан	[xususan]

Basisbegrippen Deel 2

19. Dagen van de week

maandag (de)	душанбе	[duʃanbe]
dinsdag (de)	сешанбе	[seʃanbe]
woensdag (de)	чоршанбе	[tʃorʃanbe]
donderdag (de)	панчшанбе	[pandʒʃanbe]
vrijdag (de)	ҷумъа	[dʒum'a]
zaterdag (de)	шанбе	[ʃanbe]
zondag (de)	якшанбе	[jakʃanbe]

vandaag (bw)	имрӯз	[imrœz]
morgen (bw)	пагоҳ, фардо	[pagoh], [fardo]
overmorgen (bw)	пасфардо	[pasfardo]
gisteren (bw)	дирӯз, дина	[dirœz], [dina]
eergisteren (bw)	парирӯз	[parirœz]

dag (de)	рӯз	[rœz]
werkdag (de)	рӯзи кор	[rœzi kor]
feestdag (de)	рӯзи ид	[rœzi id]
verlofdag (de)	рӯзи истироҳат	[rœzi istirohat]
weekend (het)	рӯзҳои истироҳат	[rœzhoi istirohat]

de hele dag (bw)	тамоми рӯз	[tamomi rœz]
de volgende dag (bw)	рӯзи дигар	[rœzi digar]
twee dagen geleden	ду рӯз пеш	[du rœz peʃ]
aan de vooravond (bw)	як рӯз пеш	[jak rœz peʃ]
dag-, dagelijks (bn)	ҳаррӯза	[harrœza]
elke dag (bw)	ҳар рӯз	[har rœz]

week (de)	ҳафта	[hafta]
vorige week (bw)	ҳафтаи гузашта	[haftai guzaʃta]
volgende week (bw)	ҳафтаи оянда	[haftai ojanda]
wekelijks (bn)	ҳафтаина	[haftaina]
elke week (bw)	ҳар ҳафта	[har hafta]
twee keer per week	ҳафтае ду маротиба	[haftae du marotiba]
elke dinsdag	ҳар сешанбе	[har seʃanbe]

20. Uren. Dag en nacht

morgen (de)	пагоҳӣ	[pagohi:]
's morgens (bw)	пагоҳирӯзӣ	[pagohirœzi:]
middag (de)	нисфи рӯз	[nisfi rœz]
's middags (bw)	баъди пешин	[ba'di peʃin]

avond (de)	бегоҳ, бегоҳирӯз	[begoh], [begohirœz]
's avonds (bw)	бегоҳӣ, бегоҳирӯзӣ	[begohi:], [begohirœzi:]

27

nacht (de)	шаб	[ʃab]
's nachts (bw)	шабона	[ʃabona]
middernacht (de)	нисфи шаб	[nisfi ʃab]

seconde (de)	сония	[sonija]
minuut (de)	дақиқа	[daqiqa]
uur (het)	соат	[soat]
halfuur (het)	нимсоат	[nimsoat]
kwartier (het)	чоряки соат	[tʃorjaki soat]
vijftien minuten	понздаҳ дақиқа	[ponzdah daqiqa]
etmaal (het)	шабонарӯз	[ʃabonarœz]

zonsopgang (de)	тулӯъ	[tulœ']
dageraad (de)	субҳидам	[subhidam]
vroege morgen (de)	субҳи барвақт	[subhi barvaqt]
zonsondergang (de)	ғуруби офтоб	[ʁurubi oftob]

's morgens vroeg (bw)	субҳи барвақт	[subhi barvaqt]
vanmorgen (bw)	имрӯз пагоҳй	[imrœz pagohi:]
morgenochtend (bw)	пагоҳ саҳарй	[pagoh sahari:]
vanmiddag (bw)	имрӯз	[imrœz]
's middags (bw)	баъди пешин	[ba'di peʃin]
morgenmiddag (bw)	пагоҳ баъди пешин	[pagoh ba'di peʃin]
vanavond (bw)	ҳамин бегоҳ	[hamin begoh]
morgenavond (bw)	фардо бегоҳй	[fardo begohi:]

klokslag drie uur	расо соати се	[raso soati se]
ongeveer vier uur	наздикии соати чор	[nazdiki:i soati tʃor]
tegen twaalf uur	соатҳои дувоздаҳ	[soathoi duvozdah]

over twintig minuten	баъд аз бист дақиқа	[ba'd az bist daqiqa]
over een uur	баъд аз як соат	[ba'd az jak soat]
op tijd (bw)	дар вақташ	[dar vaqtaʃ]

kwart voor ...	понздаҳто кам	[ponzdahto kam]
binnen een uur	дар давоми як соат	[dar davomi jak soat]
elk kwartier	ҳар понздаҳ дақиқа	[har ponzdah daqiqa]
de klok rond	шабу рӯз	[ʃabu rœz]

21. Maanden. Seizoenen

januari (de)	январ	[janvar]
februari (de)	феврал	[fevral]
maart (de)	март	[mart]
april (de)	апрел	[aprel]
mei (de)	май	[maj]
juni (de)	июн	[ijun]

juli (de)	июл	[ijul]
augustus (de)	август	[avgust]
september (de)	сентябр	[sentjabr]
oktober (de)	октябр	[oktjabr]
november (de)	ноябр	[nojabr]
december (de)	декабр	[dekabr]

lente (de)	баҳор, баҳорон	[bahor], [bahoron]
in de lente (bw)	дар фасли баҳор	[dar fasli bahor]
lente- (abn)	баҳорӣ	[bahori:]
zomer (de)	тобистон	[tobiston]
in de zomer (bw)	дар тобистон	[dar tobiston]
zomer-, zomers (bn)	тобистона	[tobistona]
herfst (de)	тирамоҳ	[tiramoh]
in de herfst (bw)	дар тирамоҳ	[dar tiramoh]
herfst- (abn)	… и тирамоҳ	[i tiramoh]
winter (de)	зимистон	[zimiston]
in de winter (bw)	дар зимистон	[dar zimiston]
winter- (abn)	зимистонӣ, … и зимистон	[zimistoni:], [i zimiston]
maand (de)	моҳ	[moh]
deze maand (bw)	ҳамин моҳ	[hamin moh]
volgende maand (bw)	дар моҳи оянда	[dar mohi ojanda]
vorige maand (bw)	дар моҳи гузашта	[dar mohi guzaʃta]
een maand geleden (bw)	як моҳ пеш	[jak moh peʃ]
over een maand (bw)	баъд аз як моҳ	[ba'd az jak moh]
over twee maanden (bw)	баъд аз ду моҳ	[ba'd az du moh]
de hele maand (bw)	тамоми моҳ	[tamomi moh]
een volle maand (bw)	тамоми моҳ	[tamomi moh]
maand-, maandelijks (bn)	ҳармоҳа	[harmoha]
maandelijks (bw)	ҳар моҳ	[har moh]
elke maand (bw)	ҳар моҳ	[har moh]
twee keer per maand	ду маротиба дар як моҳ	[du marotiba dar jak moh]
jaar (het)	сол	[sol]
dit jaar (bw)	ҳамин сол	[hamin sol]
volgend jaar (bw)	соли оянда	[soli ojanda]
vorig jaar (bw)	соли гузашта	[soli guzaʃta]
een jaar geleden (bw)	як сол пеш	[jak sol peʃ]
over een jaar	баъд аз як сол	[ba'd az jak sol]
over twee jaar	баъд аз ду сол	[ba'd az du sol]
het hele jaar	тамоми сол	[tamomi sol]
een vol jaar	як соли пурра	[jak soli purra]
elk jaar	ҳар сол	[har sol]
jaar-, jaarlijks (bn)	ҳарсола	[harsola]
jaarlijks (bw)	ҳар сол	[har sol]
4 keer per jaar	чор маротиба дар як сол	[ʧor marotiba dar jak sol]
datum (de)	таърих, рӯз	[ta'rix], [rœz]
datum (de)	сана	[sana]
kalender (de)	тақвим, солнома	[taqvim], [solnoma]
een half jaar	ним сол	[nim sol]
zes maanden	нимсола	[nimsola]
seizoen (bijv. lente, zomer)	фасл	[fasl]
eeuw (de)	аср	[asr]

22. Tijd. Diversen

tijd (de)	вақт	[vaqt]
ogenblik (het)	лаҳза, дам	[lahza], [dam]
moment (het)	лаҳза	[lahza]
ogenblikkelijk (bn)	яклаҳзай	[jaklahzai:]
tijdsbestek (het)	муддати муайян	[muddati muajjan]
leven (het)	ҳаёт	[hajɔt]
eeuwigheid (de)	абад, абадият	[abad], [abadijat]

epoche (de), tijdperk (het)	давр, давра	[davr], [davra]
era (de), tijdperk (het)	эра, давра	[ɛra], [davra]
cyclus (de)	доира	[doira]
periode (de)	давр	[davr]
termijn (vastgestelde periode)	муддат	[muddat]

toekomst (de)	оянда	[ojanda]
toekomstig (bn)	оянда	[ojanda]
de volgende keer	бори дигар	[bori digar]
verleden (het)	гузашта	[guzaʃta]
vorig (bn)	гузашта	[guzaʃta]
de vorige keer	бори гузашта	[bori guzaʃta]

later (bw)	баъдтар	[ba'dtar]
na (~ het diner)	баъди	[ba'di]
tegenwoordig (bw)	ҳамин замон	[hamin zamon]
nu (bw)	ҳозир	[hozir]
onmiddellijk (bw)	фавран	[favran]
snel (bw)	ба зудӣ ... мешавад	[ba zudi: meʃavad]
bij voorbaat (bw)	пешакӣ	[peʃaki:]

lang geleden (bw)	кайҳо	[kajho]
kort geleden (bw)	ба наздикӣ	[ba nazdiki:]
noodlot (het)	тақдир	[taqdir]
herinneringen (mv.)	хотира	[xɔtira]
archief (het)	архив	[arχiv]

tijdens ... (ten tijde van)	дар вақти ...	[dar vaqti]
lang (bw)	дуру дароз	[duru daroz]
niet lang (bw)	кӯтоҳ	[kœtoh]
vroeg (bijv. ~ in de ochtend)	барвақт	[barvaqt]
laat (bw)	дер	[der]

voor altijd (bw)	ҳамешагӣ	[hameʃagi:]
beginnen (ww)	сар кардан	[sar kardan]
uitstellen (ww)	ба вақти дигар мондан	[ba vaqti digar mondan]

tegelijkertijd (bw)	дар як вақт	[dar jak vaqt]
voortdurend (bw)	доимо, ҳамеша	[doimo], [hameʃa]
constant (bijv. ~ lawaai)	доимӣ, ҳамешагӣ	[dɔimiː], [hɑmeʃɑgi.]
tijdelijk (bn)	муваққатӣ	[muvaqqati:]

soms (bw)	баъзан	[ba'zan]
zelden (bw)	кам, аҳёнан	[kam], [ahjɔnan]
vaak (bw)	тез-тез	[tez-tez]

23. Tegenovergestelden

rijk (bn)	бой, давлатманд	[boj], [davlatmand]
arm (bn)	камбағал	[kambaʁal]
ziek (bn)	касал, бемор	[kasal], [bemor]
gezond (bn)	тандуруст	[tandurust]
groot (bn)	калон, бузург	[kalon], [buzurg]
klein (bn)	хурд	[χurd]
snel (bw)	босуръат	[bosur'at]
langzaam (bw)	оҳиста	[ohista]
snel (bn)	босуръат	[bosur'at]
langzaam (bn)	оҳиста	[ohista]
vrolijk (bn)	хушхол	[χuʃhol]
treurig (bn)	ғамгинона	[ʁamginona]
samen (bw)	дар як чо	[dar jak dʒo]
apart (bw)	алоҳида	[alohida]
hardop (~ lezen)	бо овози баланд	[bo ovozi baland]
stil (~ lezen)	ба дили худ	[ba dili χud]
hoog (bn)	баланд	[baland]
laag (bn)	паст	[past]
diep (bn)	чукур	[ʧuqur]
ondiep (bn)	пастоб	[pastob]
ja	ҳа	[ha]
nee	не	[ne]
ver (bn)	дур	[dur]
dicht (bn)	наздик	[nazdik]
ver (bw)	дур	[dur]
dichtbij (bw)	бисёр наздик	[biejɔr nazdik]
lang (bn)	дароз, дур	[daroz], [dur]
kort (bn)	кӯтоҳ	[kœtoh]
vriendelijk (goedhartig)	нек	[nek]
kwaad (bn)	бад	[bad]
gehuwd (mann.)	зандор	[zandor]
ongehuwd (mann.)	муҷаррад	[mudʒarrad]
verbieden (ww)	манъ кардан	[man' kardan]
toestaan (ww)	иҷозат додан	[idʒozat dodan]
einde (het)	охир	[oχir]
begin (het)	сар	[sar]

linker (bn)	чап	[tʃap]
rechter (bn)	рост	[rost]
eerste (bn)	якум	[jakum]
laatste (bn)	охирин	[oχirin]
misdaad (de)	чиноят	[dʒinojat]
bestraffing (de)	чазо	[dʒazo]
bevelen (ww)	фармон додан	[farmon dodan]
gehoorzamen (ww)	зердаст шудан	[zerdast ʃudan]
recht (bn)	рост	[rost]
krom (bn)	кач	[kadʒ]
paradijs (het)	бихишт	[bihiʃt]
hel (de)	дӯзах, чаханнам	[dœzaχ], [dʒahannam]
geboren worden (ww)	таваллуд шудан	[tavallud ʃudan]
sterven (ww)	мурдан	[murdan]
sterk (bn)	зӯр	[zœr]
zwak (bn)	заиф	[zaif]
oud (bn)	пир	[pir]
jong (bn)	чавон	[dʒavon]
oud (bn)	кӯхна	[kœhna]
nieuw (bn)	нав	[nav]
hard (bn)	сахт	[saχt]
zacht (bn)	нарм, мулоим	[narm], [muloim]
warm (bn)	гарм	[garm]
koud (bn)	хунук	[χunuk]
dik (bn)	фарбех	[farbeh]
dun (bn)	логар	[loʁar]
smal (bn)	танг	[tang]
breed (bn)	васеъ	[vase']
goed (bn)	хуб	[χub]
slecht (bn)	бад	[bad]
moedig (bn)	нотарс	[notars]
laf (bn)	тарсончак	[tarsontʃak]

24. Lijnen en vormen

vierkant (het)	квадрат, мураббаъ	[kvadrat], [murabba']
vierkant (bn)	... и квадрат	[i kvadrat]
cirkel (de)	давра	[davra]
rond (bn)	даврашакл	[davraʃakl]

| driehoek (de) | сегӯша, секунҷа | [segœʃa], [sekundʒa] |
| driehoekig (bn) | сегӯша, секунҷа | [segœʃa], [sekundʒa] |

ovaal (het)	байзӣ	[bajzi:]
ovaal (bn)	байзӣ	[bajzi:]
rechthoek (de)	росткунҷа	[rostkundʒa]
rechthoekig (bn)	росткунҷа	[rostkundʒa]

piramide (de)	пирамида	[piramida]
ruit (de)	ромб	[romb]
trapezium (het)	трапетсия	[trapetsija]
kubus (de)	мукааб	[mukaab]
prisma (het)	призма	[prizma]

omtrek (de)	давра	[davra]
bol, sfeer (de)	кура	[kura]
bal (de)	кура	[kura]

diameter (de)	диаметр, қутр	[diametr], [qutr]
straal (de)	радиус	[radius]
omtrek (~ van een cirkel)	периметр	[perimetr]
middelpunt (het)	марказ	[markaz]

horizontaal (bn)	уфуқӣ	[ufuqi:]
verticaal (bn)	амуди, шоқулӣ	[amudi], [ʃoquli:]
parallel (de)	параллел	[parallel]
parallel (bn)	мувозӣ	[muvozi:]

lijn (de)	хат	[χat]
streep (de)	хат, рах	[χat], [raχ]
rechte lijn (de)	хати рост	[χati rost]
kromme (de)	хати каҷ	[χati kadʒ]
dun (bn)	борик	[borik]
omlijning (de)	контур, суроб	[kontur], [surob]

snijpunt (het)	бурида гузаштан	[burida guzaʃtan]
rechte hoek (de)	кунҷи рост	[kundʒi rost]
segment (het)	сегмент	[segment]
sector (de)	сектор	[sektor]
zijde (de)	пахлу	[paχlu]
hoek (de)	кунҷ	[kundʒ]

25. Meeteenheden

gewicht (het)	вазн	[vazn]
lengte (de)	дарозӣ	[darozi:]
breedte (de)	арз	[arz]
hoogte (de)	баландӣ	[balandi:]
diepte (de)	чуқурӣ	[tʃuquri:]
volume (het)	ҳаҷм	[hadʒm]
oppervlakte (de)	масоҳат	[masohat]

| gram (het) | грам | [gram] |
| milligram (het) | миллиграмм | [milligramm] |

kilogram (het)	килограмм	[kilogramm]
ton (duizend kilo)	тонна	[tonna]
pond (het)	қадоқ	[qadoq]
ons (het)	вақия	[vaqija]

meter (de)	метр	[metr]
millimeter (de)	миллиметр	[millimetr]
centimeter (de)	сантиметр	[santimetr]
kilometer (de)	километр	[kilometr]
mijl (de)	мил	[mil]

| voet (de) | фут | [fut] |
| yard (de) | ярд | [jard] |

| vierkante meter (de) | метри квадратӣ | [metri kvadrati:] |
| hectare (de) | гектар | [gektar] |

liter (de)	литр	[litr]
graad (de)	дараҷа	[daradʒa]
volt (de)	волт	[volt]
ampère (de)	ампер	[amper]
paardenkracht (de)	қувваи асп	[quvvai asp]

hoeveelheid (de)	миқдор	[miqdor]
een beetje ...	камтар	[kamtar]
helft (de)	нисф	[nisf]
stuk (het)	дона	[dona]

| afmeting (de) | ҳаҷм | [hadʒm] |
| schaal (bijv. ~ van 1 op 50) | масштаб | [masʃtab] |

minimaal (bn)	камтарин	[kamtarin]
minste (bn)	хурдтарин	[χurdtarin]
medium (bn)	миёна	[mijɔna]
maximaal (bn)	ниҳоят калон	[nihojat kalon]
grootste (bn)	калонтарин	[kalontarin]

26. Containers

glazen pot (de)	банкаи шишагӣ	[bankai ʃiʃagi:]
blik (conserven~)	банкаи тунукагӣ	[bankai tunukagi:]
emmer (de)	сатил	[satil]
ton (bijv. regenton)	бочка, чалак	[botʃka], [tʃalak]

ronde waterbak (de)	тағора	[taʁora]
tank (bijv. watertank-70-ltr)	бак, чалак	[bak], [tʃalak]
heupfles (de)	обдон	[obdon]
jerrycan (de)	канистра	[kanistra]
tank (bijv. ketelwagen)	систерна	[sistɛrna]

beker (de)	кружка, дӯлча	[kruʒka], [dœltʃa]
kopje (het)	косача	[kosatʃa]
schoteltje (het)	тақсимӣ, тақсимича	[taqsimi:], [taqsimitʃa]
glas (het)	стакан	[stakan]

wijnglas (het)	бокал	[bokal]
steelpan (de)	дегча	[degʧa]

fles (de)	шиша, сурохӣ	[ʃiʃa], [surohi:]
flessenhals (de)	даҳани шиша	[dahani ʃiʃa]

karaf (de)	сурохӣ	[surohi:]
kruik (de)	кӯза	[kœza]
vat (het)	зарф	[zarf]
pot (de)	хурмача	[xurmatʃa]
vaas (de)	гулдон	[guldon]

flacon (de)	шиша	[ʃiʃa]
flesje (het)	ҳубобча	[hubobtʃa]
tube (bijv. ~ tandpasta)	лӯлача	[lœlatʃa]

zak (bijv. ~ aardappelen)	халта	[xalta]
tasje (het)	халта	[xalta]
pakje (~ sigaretten, enz.)	қуттӣ	[qutti:]

doos (de)	қуттӣ	[qutti:]
kist (de)	қуттӣ	[qutti:]
mand (de)	сабад	[sabad]

27. Materialen

materiaal (het)	материал, масолеҳ	[material], [masoleh]
hout (het)	дарахт	[daraxt]
houten (bn)	чӯбин	[ʧœbin]

glas (het)	шиша	[ʃiʃa]
glazen (bn)	шишагӣ	[ʃiʃagi:]

steen (de)	санг	[sang]
stenen (bn)	сангин	[sangin]

plastic (het)	плассмас	[plassmas]
plastic (bn)	плассмасӣ	[plassmasi:]

rubber (het)	резин	[rezin]
rubber-, rubberen (bn)	резинӣ	[rezini:]

stof (de)	матоъ	[mato']
van stof (bn)	аз матоъ	[az mato']

papier (het)	қоғаз	[qoʁaz]
papieren (bn)	қоғазӣ	[qoʁazi:]

karton (het)	картон	[karton]
kartonnen (bn)	картони, ... и картон	[kartoni], [i karton]

polyethyleen (het)	полуэтилен	[poluɛtilen]
cellofaan (het)	селлофан	[sellofan]
multiplex (het)	фанер	[faner]

porselein (het)	фахфур	[faχfur]
porseleinen (bn)	фахфурӣ	[faχfuri:]
klei (de)	гил	[gil]
klei-, van klei (bn)	гилӣ, сафолӣ	[gili:], [safoli:]
keramiek (de)	сафолот	[safolot]
keramieken (bn)	сафолӣ, ... и сафол	[safoli:], [i safol]

28. Metalen

metaal (het)	металл, фулуз	[metall], [fuluz]
metalen (bn)	металлӣ, ... и металл	[metalli:], [i metall]
legering (de)	хӯла	[χœla]

goud (het)	зар, тилло	[zar], [tillo]
gouden (bn)	... и тилло	[i tillo]
zilver (het)	нуқра	[nuqra]
zilveren (bn)	нуқрагин	[nuqragin]

IJzer (het)	оҳан	[ohan]
IJzeren (bn)	оҳанин, ... и оҳан	[ohanin], [i ohan]
staal (het)	пӯлод	[pœlod]
stalen (bn)	пӯлодин	[pœlodin]
koper (het)	мис	[mis]
koperen (bn)	мисин	[misin]

aluminium (het)	алюминий	[aljuminij]
aluminium (bn)	алюминӣ	[aljumini:]
brons (het)	биринҷӣ, хӯла	[birindʒi:], [χœla]
bronzen (bn)	биринҷӣ, хӯлагӣ	[birindʒi:], [χœlagi:]

messing (het)	латун, биринҷӣ	[latun], [birindʒi:]
nikkel (het)	никел	[nikel]
platina (het)	платина	[platina]
kwik (het)	симоб	[simob]
tin (het)	қалъагӣ	[qal'agi:]
lood (het)	сурб	[surb]
zink (het)	руҳ	[ruh]

MENS

Mens. Het lichaam

29. Mensen. Basisbegrippen

mens (de)	одам, инсон	[odam], [inson]
man (de)	мард	[mard]
vrouw (de)	зан, занак	[zan], [zanak]
kind (het)	кӯдак	[kœdak]
meisje (het)	духтарча, духтарак	[duχtartʃa], [duχtarak]
jongen (de)	писарбача	[pisarbatʃa]
tiener, adolescent (de)	наврас	[navras]
oude man (de)	пир	[pir]
oude vrouw (de)	пиразан	[pirazan]

30. Menselijke anatomie

organisme (het)	организм	[organizm]
hart (het)	дил	[dil]
bloed (het)	хун	[χun]
slagader (de)	раг	[rag]
ader (de)	раги варид	[ragi varid]
hersenen (mv.)	мағз	[maʁz]
zenuw (de)	асаб	[asab]
zenuwen (mv.)	асабхо	[asabχo]
wervel (de)	мӯхра	[mœhra]
ruggengraat (de)	сутунмӯхра	[sutunmœhra]
maag (de)	меъда	[meʼda]
darmen (mv.)	рӯдахо	[rœdaho]
darm (de)	рӯда	[rœda]
lever (de)	ҷигар	[dʒigar]
nier (de)	гурда	[gurda]
been (deel van het skelet)	устухон	[ustuχon]
skelet (het)	устухонбандӣ	[ustuχonbandi:]
rib (de)	қабурға	[kaburʁa]
schedel (de)	косаи сар	[kosai sar]
spier (de)	мушак	[muʃak]
biceps (de)	битсепс	[bitseps]
triceps (de)	тритсепс	[tritseps]
pees (de)	пай	[paj]
gewricht (het)	банду буғум	[bandu buʁum]

longen (mv.)	шуш	[ʃuʃ]
geslachtsorganen (mv.)	узвҳои таносул	[uzvhoi tanosul]
huid (de)	пӯст	[pœst]

31. Hoofd

hoofd (het)	сар	[sar]
gezicht (het)	рӯй	[rœj]
neus (de)	бинӣ	[bini:]
mond (de)	даҳон	[dahon]

oog (het)	чашм, дида	[ʧaʃm], [dida]
ogen (mv.)	чашмон	[ʧaʃmon]
pupil (de)	гавҳараки чашм	[gavharaki ʧaʃm]
wenkbrauw (de)	абрӯ, қош	[abrœ], [qoʃ]
wimper (de)	мижа	[miʒa]
ooglid (het)	пилкҳои чашм	[pilkhoi ʧaʃm]

tong (de)	забон	[zabon]
tand (de)	дандон	[dandon]
lippen (mv.)	лабҳо	[labho]
jukbeenderen (mv.)	устухони рухсора	[ustuxoni ruxsora]
tandvlees (het)	зираи дандон	[zirai dandon]
gehemelte (het)	ком	[kom]

neusgaten (mv.)	сурохии бинӣ	[suroχi:i bini:]
kin (de)	манаҳ	[manah]
kaak (de)	ҷоғ	[ʤoʁ]
wang (de)	рухсор	[ruxsor]

voorhoofd (het)	пешона	[peʃona]
slaap (de)	чакка	[ʧakka]
oor (het)	гӯш	[gœʃ]
achterhoofd (het)	пушти сар	[puʃti sar]
hals (de)	гардан	[gardan]
keel (de)	гулӯ	[gulœ]

haren (mv.)	мӯйи сар	[mœji sar]
kapsel (het)	ороиши мӯйсар	[oroiʃi mœjsar]
haarsnit (de)	ороиши мӯйсар	[oroiʃi mœjsar]
pruik (de)	мӯи ориятӣ	[mœi orijati:]

snor (de)	муйлаб, бурут	[mujlab], [burut]
baard (de)	риш	[riʃ]
dragen (een baard, enz.)	мондан, доштан	[mondan], [doʃtan]
vlecht (de)	кокул	[kokul]
bakkebaarden (mv.)	риши бари рӯй	[riʃi bari rœj]

ros (roodachtig, rossig)	сурхмуй	[surχmuj]
grijs (haar)	сафед	[safed]
kaal (bn)	одамсар	[odamsar]
kale plek (de)	тосии сар	[tosi:i sar]
paardenstaart (de)	думча	[dumʧa]
pony (de)	пича	[piʧa]

32. Menselijk lichaam

hand (de)	панҷаи даст	[pandʒai dast]
arm (de)	даст	[dast]

vinger (de)	ангушт	[anguʃt]
teen (de)	чилик, ангушт	[tʃilik], [anguʃt]
duim (de)	нарангушт	[naranguʃt]
pink (de)	ангушти хурд	[anguʃti χurd]
nagel (de)	нохун	[noχun]

vuist (de)	кулак, мушт	[kulak], [muʃt]
handpalm (de)	каф	[kaf]
pols (de)	банди даст	[bandi dast]
voorarm (de)	бозу	[bozu]
elleboog (de)	оринҷ	[orindʒ]
schouder (de)	китф	[kitf]

been (rechter ~)	по	[po]
voet (de)	панҷаи пой	[pandʒai poj]
knie (de)	зону	[zonu]
kuit (de)	соқи по	[soqi po]
heup (de)	миён	[mijɔn]
hiel (de)	пошна	[poʃna]

lichaam (het)	бадан	[badan]
buik (de)	шикам	[ʃikam]
borst (de)	сина	[sina]
borst (de)	сина, пистон	[sina], [piston]
zijde (de)	паҳлу	[pahlu]
rug (de)	пушт	[puʃt]
lage rug (de)	камаргоҳ	[kamargoh]
taille (de)	миён	[mijɔn]

navel (de)	ноф	[nof]
billen (mv.)	сурин	[surin]
achterwerk (het)	сурин	[surin]

huidvlek (de)	хол	[χol]
moedervlek (de)	хол	[χol]
tatoeage (de)	вашм	[vaʃm]
litteken (het)	доғи захм	[doʁi zaχm]

Kleding en accessoires

33. Bovenkleding. Jassen

kleren (mv.), kleding (de)	либос	[libos]
bovenkleding (de)	либоси боло	[libosi bolo]
winterkleding (de)	либоси зимистонй	[libosi zimistoni;]
jas (de)	палто	[palto]
bontjas (de)	пӯстин	[pœstin]
bontjasje (het)	нимпӯстин	[nimpœstin]
donzen jas (de)	пуховик	[puχovik]
jasje (bijv. een leren ~)	куртка	[kurtka]
regenjas (de)	боронй	[boroni:]
waterdicht (bn)	обногузар	[obnoguzar]

34. Heren & dames kleding

overhemd (het)	курта	[kurta]
broek (de)	шим, шалвор	[ʃim], [ʃalvor]
jeans (de)	шими чинс	[ʃimi dʒins]
colbert (de)	пичак	[pidʒak]
kostuum (het)	костюм	[kostjum]
jurk (de)	куртаи заннона	[kurtai zannona]
rok (de)	юбка	[jubka]
blouse (de)	блузка	[bluzka]
wollen vest (de)	кофтаи бофта	[koftai bofta]
blazer (kort jasje)	жакет	[ʒaket]
T-shirt (het)	футболка	[futbolka]
shorts (mv.)	шортик	[ʃortik]
trainingspak (het)	либоси варзишй	[libosi varziʃi:]
badjas (de)	халат	[χalat]
pyjama (de)	пижама	[piʒama]
sweater (de)	свитер	[sviter]
pullover (de)	пуловер	[pulover]
gilet (het)	камзӯл	[kamzœl]
rokkostuum (het)	фрак	[frak]
smoking (de)	смокинг	[smoking]
uniform (het)	либоси расмй	[libosi rasmi:]
werkkleding (de)	либоси корй	[libosi kori:]
overall (de)	комбинезон	[kombinezon]
doktersjas (de)	халат	[χalat]

35. Kleding. Ondergoed

ondergoed (het)	либоси таг	[libosi tag]
herenslip (de)	турсуки мардона	[tursuki mardona]
slipjes (mv.)	турсуки занона	[tursuki zanona]
onderhemd (het)	майка	[majka]
sokken (mv.)	пайпоқ	[pajpoq]
nachthemd (het)	куртаи хоб	[kurtai χob]
beha (de)	синабанд	[sinaband]
kniekousen (mv.)	ҷуроби кутоҳ	[dʒurobi kutoh]
panty (de)	колготка	[kolgotka]
nylonkousen (mv.)	ҷуроби дароз	[tʃurobi daroz]
badpak (het)	либоси оббозӣ	[libosi obbozi:]

36. Hoofddeksels

hoed (de)	кулоҳ, телпак	[kuloh], [telpak]
deukhoed (de)	шляпаи моҳутӣ	[ʃljapai mohuti:]
honkbalpet (de)	бейсболка	[bejsbolka]
kleppet (de)	кепка	[kepka]
baret (de)	берет	[beret]
kap (de)	либоси кулоҳдор	[libosi kulohdor]
panamahoed (de)	панамка	[panamka]
gebreide muts (de)	шапкаи бофтагӣ	[ʃapkai boftagi:]
hoofddoek (de)	рӯймол	[rœjmol]
dameshoed (de)	кулоҳча	[kulohtʃa]
veiligheidshelm (de)	тоскулоҳ	[toskuloh]
veldmuts (de)	пилотка	[pilotka]
helm, valhelm (de)	хӯд	[χœd]
bolhoed (de)	дегчакулох	[degtʃakuloχ]
hoge hoed (de)	силиндр	[silindr]

37. Schoeisel

schoeisel (het)	пойафзол	[pojafzol]
schoenen (mv.)	патинка	[patinka]
vrouwenschoenen (mv.)	кафш, туфли	[kafʃ], [tufli]
laarzen (mv.)	мӯза	[mœza]
pantoffels (mv.)	шиппак	[ʃippak]
sportschoenen (mv.)	крассовка	[krassovka]
sneakers (mv.)	кетӣ	[keti:]
sandalen (mv.)	сандал	[sandal]
schoenlapper (de)	мӯзадӯз	[mœzadœz]
hiel (de)	пошна	[poʃnaj]

41

paar (een ~ schoenen)	чуфт	[dʒuft]
veter (de)	бандак	[bandak]
rijgen (schoenen ~)	бандак гузарондан	[bandak guzarondan]
schoenlepel (de)	кафчаи кафшпӯшй	[kaftʃai kafʃpœʃi:]
schoensmeer (de/het)	креми пойафзол	[kremi pojafzol]

38. Textiel. Weefsel

katoen (de/het)	пахта	[paχta]
katoenen (bn)	пахтагин	[paχtagin]
vlas (het)	катон	[katon]
vlas-, van vlas (bn)	аз зағирпоя	[az zaʁirpoja]

zijde (de)	абрешим	[abreʃim]
zijden (bn)	абрешимин	[abreʃimin]
wol (de)	пашм	[paʃm]
wollen (bn)	пашмин	[paʃmin]

fluweel (het)	бахмал, махмал	[baχmal], [maχmal]
suède (de)	замша, чир	[zamʃa], [dʒir]
ribfluweel (het)	пилтабахмал	[piltabaχmal]

nylon (de/het)	нейлон	[nejlon]
nylon-, van nylon (bn)	аз нейлон	[az nejlon]
polyester (het)	полиэстер	[poliɛster]
polyester- (abn)	полуэстерй	[poluɛsteri:]

leer (het)	чарм	[tʃarm]
leren (van leer gemaak)	чармин	[tʃarmin]
bont (het)	мӯина, пӯст	[mœina], [pœst]
bont- (abn)	мӯинагй	[mœinagi:]

39. Persoonlijke accessoires

handschoenen (mv.)	дастпӯшак	[dastpœʃak]
wanten (mv.)	дастпӯшаки бепанча	[dastpœʃaki bepandʒa]
sjaal (fleece ~)	гарданпеч	[gardanpetʃ]

bril (de)	айнак	[ajnak]
brilmontuur (het)	чанбарак	[tʃanbarak]
paraplu (de)	соябон, чатр	[sojabon], [tʃatr]
wandelstok (de)	чӯб	[tʃœb]
haarborstel (de)	чӯткаи мӯйсар	[tʃœtkai mœjsar]
waaier (de)	бодбезак	[bodbezak]

das (de)	галстук	[galstuk]
strikje (het)	галстук-шапарак	[galstuk ʃaparak]
bretels (mv.)	шалворбанди китфй	[ʃalvorbandi kitfi:]
zakdoek (de)	дастрӯймол	[dastrœjmol]

| kam (de) | шона | [ʃona] |
| haarspeldje (het) | сарсӯзан, бандак | [sarsœzan], [bandak] |

| schuifspeldje (het) | санчак | [sandʒak] |
| gesp (de) | сагаки тасма | [sagaki tasma] |

| broekriem (de) | тасма | [tasma] |
| draagriem (de) | тасма | [tasma] |

handtas (de)	сумка	[sumka]
damestas (de)	сумка	[sumka]
rugzak (de)	борхалта	[borχalta]

40. Kleding. Diversen

mode (de)	мод	[mod]
de mode (bn)	модшуда	[modʃuda]
kledingstilist (de)	тархсоз	[tarhsoz]

kraag (de)	гиребон, ёқа	[girebon], [jɔqa]
zak (de)	киса	[kisa]
zak- (abn)	... и киса	[i kisa]
mouw (de)	остин	[ostin]
lusje (het)	банди либос	[bandi libos]
gulp (de)	чоки пеши шим	[ʧoki peʃi ʃim]

rits (de)	занчирак	[zandʒirak]
sluiting (de)	гирехбанд	[girehband]
knoop (de)	тугма	[tugma]
knoopsgat (het)	банди тугма	[bandi tugma]
losraken (bijv. knopen)	канда шудан	[kanda ʃudan]

naaien (kleren, enz.)	дӯхтан	[dœχtan]
borduren (ww)	гулдӯзи кардан	[guldœzi: kardan]
borduursel (het)	гулдӯзи	[guldœzi:]
naald (de)	сӯзани чокдӯзи	[sœzani ʧokdœzi]
draad (de)	ресмон	[resmon]
naad (de)	чок	[ʧok]

vies worden (ww)	олуда шудан	[oluda ʃudan]
vlek (de)	доғ, лакка	[doʁ], [lakka]
gekreukt raken (ov. kleren)	ғичим шудан	[ʁiʤim ʃudan]
scheuren (ov.ww.)	даррондан	[darrondan]
mot (de)	куя	[kuja]

41. Persoonlijke verzorging. Schoonheidsmiddelen

tandpasta (de)	хамираи дандон	[χamirai dandon]
tandenborstel (de)	чӯткаи дандоншӯй	[ʧœtkai dandonʃœi:]
tanden poetsen (ww)	дандон шустан	[dandon ʃustan]

scheermes (het)	ришгирак	[riʃgirak]
scheerschuim (het)	креми ришгири	[kremi riʃgiri:]
zich scheren (ww)	риш гирифтан	[riʃ giriftan]
zeep (de)	собун	[sobun]

shampoo (de)	шампун	[ʃampun]
schaar (de)	кайчй	[kajtʃi:]
nagelvijl (de)	тарошаи нохунхо	[taroʃai noχunho]
nagelknipper (de)	анбӯрча барои нохунхо	[anbœrtʃa baroi noχunho]
pincet (het)	мӯйчинак	[mœjtʃinak]

cosmetica (de)	косметика	[kosmetika]
masker (het)	ниқоби косметикй	[niqobi kosmetiki:]
manicure (de)	нохунорой	[noχunoroi:]
manicure doen	нохун оростан	[noχun orostan]
pedicure (de)	ороиши нохунхои пой	[oroiʃi noχunhoi poj]

cosmetica tasje (het)	косметичка	[kosmetitʃka]
poeder (de/het)	сафеда	[safeda]
poederdoos (de)	қуттии упо	[qutti:i upo]
rouge (de)	сурхй	[surχi:]

eau de toilet (de)	атр	[atr]
lotion (de)	оби мушкин	[obi muʃkin]
eau de cologne (de)	атр	[atr]

oogschaduw (de)	тен барои пилкхои чашм	[ten baroi pilkhoi tʃaʃm]
oogpotlood (het)	қалами чашм	[qalami tʃaʃm]
mascara (de)	туш барои мижахо	[tuʃ baroi miʒaho]

lippenstift (de)	лабсурхкунак	[labsurχkunak]
nagellak (de)	лаки нохун	[laki noχun]
haarlak (de)	лаки мӯйсар	[laki mœjsar]
deodorant (de)	дезодорант	[dezodorant]

crème (de)	крем, равғани рӯй	[krem], [ravʁani rœj]
gezichtscrème (de)	креми рӯй	[kremi rœj]
handcrème (de)	креми даст	[kremi dast]
antirimpelcrème (de)	креми зиддиожанг	[kremi ziddioʒang]
dagcrème (de)	креми рӯзона	[kremi rœzona]
nachtcrème (de)	креми шабона	[kremi ʃabona]
dag- (abn)	рӯзона, ~и рӯз	[rœzona], [~i rœz]
nacht- (abn)	шабона, ... и шаб	[ʃabona], [i ʃab]

tampon (de)	тампон	[tampon]
toiletpapier (het)	коғази хоҷатхона	[koʁazi χoʤatχona]
föhn (de)	мӯхушккунак	[mœχuʃkkunak]

42. Juwelen

sieraden (mv.)	чавохирот	[dʒavohirot]
edel (bijv. ~ stenen)	қиматбахо	[qimatbaho]
keurmerk (het)	иёр	[ijɔr]

ring (de)	ангуштарин	[anguʃtarin]
trouwring (de)	ангуштарини никох	[anguʃtarini nikoh]
armband (de)	дастпона	[dastpona]
oorringen (mv.)	гӯшвора	[gœʃvora]
halssnoer (het)	гарданбанд	[gardanband]

kroon (de)	точ	[todʒ]
kralen snoer (het)	шадда	[ʃadda]
diamant (de)	бриллиант	[brilliant]
smaragd (de)	зумуррад	[zumurrad]
robijn (de)	лаъл	[la'l]
saffier (de)	ёқути кабуд	[joquti kabud]
parel (de)	марворид	[marvorid]
barnsteen (de)	каҳрабо	[kahrabo]

43. Horloges. Klokken

polshorloge (het)	соати дастӣ	[soati dasti:]
wijzerplaat (de)	лавҳаи соат	[lavhai soat]
wijzer (de)	акрабак	[akrabak]
metalen horlogeband (de)	дастпона	[dastpona]
horlogebandje (het)	банди соат	[bandi soat]
batterij (de)	батареяча, батарейка	[batarejatʃa], [batarejka]
leeg zijn (ww)	холӣ шудааст	[χoli: ʃudaast]
batterij vervangen	иваз кардани батаре	[ivaz kardani batare]
voorlopen (ww)	пеш меравад	[peʃ meravad]
achterlopen (ww)	ақиб мондан	[aqib mondan]
wandklok (de)	соати деворӣ	[soati devori:]
zandloper (de)	соати регӣ	[soati regi:]
zonnewijzer (de)	соати офтобӣ	[soati oftobi:]
wekker (de)	соати рӯимизии зангдор	[soati rœimizi:i zangdor]
horlogemaker (de)	соатсоз	[soatsoz]
repareren (ww)	таъмир кардан	[ta'mir kardan]

Voedsel. Voeding

44. Voedsel

vlees (het)	гӯшт	[gœʃt]
kip (de)	мурғ	[murʁ]
kuiken (het)	чӯча	[ʧœʤa]
eend (de)	мурғобӣ	[murʁobi:]
gans (de)	қоз, ғоз	[qoz], [ʁoz]
wild (het)	сайди шикор	[sajdi ʃikor]
kalkoen (de)	мурғи марчон	[murʁi mardʒon]

varkensvlees (het)	гӯшти хук	[gœʃti χuk]
kalfsvlees (het)	гӯшти гӯсола	[gœʃti gœsola]
schapenvlees (het)	гӯшти гӯсфанд	[gœʃti gœsfand]
rundvlees (het)	гӯшти гов	[gœʃti gov]
konijnenvlees (het)	харгӯш	[χargœʃ]

worst (de)	ҳасиб	[hasib]
saucijs (de)	ҳасибча	[hasibʧa]
spek (het)	бекон	[bekon]
ham (de)	ветчина	[vetʧina]
gerookte achterham (de)	рон	[ron]

paté, pastei (de)	паштет	[paʃtet]
lever (de)	чигар	[dʒigar]
gehakt (het)	гӯшти кӯфта	[gœʃti kœfta]
tong (de)	забон	[zabon]

ei (het)	тухм	[tuχm]
eieren (mv.)	тухм	[tuχm]
eiwit (het)	сафедии тухм	[safedi:i tuχm]
eigeel (het)	зардии тухм	[zardi:i tuχm]

vis (de)	моҳӣ	[mohi:]
zeevruchten (mv.)	маҳсулоти баҳрӣ	[mahsuloti bahri:]
schaaldieren (mv.)	буғумпойҳо	[buʁumpojho]
kaviaar (de)	тухми моҳӣ	[tuχmi mohi:]

krab (de)	харчанг	[χarʧang]
garnaal (de)	креветка	[krevetka]
oester (de)	садафак	[sadafak]
langoest (de)	лангуст	[langust]
octopus (de)	ҳаштпо	[haʃtpo]
inktvis (de)	калмар	[kalmər]

steur (de)	гӯшти тосмоҳӣ	[gœʃti tosmohi:]
zalm (de)	озодмоҳӣ	[ozodmohi:]
heilbot (de)	палтус	[paltus]
kabeljauw (de)	равғанмоҳӣ	[ravʁanmohi:]

makreel (de)	зағӯтамоҳӣ	[zaʁœtamohi:]
tonijn (de)	самак	[samak]
paling (de)	мормоҳӣ	[mormohi:]

forel (de)	гулмоҳӣ	[gulmohi:]
sardine (de)	саморис	[samoris]
snoek (de)	шӯртан	[ʃœrtan]
haring (de)	шӯрмоҳӣ	[ʃœrmohi:]

brood (het)	нон	[non]
kaas (de)	панир	[panir]
suiker (de)	шакар	[ʃakar]
zout (het)	намак	[namak]

rijst (de)	биринҷ	[birindʒ]
pasta (de)	макарон	[makaron]
noedels (mv.)	угро	[ugro]

boter (de)	равғани маска	[ravʁani maska]
plantaardige olie (de)	равғани пок	[ravʁani pok]
zonnebloemolie (de)	равғани офтобпараст	[ravʁani oftobparast]
margarine (de)	маргарин	[margarin]

olijven (mv.)	зайтун	[zajtun]
olijfolie (de)	равғани зайтун	[ravʁani zajtun]

melk (de)	шир	[ʃir]
gecondenseerde melk (de)	ширқиём	[ʃirqijɔm]
yoghurt (de)	йогурт	[jɔgurt]
zure room (de)	қаймок	[qajmok]
room (de)	қаймоқ	[qajmoq]

mayonaise (de)	майонез	[majɔnez]
crème (de)	крем	[krem]

graan (het)	ярма	[jarma]
meel (het), bloem (de)	орд	[ord]
conserven (mv.)	консерв	[konserv]

maïsvlokken (mv.)	бадроқи ҷуворимакка	[badroqi dʒuvorimakka]
honing (de)	асал	[asal]
jam (de)	ҷем	[dʒem]
kauwgom (de)	сақич, илқ	[saqitʃ], [ilq]

45. Drankjes

water (het)	об	[ob]
drinkwater (het)	оби нӯшиданӣ	[obi nœʃidani:]
mineraalwater (het)	оби минералӣ	[obi minerali:]

zonder gas	бе газ	[be gaz]
koolzuurhoudend (bn)	газнок	[gaznok]
bruisend (bn)	газдор	[gazdor]
IJs (het)	ях	[jaχ]

met ijs	бо ях, яхдор	[bo jaχ], [jaχdor]
alcohol vrij (bn)	беалкогол	[bealkogol]
alcohol vrije drank (de)	нӯшокии беалкогол	[nœʃoki:i bealkogol]
frisdrank (de)	нӯшокии хунук	[nœʃoki:i χunuk]
limonade (de)	лимонад	[limonad]

alcoholische dranken (mv.)	нӯшокиҳои спиртӣ	[nœʃokihoi spirti:]
wijn (de)	шароб, май	[ʃarob], [maj]
witte wijn (de)	маи ангури сафед	[mai anguri safed]
rode wijn (de)	маи арғувонӣ	[mai arʁuvoni:]

likeur (de)	ликёр	[likjor]
champagne (de)	шампан	[ʃampan]
vermout (de)	вермут	[vermut]

whisky (de)	виски	[viski]
wodka (de)	арақ, водка	[araq], [vodka]
gin (de)	ҷин	[dʒin]
cognac (de)	коняк	[konjak]
rum (de)	ром	[rom]

koffie (de)	қаҳва	[qahva]
zwarte koffie (de)	қаҳваи сиёҳ	[qahvai sijoh]
koffie (de) met melk	ширқаҳва	[ʃirqahva]
cappuccino (de)	капучино	[kaputʃino]
oploskoffie (de)	қаҳваи кӯфта	[qahvai kœfta]

melk (de)	шир	[ʃir]
cocktail (de)	коктейл	[koktejl]
milkshake (de)	коктейли ширӣ	[koktejli ʃiri:]

sap (het)	шарбат	[ʃarbat]
tomatensap (het)	шираи помидор	[ʃirai pomidor]
sinaasappelsap (het)	афшураи афлесун	[afʃurai aflesun]
vers geperst sap (het)	афшураи тоза тайёршуда	[afʃurai toza tajjorʃuda]

bier (het)	пиво	[pivo]
licht bier (het)	оби ҷави шафоф	[obi dʒavi ʃafof]
donker bier (het)	оби ҷави торик	[obi dʒavi torik]

thee (de)	чой	[tʃoj]
zwarte thee (de)	чойи сиёҳ	[tʃoji sijoh]
groene thee (de)	чои кабуд	[tʃoi kabud]

46. Groenten

| groenten (mv.) | сабзавот | [sabzavot] |
| verse kruiden (mv.) | сабзавот | [sabzavot] |

tomaat (de)	помидор	[pomidor]
augurk (de)	бодиринг	[bodiring]
wortel (de)	сабзӣ	[sabzi:]
aardappel (de)	картошка	[kartoʃka]
ui (de)	пиёз	[pijoz]

knoflook (de)	сир	[sir]
kool (de)	карам	[karam]
bloemkool (de)	гулкарам	[gulkaram]
spruitkool (de)	карами брусселӣ	[karami brusseli:]
broccoli (de)	карами брокколӣ	[karami brokkoli:]

rode biet (de)	лаблабу	[lablabu]
aubergine (de)	бодинҷон	[bodindʒon]
courgette (de)	таррак	[tarrak]
pompoen (de)	каду	[kadu]
raap (de)	шалғам	[ʃalʁam]

peterselie (de)	чаъфарӣ	[dʒa'fari:]
dille (de)	шибит	[ʃibit]
sla (de)	коху	[kohu]
selderij (de)	карафс	[karafs]
asperge (de)	морчӯба	[mortʃœba]
spinazie (de)	испаноқ	[ispanoq]

erwt (de)	нахӯд	[naχœd]
bonen (mv.)	лӯбиё	[lœbijo]
maïs (de)	чув790римакка	[dʒuvorimakka]
boon (de)	лӯбиё	[lœbijo]

peper (de)	қаламфур	[qalamfur]
radijs (de)	шалғамча	[ʃalʁamtʃa]
artisjok (de)	анганор	[anganor]

47. Vruchten. Noten

vrucht (de)	мева	[meva]
appel (de)	себ	[seb]
peer (de)	мурӯд, нок	[murœd], [nok]
citroen (de)	лиму	[limu]
sinaasappel (de)	афлесун, пӯртахол	[aflesun], [pœrtaχol]
aardbei (de)	қулфинай	[qulfinaj]

mandarijn (de)	норанг	[norang]
pruim (de)	олу	[olu]
perzik (de)	шафтолу	[ʃaftolu]
abrikoos (de)	дарахти зардолу	[daraχti zardolu]
framboos (de)	тамашк	[tamaʃk]
ananas (de)	ананас	[ananas]

banaan (de)	банан	[banan]
watermeloen (de)	тарбуз	[tarbuz]
druif (de)	ангур	[angur]
zure kers (de)	олуболу	[olubolu]
zoete kers (de)	гелос	[gelos]

grapefruit (de)	норинҷ	[norindʒ]
avocado (de)	авокадо	[avokado]
papaja (de)	попайя	[papajja]
mango (de)	анбаҳ	[anbah]

granaatappel (de)	анор	[anor]
rode bes (de)	коти сурх	[koti surχ]
zwarte bes (de)	қоти сиёҳ	[qoti sijoh]
kruisbes (de)	бектошӣ	[bektoʃi:]
bosbes (de)	черника	[tʃernika]
braambes (de)	марминчон	[marmindʒon]

rozijn (de)	мавиз	[maviz]
vijg (de)	анчир	[andʒir]
dadel (de)	хурмо	[χurmo]

pinda (de)	финдуки заминӣ	[finduki zamini:]
amandel (de)	бодом	[bodom]
walnoot (de)	чормағз	[tʃormaʁz]
hazelnoot (de)	финдиқ	[findiq]
kokosnoot (de)	норгил	[norgil]
pistaches (mv.)	писта	[pista]

48. Brood. Snoep

suikerbakkerij (de)	маҳсулоти қанноди	[mahsuloti qannodi]
brood (het)	нон	[non]
koekje (het)	кулчақанд	[kultʃaqand]

chocolade (de)	шоколад	[ʃokolad]
chocolade- (abn)	… и шоколад, шоколадӣ	[i ʃokolad], [ʃokoladi:]
snoepje (het)	конфет	[konfet]
cakeje (het)	пирожни	[piroʒni]
taart (bijv. verjaardags~)	торт	[tort]

pastei (de)	пирог	[pirog]
vulling (de)	пур кардани, андохтани	[pur kardani], [andoχtani]

confituur (de)	мураббо	[murabbo]
marmelade (de)	мармалод	[marmalod]
wafel (de)	вафлӣ	[vafli:]
IJsje (het)	яхмос	[jaχmos]
pudding (de)	пудинг	[puding]

49. Bereide gerechten

gerecht (het)	таом	[taom]
keuken (bijv. Franse ~)	таомхо	[taomho]
recept (het)	ретсепт	[retsept]
portie (de)	навола	[navola]

salade (de)	салат	[salat]
soep (de)	шӯрбо	[ʃœrbo]

bouillon (de)	булён	[buljon]
boterham (de)	бутерброд	[buterbrod]
spiegelei (het)	тухмбирён	[tuχmbirjon]

hamburger (de)	гамбургер	[gamburger]
biefstuk (de)	бифштекс	[bifʃteks]

garnering (de)	хӯриши таом	[χœriʃi taom]
spaghetti (de)	спагеттӣ	[spagetti:]
aardappelpuree (de)	пюре	[pjure]
pizza (de)	питса	[pitsa]
pap (de)	шӯла	[ʃœla]
omelet (de)	омлет, тухмбирён	[omlet], [tuχmbirjɔn]

gekookt (in water)	чӯшондашуда	[dʒœʃondaʃuda]
gerookt (bn)	дудхӯрда	[dudχœrda]
gebakken (bn)	бирён	[birjɔn]
gedroogd (bn)	хушк	[χuʃk]
diepvries (bn)	яхкарда	[jaχkarda]
gemarineerd (bn)	дар сирко хобондашуда	[dar sirko χobondaʃuda]

zoet (bn)	ширин	[ʃirin]
gezouten (bn)	шӯр	[ʃœr]
koud (bn)	хунук	[χunuk]
heet (bn)	гарм	[garm]
bitter (bn)	талх	[talχ]
lekker (bn)	бомаза	[bomaza]

koken (in kokend water)	пухтан, чӯшондан	[puχtan], [dʒœʃondan]
bereiden (avondmaaltijd ~)	пухтан	[puχtan]
bakken (ww)	бирён кардан	[birjɔn kardan]
opwarmen (ww)	гарм кардан	[garm kardan]

zouten (ww)	намак андохтан	[namak andoχtan]
peperen (ww)	қаламфур андохтан	[qalamfur andoχtan]
raspen (ww)	тарошидан	[taroʃidan]
schil (de)	пӯст	[pœst]
schillen (ww)	пӯст кандан	[pœst kandan]

50. Kruiden

zout (het)	намак	[namak]
gezouten (bn)	шӯр	[ʃœr]
zouten (ww)	намак андохтан	[namak andoχtan]

zwarte peper (de)	мурчи сиёҳ	[murtʃi sijɔh]
rode peper (de)	мурчи сурх	[murtʃi surχ]
mosterd (de)	хардал	[χardal]
mierikswortel (de)	қаҳзак	[qahzak]

condiment (het)	хӯриш	[χœriʃ]
specerij , kruiderij (de)	дорувор	[doruvor]
saus (de)	қайла	[qajla]
azijn (de)	сирко	[sirko]

anijs (de)	тухми бодиён	[tuχmi bodijɔn]
basilicum (de)	нозбӯй, райҳон	[nozbœj], [rajhon]
kruidnagel (de)	қаланфури гардан	[qalanturl gaɪʤan]

gember (de)	занчабил	[zandʒabil]
koriander (de)	кашнич	[kaʃnidʒ]
kaneel (de/het)	дорчин, долчин	[dortʃin], [doltʃin]

sesamzaad (het)	кунчид	[kundʒid]
laurierblad (het)	барги ғор	[bargi ʁor]
paprika (de)	қаламфур	[qalamfur]
komijn (de)	зира	[zira]
saffraan (de)	заъфарон	[za'faron]

51. Maaltijden

| eten (het) | хӯрок, таом | [χœrok], [taom] |
| eten (ww) | хӯрдан | [χœrdan] |

ontbijt (het)	ноништа	[noniʃta]
ontbijten (ww)	ноништа кардан	[noniʃta kardan]
lunch (de)	хӯроки пешин	[χœroki peʃin]
lunchen (ww)	хӯроки пешин хӯрдан	[χœroki peʃin χœrdan]
avondeten (het)	шом	[ʃom]
souperen (ww)	хӯроки шом хӯрдан	[χœroki ʃom χœrdan]

| eetlust (de) | иштихо | [iʃtiho] |
| Eet smakelijk! | ош шавад! | [oʃ ʃavad] |

openen (een fles ~)	кушодан	[kuʃodan]
morsen (koffie, enz.)	резондан	[rezondan]
zijn gemorst	рехтан	[reχtan]

koken (water kookt bij 100°C)	чӯшидан	[dʒœʃidan]
koken (Hoe om water te ~)	чӯшондан	[dʒœʃondan]
gekookt (~ water)	чӯшомада	[dʒœʃomada]

| afkoelen (koeler maken) | хунук кардан | [χunuk kardan] |
| afkoelen (koeler worden) | хунук шудан | [χunuk ʃudan] |

| smaak (de) | маза, таъм | [maza], [ta'm] |
| nasmaak (de) | таъм | [ta'm] |

volgen een dieet	хароб шудан	[χarob ʃudan]
dieet (het)	диета	[dieta]
vitamine (de)	витамин	[vitamin]
calorie (de)	калория	[kalorija]

| vegetariër (de) | гӯштнахӯранда | [gœʃtnaχœranda] |
| vegetarisch (bn) | бегӯшт | [begœʃt] |

vetten (mv.)	равған	[ravʁan]
eiwitten (mv.)	сафедаҳо	[safedaho]
koolhydraten (mv.)	карбогидратҳо	[karbogidratho]

snede (de)	тилим, порча	[tilim], [portʃa]
stuk (bijv. een ~ taart)	порча	[portʃa]
kruimel (de)	резгӣ	[rezgi:]

52. Tafelschikking

lepel (de)	қошуқ	[qoʃuq]
mes (het)	корд	[kord]
vork (de)	чангча, чангол	[ʧangʧa], [ʧangol]
kopje (het)	косача	[kosaʧa]
bord (het)	тақсимча	[taqsimʧa]
schoteltje (het)	тақсимӣ, тақсимича	[taqsimi:], [taqsimiʧa]
servet (het)	салфетка	[salfetka]
tandenstoker (de)	дандонковак	[dandonkovak]

53. Restaurant

restaurant (het)	тарабхона	[tarabχona]
koffiehuis (het)	қаҳвахона	[qahvaχona]
bar (de)	бар	[bar]
tearoom (de)	чойхона	[ʧojχona]
kelner, ober (de)	пешхизмат	[peʃχizmat]
serveerster (de)	пешхизмат	[peʃχizmat]
barman (de)	бармен	[barmen]
menu (het)	меню	[menju]
wijnkaart (de)	рӯйхати шаробҳо	[rœjχati ʃarobho]
een tafel reserveren	банд кардани миз	[band kardani miz]
gerecht (het)	таом	[taom]
bestellen (eten ~)	супориш додан	[suporiʃ dodan]
een bestelling maken	фармоиш додан	[farmoiʃ dodan]
aperitief (de/het)	аперитив	[aperitiv]
voorgerecht (het)	хӯриш, газак	[χœriʃ], [gazak]
dessert (het)	десерт	[desert]
rekening (de)	ҳисоб	[hisob]
de rekening betalen	пардохт кардан	[pardoχt kardan]
wisselgeld teruggeven	бақия додан	[baqija dodan]
fooi (de)	чойпулӣ	[ʧojpuli:]

Familie, verwanten en vrienden

54. Persoonlijke informatie. Formulieren

naam (de)	ном	[nom]
achternaam (de)	фамилия	[familija]
geboortedatum (de)	рӯзи таваллуд	[rœzi tavallud]
geboorteplaats (de)	ҷойи таваллуд	[dʒoji tavallud]
nationaliteit (de)	миллият	[millijat]
woonplaats (de)	ҷои истиқомат	[dʒoi istiqomat]
land (het)	кишвар	[kiʃvar]
beroep (het)	касб	[kasb]
geslacht (ov. het vrouwelijk ~)	ҷинс	[dʒins]
lengte (de)	қад	[qad]
gewicht (het)	вазн	[vazn]

55. Familieleden. Verwanten

moeder (de)	модар	[modar]
vader (de)	падар	[padar]
zoon (de)	писар	[pisar]
dochter (de)	духтар	[duχtar]
jongste dochter (de)	духтари хурдӣ	[duχtari χurdi:]
jongste zoon (de)	писари хурдӣ	[pisari χurdi:]
oudste dochter (de)	духтари калонӣ	[duχtari kaloni:]
oudste zoon (de)	писари калонӣ	[pisari kaloni:]
broer (de)	бародар	[barodar]
oudere broer (de)	ака	[aka]
jongere broer (de)	додар	[dodar]
zuster (de)	хоҷар	[χohar]
oudere zuster (de)	апа	[apa]
jongere zuster (de)	хоҷари хурд	[χohari χurd]
neef (zoon van oom, tante)	амакписар (ама-, таѓо-, хола-)	[amakpisar] ([ama], [taʁo], [χola])
nicht (dochter van oom, tante)	амакдухтар (ама-, таѓо-, хола-)	[amakduχtar] ([ama], [taʁo], [χola])
mama (de)	модар, оча	[modar], [otʃa]
papa (de)	дада	[dada]
ouders (mv.)	волидайн	[volidajn]
kind (het)	кӯдак	[kœdak]
kinderen (mv.)	бачагон, кӯдакон	[batʃagon], [kœdakon]

oma (de)	модаркалон, онакалон	[modarkalon], [onakalon]
opa (de)	бобо	[bobo]
kleinzoon (de)	набера	[nabera]
kleindochter (de)	набера	[nabera]
kleinkinderen (mv.)	набераҳо	[naberaho]

oom (de)	тағо, амак	[taʁo], [amak]
tante (de)	хола, амма	[χola], [amma]
neef (zoon van broer, zus)	чиян	[dʒijan]
nicht (dochter van broer ,zus)	чиян	[dʒijan]

schoonmoeder (de)	модарарӯс	[modararœs]
schoonvader (de)	падаршӯй	[padarʃœj]
schoonzoon (de)	почо, язна	[potʃo], [jazna]
stiefmoeder (de)	модарандар	[modarandar]
stiefvader (de)	падарандар	[padarandar]

zuigeling (de)	бачаи ширмак	[batʃai ʃirmak]
wiegenkind (het)	кӯдаки ширмак	[kœdaki ʃirmak]
kleuter (de)	писарча, кӯдак	[pisartʃa], [kœdak]

vrouw (de)	зан	[zan]
man (de)	шавҳар, шӯй	[ʃavhar], [ʃœj]
echtgenoot (de)	завч	[zavdʒ]
echtgenote (de)	завча	[zavdʒa]

gehuwd (mann.)	зандор	[zandor]
gehuwd (vrouw.)	шавҳардор	[ʃavhardor]
ongehuwd (mann.)	безан	[bezan]
vrijgezel (de)	безан	[bezan]
gescheiden (bn)	чудошудагӣ	[dʒudoʃudagi:]
weduwe (de)	бева, бевазан	[beva], [bevazan]
weduwnaar (de)	бева, занмурда	[beva], [zanmurda]

familielid (het)	хеш	[χeʃ]
dichte familielid (het)	хеши наздик	[χeʃi nazdik]
verre familielid (het)	хеши дур	[χeʃi dur]
familieleden (mv.)	хешу табор	[χeʃu tabor]

wees (weesjongen)	ятимбача	[jatimbatʃa]
wees (weesmeisje)	ятимдухтар	[jatimduχtar]
voogd (de)	васӣ	[vasi:]
adopteren (een jongen te ~)	писар хондан	[pisar χondan]
adopteren (een meisje te ~)	духтархонд кардан	[duχtarχond kardan]

56. Vrienden. Collega's

vriend (de)	дӯст, чӯра	[dœst], [dʒœra]
vriendin (de)	дугона	[dugona]
vriendschap (de)	дӯстӣ, чӯрагӣ	[dœsti:], [dʒœragi:]
bevriend zijn (ww)	дӯстӣ кардан	[dœsti: kardan]

makker (de)	дуот, рафик	[dust], [rafik]
vriendin (de)	шинос	[ʃinós]

partner (de)	шарик	[ʃarik]
chef (de)	сардор	[sardor]
baas (de)	сардор	[sardor]
eigenaar (de)	соҳиб	[sohib]
ondergeschikte (de)	зердаст	[zerdast]
collega (de)	ҳамкор	[hamkor]

kennis (de)	шинос, ошно	[ʃinos], [oʃno]
medereiziger (de)	ҳамроҳ	[hamroh]
klasgenoot (de)	ҳамсинф	[hamsinf]

buurman (de)	ҳамсоя	[hamsoja]
buurvrouw (de)	ҳамсоязан	[hamsojazan]
buren (mv.)	ҳамсояҳо	[hamsojaho]

57. Man. Vrouw

vrouw (de)	зан, занак	[zan], [zanak]
meisje (het)	чавондухтар	[dʒavonduχtar]
bruid (de)	арӯс	[arœs]

mooi(e) (vrouw, meisje)	зебо	[zebo]
groot, grote (vrouw, meisje)	зани қадбаланд	[zani qadbaland]
slank(e) (vrouw, meisje)	мавзун	[mavzun]
korte, kleine (vrouw, meisje)	начандон баланд	[natʃandon baland]

blondine (de)	духтари малламӯй	[duχtari mallamœj]
brunette (de)	зани сиёхмӯй	[zani sijohmœj]
dames- (abn)	занона	[zanona]
maagd (de)	бокира, афифа	[bokira], [afifa]
zwanger (bn)	ҳомила	[homila]

man (de)	мард	[mard]
blonde man (de)	марди малламӯй	[mardi mallamœj]
bruinharige man (de)	марди сиёхмӯй	[mardi sijohmœj]
groot (bn)	қадбаланд	[qadbaland]
klein (bn)	начандон баланд	[natʃandon baland]
onbeleefd (bn)	дағал	[daʁal]
gedrongen (bn)	ғалча	[ʁaltʃa]
robuust (bn)	боқувват	[boquvvat]
sterk (bn)	зӯр	[zœr]
sterkte (de)	зӯр, қувва	[zœr], [quvva]

mollig (bn)	фарбеҳ, пурра	[farbeh], [purra]
getaand (bn)	сабзина	[sabzina]
slank (bn)	мавзун	[mavzun]
elegant (bn)	босалиқа	[bosaliqa]

58. Leeftijd

leeftijd (de)	син	[sin]
jeugd (de)	чавонӣ	[dʒavoni:]

jong (bn)	чавон	[dʒavon]
jonger (bn)	хурд, хурдй	[χurd], [χurdi:]
ouder (bn)	калон	[kalon]

jongen (de)	чавон	[dʒavon]
tiener, adolescent (de)	наврас	[navras]
kerel (de)	чавон	[dʒavon]

oude man (de)	пир	[pir]
oude vrouw (de)	пиразан	[pirazan]

volwassen (bn)	калонсол	[kalonsol]
van middelbare leeftijd (bn)	солдида	[soldida]
bejaard (bn)	пир, солхӯрда	[pir], [solχœrda]
oud (bn)	пир	[pir]

pensioen (het)	нафақа	[nafaqa]
met pensioen gaan	ба нафақа баромадан	[ba nafaqa baromadan]
gepensioneerde (de)	нафақахӯр	[nafaqaχœr]

59. Kinderen

kind (het)	кӯдак	[kœdak]
kinderen (mv.)	бачагон, кӯдакон	[batʃagon], [kœdakon]
tweeling (de)	дугоник	[dugonik]

wieg (de)	гаҳвора	[gahvora]
rammelaar (de)	шақилдоқ	[ʃaqildoq]
luier (de)	уребча	[urebtʃa]

speen (de)	чочак	[tʃotʃak]
kinderwagen (de)	аробачаи бачагона	[arobatʃai batʃagona]
kleuterschool (de)	боғчаи бачагон	[boʁtʃai batʃagon]
babysitter (de)	бачабардор	[batʃabardor]

kindertijd (de)	бачагй, кӯдакй	[batʃagi:], [kœdaki:]
pop (de)	лӯхтак	[lœχtak]
speelgoed (het)	бозича	[bozitʃa]
bouwspeelgoed (het)	конструктор	[konstruktor]
welopgevoed (bn)	тарбиядида	[tarbijadida]
onopgevoed (bn)	беодоб	[beodob]
verwend (bn)	эрка	[ɛrka]

stout zijn (ww)	шӯхй кардан	[ʃœχi: kardan]
stout (bn)	шӯх	[ʃœχ]
stoutheid (de)	шӯхй	[ʃœχi:]
stouterd (de)	шӯх	[ʃœχ]

gehoorzaam (bn)	ҳалим	[halim]
ongehoorzaam (bn)	саркаш	[sarkaʃ]

braaf (bn)	ҳалим	[halim]
slim (verstandig)	оқил	[oqil]
wonderkind (het)	вундеркинд	[vunderkind]

60. Gehuwde paren. Gezinsleven

kussen (een kus geven)	бӯсидан	[bœsidan]
elkaar kussen (ww)	бӯсобӯсӣ кардан	[bœsobœsi: kardan]
gezin (het)	оила	[oila]
gezins- (abn)	оилавӣ	[oilavi:]
paar (het)	чуфт, зану шавҳар	[dʒuft], [zanu ʃavhar]
huwelijk (het)	никоҳ	[nikoh]
thuis (het)	хонавода	[χonavoda]
dynastie (de)	сулола	[sulola]

date (de)	вохӯрӣ	[voχœri:]
zoen (de)	бӯса	[bœsa]

liefde (de)	муҳаббат, ишқ	[muhabbat], [iʃq]
liefhebben (ww)	дӯст доштан	[dœst doʃtan]
geliefde (bn)	азиз, маҳбуб	[aziz], [mahbub]

tederheid (de)	меҳрубонӣ	[mehruboni:]
teder (bn)	меҳрубон	[mehrubon]
trouw (de)	вафодорӣ	[vafodori:]
trouw (bn)	вафодор	[vafodor]
zorg (bijv. bejaarden~)	ғамхорӣ	[ʁamχori:]
zorgzaam (bn)	ғамхор	[ʁamχor]

jonggehuwden (mv.)	навхонадор	[navχonador]
wittebroodsweken (mv.)	моҳи асал	[mohi asal]
trouwen (vrouw)	шавҳар кардан	[ʃavhar kardan]
trouwen (man)	зан гирифтан	[zan giriftan]

bruiloft (de)	тӯй, тӯйи арӯсӣ	[tœj], [tœji arœsi:]
gouden bruiloft (de)	панчоҳсолагии тӯйи арӯсӣ	[pandʒohsolagi:i tœji arœsi:]
verjaardag (de)	солгард, солагӣ	[solgard], [solagi:]

minnaar (de)	ошиқ	[oʃiq]
minnares (de)	маъшуқа	[ma'ʃuqa]

overspel (het)	бевафоӣ	[bevafoi:]
overspel plegen (ww)	бевафоӣ кардан	[bevafoi: kardan]
jaloers (bn)	бадрашк	[badraʃk]
jaloers zijn (echtgenoot, enz.)	рашк кардан	[raʃk kardan]
echtscheiding (de)	талоқ	[taloq]
scheiden (ww)	талоқ гирифтан	[taloq giriftan]

ruzie hebben (ww)	чанчол кардан	[dʒandʒol kardan]
vrede sluiten (ww)	оштӣ шудан	[oʃti: ʃudan]

samen (bw)	дар як чо	[dar jak dʒo]
seks (de)	шаҳват	[ʃahvat]

geluk (het)	бахт	[baχt]
gelukkig (bn)	хушбахт	[χuʃbaχt]
ongeluk (het)	бадбахтӣ	[badbaχti:]
ongelukkig (bn)	бадбахт	[badbaχt]

Karakter. Gevoelens. Emoties

61. Gevoelens. Emoties

gevoel (het)	хис	[his]
gevoelens (mv.)	хиссиёт	[hissijɔt]
voelen (ww)	хис кардан	[his kardan]
honger (de)	гуруснагӣ	[gurusnagi:]
honger hebben (ww)	хӯрок хостан	[xœrok xostan]
dorst (de)	ташнагӣ	[taʃnagi:]
dorst hebben	об хостан	[ob xostan]
slaperigheid (de)	хоболудӣ	[xoboludi:]
willen slapen	хоб рафтан хостан	[xob raftan xostan]
moeheid (de)	мондашавӣ	[mondaʃavi:]
moe (bn)	мондашуда	[mondaʃuda]
vermoeid raken (ww)	монда шудан	[monda ʃudan]
stemming (de)	рӯхия, кайфият	[rœhija], [kajfijat]
verveling (de)	дилтангӣ, зиқӣ	[diltangi:], [ziqi:]
zich vervelen (ww)	дилтанг шудан	[diltang ʃudan]
afzondering (de)	танхой	[tanhoi:]
zich afzonderen (ww)	танхо мондан	[tanho mondan]
bezorgd maken (ww)	ташвиш додан	[taʃviʃ dodan]
zich bezorgd maken	норохат шудан	[norohat ʃudan]
zorg (bijv. geld~en)	норохатӣ	[norohati:]
ongerustheid (de)	хаячон	[hajadʒon]
ongerust (bn)	мушавваш	[muʃavvaʃ]
zenuwachtig zijn (ww)	асабони шудан	[asaboni ʃudan]
in paniek raken	вохима кардан	[vohima kardan]
hoop (de)	умед	[umed]
hopen (ww)	умед доштан	[umed doʃtan]
zekerheid (de)	дилпурӣ	[dilpuri:]
zeker (bn)	дилпур	[dilpur]
onzekerheid (de)	эътимод надоштани	[ɛ'timod nadoʃtani]
onzeker (bn)	эътимоднадошта	[ɛ'timodnadoʃta]
dronken (bn)	маст	[mast]
nuchter (bn)	хушёр	[huʃjor]
zwak (bn)	заиф	[zaif]
gelukkig (bn)	хушбахт	[xuʃbaxt]
doen schrikken (ww)	тарсондан	[tarsondan]
toorn (de)	газабнокӣ	[ʁazabnoki:]
woede (de)	бадхашмӣ	[badxaʃmi:]
depressie (de)	рӯхафтодагӣ	[rœhaftodagi:]
ongemak (het)	норохат	[norohat]

gemak, comfort (het)	хузуру ҳаловат	[huzuru halovat]
spijt hebben (ww)	таассуф хӯрдан	[taassuf χœrdan]
spijt (de)	таассуф	[taassuf]
pech (de)	нобарорӣ, нокомӣ	[nobarori:], [nokomi:]
bedroefdheid (de)	ранҷиш, озор	[randʒiʃ], [ozor]

schaamte (de)	шарм	[ʃarm]
pret (de), plezier (het)	шодӣ, хурсандӣ	[ʃodi:], [χursandi:]
enthousiasme (het)	ғайрат	[ʁajrat]
enthousiasteling (de)	одами боғаират	[odami boʁairat]
enthousiasme vertonen	ғайрат кардан	[ʁajrat kardan]

62. Karakter. Persoonlijkheid

karakter (het)	феъл, табиат	[fe'l], [tabiat]
karakterfout (de)	камбудӣ	[kambudi:]
verstand (het)	ақл	[aql]
rede (de)	фаҳм	[fahm]

geweten (het)	виҷдон	[vidʒdon]
gewoonte (de)	одат	[odat]
bekwaamheid (de)	қобилият	[qobilijat]
kunnen (bijv., ~ zwemmen)	тавонистан	[tavonistan]

geduldig (bn)	бурдбор	[burdbor]
ongeduldig (bn)	бетоқат	[betoqat]
nieuwsgierig (bn)	кунҷков	[kundʒkov]
nieuwsgierigheid (de)	кунҷковӣ	[kundʒkovi:]

bescheidenheid (de)	хоксорӣ	[χoksori:]
bescheiden (bn)	хоксор	[χoksor]
onbescheiden (bn)	густохона	[gustoχona]

luiheid (de)	танбалӣ	[tanbali:]
lui (bn)	танбал	[tanbal]
luiwammes (de)	танбал	[tanbal]

sluwheid (de)	ҳилагарӣ	[hilagari:]
sluw (bn)	ҳилагар	[hilagar]
wantrouwen (het)	нобоварӣ	[nobovari:]
wantrouwig (bn)	нобовар	[nobovar]

gulheid (de)	саховат	[saχovat]
gul (bn)	сахӣ	[saχi:]
talentrijk (bn)	боистеъдод	[boiste'dod]
talent (het)	истеъдод	[iste'dod]

moedig (bn)	нотарс, ҷасур	[notars], [dʒasur]
moed (de)	нотарсӣ, ҷасурӣ	[notarsi:], [dʒasuri:]
eerlijk (bn)	бовиҷдон	[bovidʒdon]
eerlijkheid (de)	бовиҷдонӣ	[bovidʒdoni:]

voorzichtig (bn)	эҳтиёткор	[ɛhtijɔtkor]
manhaftig (bn)	диловар	[dilovar]

ernstig (bn)	мулоҳизакор	[mulohizakor]
streng (bn)	сахтгир	[saχtgir]
resoluut (bn)	собитқадам	[sobitqadam]
onzeker, irresoluut (bn)	сабукмизоҷ	[sabukmizodʒ]
schuchter (bn)	беҷуръат	[bedʒur'at]
schuchterheid (de)	беҷуръатӣ	[bedʒur'ati:]
vertrouwen (het)	бовар	[bovar]
vertrouwen (ww)	бовар кардан	[bovar kardan]
goedgelovig (bn)	зудбовар	[zudbovar]
oprecht (bw)	самимона	[samimona]
oprecht (bn)	самимӣ	[samimi:]
oprechtheid (de)	самимият	[samimijat]
open (bn)	кушод	[kuʃod]
rustig (bn)	ором	[orom]
openhartig (bn)	фошофош	[foʃofoʃ]
naïef (bn)	соддадил	[soddadil]
verstrooid (bn)	хаёлпарешон	[χajɔlpareʃon]
leuk, grappig (bn)	хандаовар	[χandaovar]
gierigheid (de)	хасисӣ	[χasisi:]
gierig (bn)	хасис	[χasis]
inhalig (bn)	хасис	[χasis]
kwaad (bn)	бад, шарир	[bad], [ʃarir]
koppig (bn)	якрав	[jakrav]
onaangenaam (bn)	дилнокаш	[dilnokaʃ]
egoïst (de)	худпараст	[χudparast]
egoïstisch (bn)	худпарастона	[χudparastona]
lafaard (de)	тарсончак	[tarsontʃak]
laf (bn)	тарсончак	[tarsontʃak]

63. Slaap. Dromen

slapen (ww)	хобидан	[χobidan]
slaap (in ~ vallen)	хоб	[χob]
droom (de)	хоб	[χob]
dromen (in de slaap)	хоб дидан	[χob didan]
slaperig (bn)	хоболуд	[χobolud]
bed (het)	кат	[kat]
matras (de)	матрас, бистар	[matras], [bistar]
deken (de)	кӯрпа	[kœrpa]
kussen (het)	болишт	[boliʃt]
laken (het)	чойпӯш	[dʒojpœʃ]
slapeloosheid (de)	бехобӣ	[beχobi:]
slapeloos (bn)	бехоб	[beχob]
slaapmiddel (het)	доруи хоб	[dorui χob]
slaapmiddel innemen	доруи хоб нӯшидан	[dorui χob nœʃidan]
willen slapen	хоб рафтан хостан	[χob raʃtan χostan]

geeuwen (ww)	хамёза кашидан	[χamjɔza kaʃidan]
gaan slapen	хобравй рафтан	[χobravi: raftan]
het bed opmaken	ҷогах андохтан	[dʒogah andoχtan]
inslapen (ww)	хоб рафтан	[χob raftan]

nachtmerrie (de)	сиёхӣ	[sijɔhi:]
gesnurk (het)	хуррок	[χurrok]
snurken (ww)	хуррок кашидан	[χurrok kaʃidan]

wekker (de)	соати рӯимизии зангдор	[soati rœimizi:i zangdor]
wekken (ww)	бедор кардан	[bedor kardan]
wakker worden (ww)	аз хоб бедор шудан	[az χob bedor ʃudan]
opstaan (ww)	сахар хестан	[sahar χestan]
zich wassen (ww)	дасту рӯй шустан	[dastu rœj ʃustan]

64. Humor. Gelach. Blijdschap

humor (de)	ҳачв	[hadʒv]
gevoel (het) voor humor	шӯхтабъй	[ʃœχtab'i:]
plezier hebben (ww)	хурсандй кардан	[χursandi: kardan]
vrolijk (bn)	хушхол	[χuʃhol]
pret (de), plezier (het)	шодй, хурсандй	[ʃodi:], [χursandi:]

glimlach (de)	табассум	[tabassum]
glimlachen (ww)	табассум кардан	[tabassum kardan]
beginnen te lachen (ww)	хандидан	[χandidan]
lachen (ww)	хандидан	[χandidan]
lach (de)	ханда	[χanda]

mop (de)	латифа, ҳикояти мазҳакавй	[latifa], [hikojati mazhakavi:]
grappig (een ~ verhaal)	хандоовар	[χandaovar]
grappig (~e clown)	хандоовар	[χandaovar]

grappen maken (ww)	шӯхй кардан	[ʃœχi: kardan]
grap (de)	шӯхй	[ʃœχi:]
blijheid (de)	шодй	[ʃodi:]
blij zijn (ww)	шодй кардан	[ʃodi: kardan]
blij (bn)	хурсанд	[χursand]

65. Discussie, conversatie. Deel 1

communicatie (de)	алоқа, робита	[aloqa], [robita]
communiceren (ww)	алоқа доштан	[aloqa doʃtan]

conversatie (de)	сӯхбат	[sœhbat]
dialoog (de)	муколима	[mukolima]
discussie (de)	мубохиса	[mubohisa]
debat (het)	бахс	[bahs]
debatteren, twisten (ww)	бахс кардан	[bahs kardan]
gesprekspartner (de)	ҳамсӯхбат	[hamsœhbat]
thema (het)	мавзӯъ	[mavzœ']

standpunt (het)	нуқтаи назар	[nuqtai nazar]
mening (de)	фикр	[fikr]
toespraak (de)	нутқ	[nutq]

bespreking (de)	муҳокима	[muhokima]
bespreken (spreken over)	муҳокима кардан	[muhokima kardan]
gesprek (het)	сӯҳбат	[sœhbat]
spreken (converseren)	сӯҳбат кардан	[sœhbat kardan]
ontmoeting (de)	мулоқот	[muloqot]
ontmoeten (ww)	мулоқот кардан	[muloqot kardan]

spreekwoord (het)	зарбулмасал	[zarbulmasal]
gezegde (het)	мақол	[maqol]
raadsel (het)	чистон	[ʧiston]
een raadsel opgeven	чистон гуфтан	[ʧiston guftan]
wachtwoord (het)	рамз	[ramz]
geheim (het)	сир, роз	[sir], [roz]

eed (de)	қасам	[qasam]
zweren (een eed doen)	қасам хурдан	[qasam χurdan]
belofte (de)	ваъда	[va'da]
beloven (ww)	ваъда додан	[va'da dodan]

advies (het)	маслиҳат	[maslihat]
adviseren (ww)	маслиҳат додан	[maslihat dodan]
advies volgen (iemands ~)	аз рӯи маслиҳат рафтор кардан	[az rœi maslihat raftor kardan]
luisteren (gehoorzamen)	ба маслиҳат гӯш додан	[ba maslihat gœʃ dodan]

nieuws (het)	навй, навигарӣ	[navi:], [navigari:]
sensatie (de)	ҳангома	[hangoma]
informatie (de)	маълумот	[ma'lumot]
conclusie (de)	хулоса	[χulosa]
stem (de)	овоз	[ovoz]
compliment (het)	таъриф	[ta'rif]
vriendelijk (bn)	меҳрубон	[mehrubon]

woord (het)	калима	[kalima]
zin (de), zinsdeel (het)	ибора	[ibora]
antwoord (het)	ҷавоб	[dʒavob]

| waarheid (de) | ҳақиқат | [haqiqat] |
| leugen (de) | дурӯғ | [durœʁ] |

gedachte (de)	фикр, ақл	[fikr], [aql]
idee (de/het)	фикр	[fikr]
fantasie (de)	сайри хаёлот	[sajri χajɔlot]

66. Discussie, conversatie. Deel 2

gerespecteerd (bn)	мӯҳтарам	[mœhtaram]
respecteren (ww)	ҳурмат кардан	[hurmat kardan]
respect (het)	ҳурмат	[hurmat]
Geachte ... (brief)	Мӯҳтарам ...	[mœhtaram]

| voorstellen (Mag ik jullie ~) | ошно кардан | [oʃno kardan] |
| kennismaken (met ...) | ошно шудан | [oʃno ʃudan] |

intentie (de)	ният	[nijat]
intentie hebben (ww)	ният доштан	[nijat doʃtan]
wens (de)	орзу, хоҳиш	[orzu], [χohiʃ]
wensen (ww)	орзу кардан	[orzu kardan]

verbazing (de)	тааҷҷуб, ҳайрат	[taadʒdʒub], [hajrat]
verbazen (verwonderen)	ба ҳайрат андохтан	[ba hajrat andoχtan]
verbaasd zijn (ww)	ба ҳайрат афтодан	[ba hajrat aftodan]

geven (ww)	додан	[dodan]
nemen (ww)	гирифтан	[giriftan]
teruggeven (ww)	баргардондан	[bargardondan]
retourneren (ww)	баргардондан	[bargardondan]

zich verontschuldigen	узр пурсидан	[uzr pursidan]
verontschuldiging (de)	узр, афв	[uzr], [afv]
vergeven (ww)	бахшидан	[baχʃidan]

spreken (ww)	гап задан	[gap zadan]
luisteren (ww)	гӯш кардан	[gœʃ kardan]
aanhoren (ww)	гӯш кардан	[gœʃ kardan]
begrijpen (ww)	фаҳмидан	[fahmidan]

tonen (ww)	нишон додан	[niʃon dodan]
kijken naar ...	нигоҳ кардан ба ...	[nigoh kardan ba]
roepen (vragen te komen)	чеғ задан	[dʒeʁ zadan]
afleiden (storen)	халал расондан	[χalal rasondan]
storen (lastigvallen)	халал расондан	[χalal rasondan]
doorgeven (ww)	расонидан	[rasonidan]

verzoek (het)	пурсиш	[pursiʃ]
verzoeken (ww)	пурсидан	[pursidan]
eis (de)	талаб	[talab]
eisen (met klem vragen)	талаб кардан	[talab kardan]

beledigen (beledigende namen geven)	шӯронидан	[ʃœronidan]
uitlachen (ww)	масхара кардан	[masχara kardan]
spot (de)	масхара	[masχara]
bijnaam (de)	лақаб	[laqab]

zinspeling (de)	ишора	[iʃora]
zinspelen (ww)	ишора кардан	[iʃora kardan]
impliceren (duiden op)	тахмин кардан	[taχmin kardan]

beschrijving (de)	тасвир	[tasvir]
beschrijven (ww)	тасвир кардан	[tasvir kardan]
lof (de)	таъриф	[taʼrif]
loven (ww)	таъриф кардан	[taʼrif kardan]

teleurstelling (de)	ноумедӣ	[noumedi:]
teleurstellen (ww)	ноумед кардан	[noumed kardan]
teleurgesteld zijn (ww)	ноумед шудан	[noumed ʃudan]

verondersteling (de)	гумон	[gumon]
veronderstellen (ww)	гумон доштан	[gumon doʃtan]
waarschuwing (de)	огоҳӣ	[ogohi:]
waarschuwen (ww)	огоҳонидан	[ogohonidan]

67. Discussie, conversatie. Deel 3

| aanpraten (ww) | розӣ кардан | [rozi: kardan] |
| kalmeren (kalm maken) | ором кардан | [orom kardan] |

stilte (de)	хомӯшӣ	[xomœʃi:]
zwijgen (ww)	хомӯш будан	[xomœʃ budan]
fluisteren (ww)	пичиррос задан	[pitʃirros zadan]
gefluister (het)	пичиррос	[pitʃirros]

| open, eerlijk (bw) | фошофош | [foʃofoʃ] |
| volgens mij ... | ба фикри ман ... | [ba fikri man] |

detail (het)	муфассалӣ	[mufassali:]
gedetailleerd (bn)	муфассал	[mufassal]
gedetailleerd (bw)	муфассал	[mufassal]

| hint (de) | луқма додан | [luqma dodan] |
| een hint geven | луқма додан | [luqma dodan] |

blik (de)	нигоҳ	[nigoh]
een kijkje nemen	нигоҳ кардан	[nigoh kardan]
strak (een ~ke blik)	карахт	[karaxt]
knipperen (ww)	мижа задан	[miʒa zadan]
knipogen (ww)	чашмакӣ задан	[tʃaʃmaki: zadan]
knikken (ww)	сар ҷунбондан	[sar dʒunbondan]

zucht (de)	нафас	[nafas]
zuchten (ww)	нафас рост кардан	[nafas rost kardan]
huiveren (ww)	як қад ларидан	[jak qad laridan]
gebaar (het)	имову ишора	[imovu iʃora]
aanraken (ww)	даст задан	[dast zadan]
grijpen (ww)	гирифтан	[giriftan]
een schouderklopje geven	тап-тап задан	[tap-tap zadan]

Kijk uit!	Эҳтиёт шавед!	[ɛhtijot ʃaved]
Echt?	Наход?	[naxod]
Bent je er zeker van?	Ту дилпурӣ?	[tu dilpuri:]
Succes!	Барори кор!	[barori kor]
Juist, ja!	Фаҳмо!	[fahmo]
Wat jammer!	Афсӯс!	[afsœs]

68. Overeenstemming. Weigering

instemming (het)	розигӣ	[rozigi:]
instemmen (akkoord gaan)	розигӣ додан	[rozigi: dodan]
goedkeuring (de)	розигӣ	[rozigi:]

goedkeuren (ww)	розигӣ додан	[rozigi: dodan]
weigering (de)	рад	[rad]
weigeren (ww)	рад кардан	[rad kardan]

Geweldig!	Олӣ!	[oli:]
Goed!	Хуб!	[χub]
Akkoord!	Майлаш!	[majlaʃ]

verboden (bn)	мамнӯъ	[mamnœ']
het is verboden	мумкин нест	[mumkin nest]
het is onmogelijk	номумкин	[nomumkin]
onjuist (bn)	нодуруст	[nodurust]

afwijzen (ww)	рад кардан	[rad kardan]
steunen	тарафдорӣ кардан	[tarafdori: kardan]
(een goed doel, enz.)		
aanvaarden (excuses ~)	баргирифтан	[bargiriftan]

bevestigen (ww)	тасдиқ кардан	[tasdiq kardan]
bevestiging (de)	тасдиқ	[tasdiq]
toestemming (de)	иҷозат	[idʒozat]
toestaan (ww)	иҷозат додан	[idʒozat dodan]
beslissing (de)	қарор	[qaror]
z'n mond houden (ww)	хомӯш мондан	[χomœʃ mondan]

voorwaarde (de)	шарт	[ʃart]
smoes (de)	баҳона	[bahona]
lof (de)	таъриф	[ta'rif]
loven (ww)	таъриф кардан	[ta'rif kardan]

69. Succes. Veel geluk. Mislukking

succes (het)	муваффақият	[muvaffaqijat]
succesvol (bw)	бо муваффақият	[bo muvaffaqijat]
succesvol (bn)	бомуваффақият	[bomuvaffaqijat]

geluk (het)	барор	[baror]
Succes!	Барори кор!	[barori kor]
geluks- (bn)	бобарор	[bobaror]
gelukkig (fortuinlijk)	бахтбедор	[baχtbedor]

mislukking (de)	бемуваффақиятӣ	[bemuvaffaqijati:]
tegenslag (de)	нобарорӣ	[nobarori:]
pech (de)	нобарорӣ, нокомӣ	[nobarori:], [nokomi:]
zonder succes (bn)	бемуваффақият	[bemuvaffaqijat]
catastrofe (de)	шикаст	[ʃikast]

fierheid (de)	ифтихор	[iftiχor]
fier (bn)	боифтихор	[boiftiχor]
fier zijn (ww)	ифтихор доштан	[iftiχor doʃtan]

winnaar (de)	ғолиб	[ʁolib]
winnen (ww)	ғалаба кардан	[ʁalaba kardan]
verliezen (ww)	бохтан	[boχtan]

poging (de)	кӯшиш	[kœʃiʃ]
pogen, proberen (ww)	кӯшидан	[kœʃidan]
kans (de)	имконият	[imkonijat]

70. Ruzies. Negatieve emoties

schreeuw (de)	дод, фарёд	[dod], [farjɔd]
schreeuwen (ww)	дод задан	[dod zadan]
beginnen te schreeuwen	фарёд кардан	[farjɔd kardan]

ruzie (de)	чанчол	[dʒandʒol]
ruzie hebben (ww)	чанчол кардан	[dʒandʒol kardan]
schandaal (het)	ғавғо	[ʁavʁo]
schandaal maken (ww)	ғавғо бардоштан	[ʁavʁo bardoʃtan]
conflict (het)	чанчол, низоъ	[dʒandʒol], [nizo']
misverstand (het)	нофаҳмй	[nofahmi:]

belediging (de)	таҳкир	[tahqir]
beledigen	таҳкир кардан	[tahqir kardan]
(met scheldwoorden)		
beledigd (bn)	ранчида, озурда	[randʒida], [ozurda]
krenking (de)	озор, озурдаги	[ozor], [ozurdagi]
krenken (beledigen)	озурда кардан	[ozurda kardan]
gekwetst worden (ww)	озурда шудан	[ozurda ʃudan]

verontwaardiging (de)	ғазаб	[ʁazab]
verontwaardigd zijn (ww)	ба ғазаб омадан	[ba ʁazab omadan]
klacht (de)	шикоят	[ʃikojat]
klagen (ww)	шикоят кардан	[ʃikojat kardan]

verontschuldiging (de)	узр, афв	[uzr], [afv]
zich verontschuldigen	узр пурсидан	[uzr pursidan]
excuus vragen	узр пурсидан	[uzr pursidan]

kritiek (de)	танкид	[tanqid]
bekritiseren (ww)	танкид кардан	[tanqid kardan]
beschuldiging (de)	айбдоркунй	[ajbdorkuni:]
beschuldigen (ww)	айбдор кардан	[ajbdor kardan]

wraak (de)	интиком	[intiqom]
wreken (ww)	интиком гирифтан	[intiqom giriftan]
wraak nemen (ww)	касос гирифтан	[qasos giriftan]

minachting (de)	хакорат	[haqorat]
minachten (ww)	хакорат кардан	[haqorat kardan]
haat (de)	нафрат	[nafrat]
haten (ww)	нафрат кардан	[nafrat kardan]

zenuwachtig (bn)	асобонй	[asaboni:]
zenuwachtig zijn (ww)	асобони шудан	[asaboni ʃudan]
boos (bn)	бадкахр	[badqahr]
boos maken (ww)	ранчондан	[randʒondan]
vernedering (de)	таҳкиркунй	[tahqirkuni:]
vernederen (ww)	таҳкир кардан	[tahqir kardan]

zich vernederen (ww)	тахкир шудан	[tahqir ʃudan]
schok (de)	садама, садамот	[sadama], [sadamot]
schokken (ww)	хичил кардан	[χidʒil kardan]

onaangenaamheid (de)	нохушй	[noχuʃi:]
onaangenaam (bn)	дилнокаш	[dilnokaʃ]

vrees (de)	тарс	[tars]
vreselijk (bijv. ~ onweer)	сахт	[saχt]
eng (bn)	дахшатангез	[dahʃatangez]
gruwel (de)	дахшат	[dahʃat]
vreselijk (~ nieuws)	дахшатнок	[dahʃatnok]

beginnen te beven	ба ларзиш омадан	[ba larziʃ omadan]
huilen (wenen)	гиря кардан	[girja kardan]
beginnen te huilen (wenen)	гиря сар кардан	[girja sar kardan]
traan (de)	ашк	[aʃk]

schuld (~ geven aan)	гунох	[gunoh]
schuldgevoel (het)	айб	[ajb]
schande (de)	беобрӯй	[beobrœi:]
protest (het)	эътироз	[ɛ'tiroz]
stress (de)	стресс	[stress]

storen (lastigvallen)	ташвиш додан	[taʃviʃ dodan]
kwaad zijn (ww)	газабнок шудан	[ʁazabnok ʃudan]
kwaad (bn)	газаболуд	[ʁazabolud]
beëindigen (een relatie ~)	бас кардан	[bas kardan]
vloeken (ww)	дашном додан	[daʃnom dodan]

schrikken (schrik krijgen)	тарс хӯрдан	[tars χœrdan]
slaan (iemand ~)	задан	[zadan]
vechten (ww)	занозанй кардан	[zanozani: kardan]

regelen (conflict)	ба рох мондан	[ba roh mondan]
ontevreden (bn)	норозй	[norozi:]
woedend (bn)	пурхашм	[purχaʃm]

Dat is niet goed!	Ин хуб не!	[in χub ne]
Dat is slecht!	Ин бад!	[in bad]

Geneeskunde

71. Ziekten

ziekte (de)	касалӣ, беморӣ	[kasali:], [bemori:]
ziek zijn (ww)	бемор будан	[bemor budan]
gezondheid (de)	тандурустӣ, саломатӣ	[tandurusti:], [salomati:]
snotneus (de)	зуком	[zukom]
angina (de)	дарди гулӯ	[dardi gulœ]
verkoudheid (de)	шамол хӯрдани	[ʃamol χœrdani]
verkouden raken (ww)	шамол хӯрдан	[ʃamol χœrdan]
bronchitis (de)	бронхит	[bronχit]
longontsteking (de)	варами шуш	[varami ʃuʃ]
griep (de)	грипп	[gripp]
bijziend (bn)	наздикбин	[nazdikbin]
verziend (bn)	дурбин	[durbin]
scheelheid (de)	олусӣ	[olusi:]
scheel (bn)	олус	[olus]
grauwe staar (de)	катаракта	[katarakta]
glaucoom (het)	глаукома	[glaukoma]
beroerte (de)	сактаи майна	[saktai majna]
hartinfarct (het)	инфаркт, сактаи дил	[infarkt], [saktai dil]
myocardiaal infarct (het)	инфаркти миокард	[infarkti miokard]
verlamming (de)	фалач	[faladʒ]
verlammen (ww)	фалач шудан	[faladʒ ʃudan]
allergie (de)	аллергия	[allergija]
astma (de/het)	астма, зиққи нафас	[astma], [ziqqi nafas]
diabetes (de)	диабет	[diabet]
tandpijn (de)	дарди дандон	[dardi dandon]
tandbederf (het)	кариес	[karies]
diarree (de)	шикамрав	[ʃikamrav]
constipatie (de)	қабзият	[qabzijat]
maagstoornis (de)	вайроншавии меъда	[vajronʃavi:i me'da]
voedselvergiftiging (de)	захролудшавӣ	[zahroludʃavi:]
voedselvergiftiging oplopen	захролуд шудан	[zahrolud ʃudan]
artritis (de)	артрит	[artrit]
rachitis (de)	рахит, чиллаашӯр	[raχit], [tʃillaaʃœr]
reuma (het)	тарбод	[tarbod]
arteriosclerose (de)	атеросклероз	[ateroskleroz]
gastritis (de)	гастрит	[gastrit]
blindedarmontsteking (de)	варами кӯррӯда	[varami kœrrœda]

| galblaasontsteking (de) | холетсистит | [χoletsistit] |
| zweer (de) | захм | [zaχm] |

mazelen (mv.)	сурхча, сурхак	[surχʧa], [surχak]
rodehond (de)	сурхакон	[surχakon]
geelzucht (de)	зардча, заъфарма	[zardʧa], [za'farma]
leverontsteking (de)	гепатит, қубод	[gepatit], [qubod]

schizofrenie (de)	маҷзубият	[madʒzubijat]
dolheid (de)	ҳорй	[hori:]
neurose (de)	невроз, чунун	[nevroz], [ʧunun]
hersenschudding (de)	зарб хӯрдани майна	[zarb χœrdani majna]

kanker (de)	саратон	[saraton]
sclerose (de)	склероз	[skleroz]
multiple sclerose (de)	склерози густаришёфта	[sklerozi gustariʃʃofta]

alcoholisme (het)	майзадагй	[majzadagi:]
alcoholicus (de)	майзада	[majzada]
syfilis (de)	оташак	[otaʃak]
AIDS (de)	СПИД	[spid]

tumor (de)	варам	[varam]
kwaadaardig (bn)	ганда	[ganda]
goedaardig (bn)	безарар	[bezarar]

koorts (de)	табларза, варача	[tablarza], [varadʒa]
malaria (de)	варача	[varadʒa]
gangreen (het)	гангрена	[gangrena]
zeeziekte (de)	касалии баҳр	[kasali:i bahr]
epilepsie (de)	саръ	[sar']

epidemie (de)	эпидемия	[ɛpidemija]
tyfus (de)	арақа, домана	[araqa], [domana]
tuberculose (de)	сил	[sil]
cholera (de)	вабо	[vabo]
pest (de)	тоун	[toun]

72. Symptomen. Behandelingen. Deel 1

symptoom (het)	аломат	[alomat]
temperatuur (de)	ҳарорат, таб	[harorat], [tab]
verhoogde temperatuur (de)	ҳарорати баланд	[harorati baland]
polsslag (de)	набз	[nabz]

duizeling (de)	саргардй	[sargardi:]
heet (erg warm)	гарм	[garm]
koude rillingen (mv.)	ларза, варача	[larza], [varadʒa]
bleek (bn)	рангпарида	[rangparida]

hoest (de)	сулфа	[sulfa]
hoesten (ww)	сулфидан	[sulfidan]
niezen (ww)	атса задан	[atsa zadan]
flauwte (de)	беҳушй	[behuʃi:]

flauwvallen (ww)	беҳуш шудан	[behuʃ ʃudan]
blauwe plek (de)	доғи кабуд, кабудӣ	[doʁi kabud], [kabudi:]
buil (de)	ғуррӣ	[ʁurri:]
zich stoten (ww)	зада шудан	[zada ʃudan]
kneuzing (de)	лат	[lat]
kneuzen (gekneusd zijn)	лату кӯб хӯрдан	[latu kœb xœrdan]

hinken (ww)	лангидан	[langidan]
verstuiking (de)	баромадан	[baromadan]
verstuiken (enkel, enz.)	баровардан	[barovardan]
breuk (de)	шикасти устухон	[ʃikasti ustuxon]
een breuk oplopen	устухон шикастан	[ustuxon ʃikastan]

snijwond (de)	буриш	[buriʃ]
zich snijden (ww)	буридан	[buridan]
bloeding (de)	хунравӣ	[xunravi:]

brandwond (de)	сӯхта	[sœxta]
zich branden (ww)	сӯзондан	[sœzondan]

prikken (ww)	халондан	[xalondan]
zich prikken (ww)	халидан	[xalidan]
blesseren (ww)	осеб дидан	[oseb didan]
blessure (letsel)	захм	[zaxm]
wond (de)	захм, реш	[zaxm], [reʃ]
trauma (het)	захм	[zaxm]

IJlen (ww)	алой гуфтан	[aloi: guftan]
stotteren (ww)	тутила шудан	[tutila ʃudan]
zonnesteek (de)	офтобзанӣ	[oftobzani:]

73. Symptomen. Behandelingen. Deel 2

pijn (de)	дард	[dard]
splinter (de)	хор, зиреба	[xor], [zireba]

zweet (het)	арақ	[araq]
zweten (ww)	арақ кардан	[araq kardan]
braking (de)	қайкунӣ	[ɳajkɯni:]
stuiptrekkingen (mv.)	рагкашӣ	[ragkaʃi:]

zwanger (bn)	ҳомила	[homila]
geboren worden (ww)	таваллуд шудан	[tavallud ʃudan]
geboorte (de)	зоиш	[zoiʃ]
baren (ww)	зоидан	[zoidan]
abortus (de)	аборт, бачапартой	[abort], [batʃapartoi:]

inademing (de)	нафасгирӣ	[nafasgiri:]
uitademing (de)	нафасбарорӣ	[nafasbarori:]
uitademen (ww)	нафас баровардаи	[nafas barovardai]
inademen (ww)	нафас кашидан	[nafas kaʃidan]

invalide (de)	инвалид	[invalid]
gehandicapte (de)	маъюб	[ma'jub]

drugsverslaafde (de)	нашъаманд	[naʃamand]
doof (bn)	кар, гӯшкар	[kar], [gœʃkar]
stom (bn)	гунг	[gung]
doofstom (bn)	кару гунг	[karu gung]

krankzinnig (bn)	девона	[devona]
krankzinnige (man)	девона	[devona]
krankzinnige (vrouw)	девона	[devona]
krankzinnig worden	аз ақл бегона шудан	[az aql begona ʃudan]

gen (het)	ген	[gen]
immuniteit (de)	сироятнопазирӣ	[sirojatnopaziri:]
erfelijk (bn)	меросӣ, ирсӣ	[merosi:], [irsi:]
aangeboren (bn)	модарзод	[modarzod]

virus (het)	вирус	[virus]
microbe (de)	микроб	[mikrob]
bacterie (de)	бактерия	[bakterija]
infectie (de)	сироят	[sirojat]

74. Symptomen. Behandelingen. Deel 3

| ziekenhuis (het) | касалхона | [kasalxona] |
| patiënt (de) | бемор | [bemor] |

diagnose (de)	ташхиси касалӣ	[taʃxisi kasali:]
genezing (de)	муолича	[muolidʒa]
medische behandeling (de)	табобат	[tabobat]
onder behandeling zijn	табобат гирифтан	[tabobat giriftan]
behandelen (ww)	табобат кардан	[tabobat kardan]
zorgen (zieken ~)	нигохубин кардан	[nigohubin kardan]
ziekenzorg (de)	нигохубин	[nigohubin]

operatie (de)	ҷаррохи	[dʒarrohi]
verbinden (een arm ~)	бо бандина бастан	[bo bandina bastan]
verband (het)	ҷарохатбандӣ	[dʒarohatbandi:]

vaccin (het)	доругузаронӣ	[doruguzaroni:]
inenten (vaccineren)	эмгузаронӣ кардан	[ɛmguzaroni: kardan]
injectie (de)	сӯзанзанӣ	[sœzanzani:]
een injectie geven	сӯзандору кардан	[sœzandoru kardan]

aanval (de)	хуруҷ	[xurudʒ]
amputatie (de)	ампутатсия	[amputatsija]
amputeren (ww)	ампутатсия кардан	[amputatsija kardan]
coma (het)	кома, игмо	[koma], [igmo]
in coma liggen	дар кома будан	[dar koma budan]
intensieve zorg, ICU (de)	шӯъбаи эҳё	[ʃœ'bai ɛhjɔ]

ziek herstellen (ww)	сиҳат шудан	[sihat ʃudan]
toestand (de)	аҳвол	[ahvol]
bewustzijn (het)	хуш	[huʃ]
geheugen (het)	хофиза	[hofiza]
trekken (een kies ~)	кандан	[kandan]

| vulling (de) | пломба | [plomba] |
| vullen (ww) | пломба занондан | [plomba zanondan] |

| hypnose (de) | гипноз | [gipnoz] |
| hypnotiseren (ww) | гипноз кардан | [gipnoz kardan] |

75. Artsen

dokter, arts (de)	духтур	[duxtur]
ziekenzuster (de)	ҳамшираи тиббӣ	[hamʃirai tibbi:]
lijfarts (de)	духтури шахсӣ	[duxturi ʃaxsi:]

tandarts (de)	духтури дандон	[duxturi dandon]
oogarts (de)	духтури чашм	[duxturi tʃaʃm]
therapeut (de)	терапевт	[terapevt]
chirurg (de)	ҷаррох	[dʒarroh]

psychiater (de)	равонпизишк	[ravonpiziʃk]
pediater (de)	духтури касалиҳои кӯдакона	[duxturi kasalihoi kœdakona]
psycholoog (de)	равоншинос	[ravonʃinos]
gynaecoloog (de)	гинеколог	[ginekolog]
cardioloog (de)	кардиолог	[kardiolog]

76. Geneeskunde. Medicijnen. Accessoires

geneesmiddel (het)	дору	[doru]
middel (het)	дору	[doru]
voorschrijven (ww)	таъйин кардан	[ta'jin kardan]
recept (het)	нусхаи даво	[nusxai davo]

tablet (de/het)	ҳаб	[hab]
zalf (de)	марҳам	[marham]
ampul (de)	ампул	[ampul]
drank (de)	доруи обакӣ	[dorui obaki:]
siroop (de)	сироп	[sirop]
pil (de)	ҳаб	[hab]
poeder (de/het)	хока	[xoka]

verband (het)	дока	[doka]
watten (mv.)	пахта	[paxta]
jodium (het)	йод	[jod]

pleister (de)	лейкопластир	[lejkoplastir]
pipet (de)	қатрачакон	[qatratʃakon]
thermometer (de)	ҳароратсанҷ	[haroratsandʒ]
spuit (de)	обдуздак	[obduzdak]

rolstoel (de)	аробачаи маъюбӣ	[arobatʃai ma'jubi:]
krukken (mv.)	бағаласо	[baʁalaso]
pijnstiller (de)	доруи дард	[dorui dard]
laxeermiddel (het)	мусҳил	[mushil]

spiritus (de)	спирт	[spirt]
medicinale kruiden (mv.)	растаниҳои доругӣ	[rastanihoi dorugi:]
kruiden- (abn)	... и алаф	[i alaf]

77. Roken. Tabaksproducten

tabak (de)	тамоку	[tamoku]
sigaret (de)	сигарета	[sigareta]
sigaar (de)	сигара	[sigara]
pijp (de)	чилим, чубук	[tʃilim], [tʃubuk]
pakje (~ sigaretten)	қуттӣ	[qutti:]

lucifers (mv.)	гӯгирд	[gœgird]
luciferdoosje (het)	қуттии гӯгирд	[qutti:i gœgird]
aansteker (de)	оташафрӯзак	[otaʃafrœzak]
asbak (de)	хокистардон	[xokistardon]
sigarettendoosje (het)	папиросдон	[papirosdon]

| sigarettenpijpje (het) | найча | [najtʃa] |
| filter (de/het) | филтр | [filtr] |

roken (ww)	сигоркашидан	[sigorkaʃidan]
een sigaret opsteken	даргирондан	[dargirondan]
roken (het)	сигоркашӣ	[sigorkaʃi:]
roker (de)	сигоркаш	[sigorkaʃ]

| peuk (de) | пасмондаи сигор | [pasmondai sigor] |
| as (de) | хокистар | [xokistar] |

HET MENSELIJKE LEEFGEBIED

Stad

78. Stad. Het leven in de stad

stad (de)	шаҳр	[ʃahr]
hoofdstad (de)	пойтахт	[pojtaχt]
dorp (het)	деҳа, деҳ	[deha], [deh]
plattegrond (de)	нақшаи шаҳр	[naqʃai ʃahr]
centrum (ov. een stad)	маркази шаҳр	[markazi ʃahr]
voorstad (de)	шаҳрча	[ʃahrtʃa]
voorstads- (abn)	наздишаҳрӣ	[nazdiʃahri:]
randgemeente (de)	атроф, канор	[atrof], [kanor]
omgeving (de)	атрофи шаҳр	[atrofi ʃahr]
blok (huizenblok)	квартал, маҳалла	[kvartal], [mahalla]
woonwijk (de)	маҳаллаи истиқоматӣ	[mahallai istiqomati:]
verkeer (het)	ҳаракат дар кӯча	[harakat dar kœtʃa]
verkeerslicht (het)	чароғи раҳнамо	[tʃaroʁi rahnamo]
openbaar vervoer (het)	нақлиёти шаҳрӣ	[naqlijoti ʃahri:]
kruispunt (het)	чорраҳа	[tʃorraha]
zebrapad (oversteekplaats)	гузаргоҳи пиёдагардон	[guzargohi pijodagardon]
onderdoorgang (de)	гузаргоҳи зеризаминӣ	[guzargohi zerizamini:]
oversteken (de straat ~)	гузаштан	[guzaʃtan]
voetganger (de)	пиёдагард	[pijodagard]
trottoir (het)	пиёдараҳа	[pijodaraha]
brug (de)	пул, кӯпрук	[pul], [kœpruk]
dijk (de)	соҳил	[sohil]
fontein (de)	фаввора	[favvora]
allee (de)	кӯчабоғ	[kœtʃaboʁ]
park (het)	боғ	[boʁ]
boulevard (de)	кӯчабоғ, гулгашт	[kœtʃaboʁ], [gulgaʃt]
plein (het)	майдон	[majdon]
laan (de)	хиёбон	[χijobon]
straat (de)	кӯча	[kœtʃa]
zijstraat (de)	тангкӯча	[tangkœtʃa]
doodlopende straat (de)	кӯчаи бумбаста	[kœtʃai bumbasta]
huis (het)	хона	[χona]
gebouw (het)	бино	[bino]
wolkenkrabber (de)	иморати осмонхарош	[imorati osmonχaroʃ]
gevel (de)	намо	[namo]
dak (het)	бом	[bom]

venster (het)	тиреза	[tireza]
boog (de)	равоқ, тоқ	[ravoq], [toq]
pilaar (de)	сутун	[sutun]
hoek (ov. een gebouw)	бурчак	[burtʃak]

vitrine (de)	витрина	[vitrina]
gevelreclame (de)	лавҳа	[lavha]
affiche (de/het)	эълоннома	[ɛ'lonnoma]
reclameposter (de)	плакати реклама	[plakati reklama]
aanplakbord (het)	лавҳаи эълонхо	[lavhai ɛ'lonho]

vuilnis (de/het)	ахлот, хокрӯба	[aχlot], [χokrœba]
vuilnisbak (de)	ахлотқуттӣ	[aχlotqutti:]
afval weggooien (ww)	ифлос кардан	[iflos kardan]
stortplaats (de)	партовгоҳ	[partovgoh]

telefooncel (de)	будкаи телефон	[budkai telefon]
straatlicht (het)	сутуни фонус	[sutuni fonus]
bank (de)	нимкат	[nimkat]

politieagent (de)	полис	[polis]
politie (de)	полис	[polis]
zwerver (de)	гадо	[gado]
dakloze (de)	бехона	[beχona]

79. Stedelijke instellingen

winkel (de)	магазин	[magazin]
apotheek (de)	дорухона	[doruχona]
optiek (de)	оптика	[optika]
winkelcentrum (het)	маркази савдо	[markazi savdo]
supermarkt (de)	супермаркет	[supermarket]

bakkerij (de)	дӯкони нонфурӯшӣ	[dœkoni nonfurœʃi:]
bakker (de)	нонвой	[nonvoj]
banketbakkerij (de)	қаннодӣ	[qannodi:]
kruidenier (de)	дӯкони баққолӣ	[dœkoni baqqoli:]
slagerij (de)	дӯкони гӯштфурӯшӣ	[dœkoni gœʃtfurœʃi:]

| groentewinkel (de) | дӯкони сабзавот | [dœkoni sabzavot] |
| markt (de) | бозор | [bozor] |

koffiehuis (het)	қаҳвахона	[qahvaχona]
restaurant (het)	тарабхона	[tarabχona]
bar (de)	пивохона	[pivoχona]
pizzeria (de)	питсерия	[pitserija]

kapperssalon (de/het)	сартарошхона	[sartaroʃχona]
postkantoor (het)	пӯшта	[pœʃta]
stomerij (de)	козургарии химинвӣ	[kœzurgari:i χimijavi:]

| fotostudio (de) | суратгирхона | [suratgirχona] |
| schoenwinkel (de) | магазини пойафзолфурӯшӣ | [magazini pojafzolfurœʃi:] |

76

boekhandel (de)	мағозаи китоб	[maʁozai kitob]
sportwinkel (de)	мағозаи варзишӣ	[maʁozai varziʃi:]
kledingreparatie (de)	таъмири либос	[ta'miri libos]
kledingverhuur (de)	кирояи либос	[kirojai libos]
videotheek (de)	кирояи филмхо	[kirojai filmho]
circus (de/het)	сирк	[sirk]
dierentuin (de)	боғи ҳайвонот	[boʁi hajvonot]
bioscoop (de)	кинотеатр	[kinoteatr]
museum (het)	осорхона	[osorχona]
bibliotheek (de)	китобхона	[kitobχona]
theater (het)	театр	[teatr]
opera (de)	опера	[opera]
nachtclub (de)	клуби шабона	[klubi ʃabona]
casino (het)	казино	[kazino]
moskee (de)	масчид	[masdʒid]
synagoge (de)	каниса	[kanisa]
kathedraal (de)	собор	[sobor]
tempel (de)	ибодатгоҳ	[ibodatgoh]
kerk (de)	калисо	[kaliso]
instituut (het)	институт	[institut]
universiteit (de)	университет	[universitet]
school (de)	мактаб	[maktab]
gemeentehuis (het)	префектура	[prefektura]
stadhuis (het)	мэрия	[mɛrija]
hotel (het)	меҳмонхона	[mehmonχona]
bank (de)	банк	[bank]
ambassade (de)	сафорат	[saforat]
reisbureau (het)	турагенство	[turagenstvo]
informatieloket (het)	бюрои справкадиҳӣ	[bjuroi spravkadihi:]
wisselkantoor (het)	нуқтаи мубодила	[nuqtai mubodila]
metro (de)	метро	[metro]
ziekenhuis (het)	касалхона	[kasalχona]
benzinestation (het)	нуқтаи фурӯши сӯзишвори	[nuqtai furœʃi sœziʃvori:]
parking (de)	истгоҳи мошинхо	[istgohi moʃinho]

80. Borden

gevelreclame (de)	лавҳа	[lavha]
opschrift (het)	хат, навиштаҷот	[χat], [naviʃtadʒot]
poster (de)	плакат	[plakat]
wegwijzer (de)	аломат, нишона	[alomat], [niʃona]
pijl (de)	аломати тир	[alomati tir]
waarschuwing (verwittiging)	огоҳӣ	[ogohi:]
waarschuwingsbord (het)	огоҳӣ	[ogohi:]

waarschuwen (ww)	танбех додан	[tanbeh dodan]
vrije dag (de)	рӯзи истирохат	[rœzi istirohat]
dienstregeling (de)	чадвал	[dʒadval]
openingsuren (mv.)	соати корӣ	[soati kori:]

WELKOM!	ХУШ ОМАДЕД!	[χuʃ omaded]
INGANG	ДАРОМАД	[daromad]
UITGANG	БАРОМАД	[baromad]

DUWEN	АЗ ХУД	[az χud]
TREKKEN	БА ХУД	[ba χud]
OPEN	КУШОДА	[kuʃoda]
GESLOTEN	ПӮШИДА	[pœʃida]

| DAMES | БАРОИ ЗАНОН | [baroi zanon] |
| HEREN | БАРОИ МАРДОН | [baroi mardon] |

KORTING	ТАХФИФ	[taχfif]
UITVERKOOP	АРЗОНФУРӮШӢ	[arzonfurœʃi:]
NIEUW!	МОЛИ НАВ!	[moli nav]
GRATIS	БЕПУЛ	[bepul]

PAS OP!	ДИҚҚАТ!	[diqqat]
VOLGEBOEKT	ҶОЙ НЕСТ	[dʒoj nest]
GERESERVEERD	БАНД АСТ	[band ast]

ADMINISTRATIE	МАЪМУРИЯТ	[ma'murijat]
ALLEEN VOOR	ФАҚАТ БАРОИ	[faqat baroi
PERSONEEL	КОРМАНДОН	kormandon]

GEVAARLIJKE HOND	САГИ ГАЗАНДА	[sagi gazanda]
VERBODEN TE ROKEN!	ТАМОКУ НАКАШЕД!	[tamoku nakaʃed]
NIET AANRAKEN!	ДАСТ НАРАСОНЕД!	[dast narasoned]

GEVAARLIJK	ХАТАРНОК	[χatarnok]
GEVAAR	ХАТАР	[χatar]
HOOGSPANNING	ШИДДАТИ БАЛАНД	[ʃiddati baland]
VERBODEN TE ZWEMMEN	ОББОЗӢ КАРДАН	[obbozi: kardan
	МАНЪ АСТ	man' ast]
BUITEN GEBRUIK	КОР НАМЕКУНАД	[kor namekunad]

ONTVLAMBAAR	ОТАШАНГЕЗ	[otaʃangez]
VERBODEN	МАНЪ АСТ	[man' ast]
DOORGANG VERBODEN	ДАРОМАД МАНЪ АСТ	[daromad man' ast]
OPGELET PAS GEVERFD	РАНГ КАРДА ШУДААСТ	[rang karda ʃudaast]

81. Stedelijk vervoer

bus, autobus (de)	автобус	[avtobus]
tram (de)	трамвай	[tramvaj]
trolleybus (de)	троллейбус	[trollejbus]
route (de)	маршрут	[marʃrut]
nummer (busnummer, enz.)	рақам	[raqam]
rijden met …	савор будан	[savor budan]

stappen (in de bus ~)	савор шудан	[savor ʃudan]
afstappen (ww)	фуромадан	[furomadan]
halte (de)	истгоҳ	[istgoh]
volgende halte (de)	истгоҳи дигар	[istgohi digar]
eindpunt (het)	истгоҳи охирон	[istgohi oχiron]
dienstregeling (de)	ҷадвал	[ʤadval]
wachten (ww)	поидан	[poidan]
kaartje (het)	билет	[bilet]
reiskosten (de)	арзиши чипта	[arziʃi ʧipta]
kassier (de)	кассир	[kassir]
kaartcontrole (de)	назорат	[nazorat]
controleur (de)	нозир	[nozir]
te laat zijn (ww)	дер мондан	[der mondan]
missen (de bus ~)	дер мондан	[der mondan]
zich haasten (ww)	шитоб кардан	[ʃitob kardan]
taxi (de)	такси	[taksi]
taxichauffeur (de)	таксичӣ	[taksitʃi:]
met de taxi (bw)	дар такси	[dar taksi]
taxistandplaats (de)	истгоҳи таксӣ	[istgohi taksi:]
een taxi bestellen	даъват кардани таксӣ	[da'vat kardani taksi:]
een taxi nemen	такси гирифтан	[taksi giriftan]
verkeer (het)	ҳаракат дар кӯча	[harakat dar kœʧa]
file (de)	пробка	[probka]
spitsuur (het)	час пик	[ʧas pik]
parkeren (on.ww.)	ҷой кардан	[ʤoj kardan]
parkeren (ov.ww.)	ҷой кардан	[ʤoj kardan]
parking (de)	истгоҳ	[istgoh]
metro (de)	метро	[metro]
halte (bijv. kleine treinhalte)	истгоҳ	[istgoh]
de metro nemen	бо метро рафтан	[bo metro raftan]
trein (de)	поезд, қатор	[poezd], [qator]
station (treinstation)	вокзал	[vokzal]

82. Bezienswaardigheden

monument (het)	ҳайкал	[hajkal]
vesting (de)	ҳисор	[hisor]
paleis (het)	қаср	[qasr]
kasteel (het)	кӯшк	[kœʃk]
toren (de)	манора, бурҷ	[manora], [burʤ]
mausoleum (het)	мавзолей, мақбара	[mavzolej], [maqbara]
architectuur (de)	меъморӣ	[me'mori:]
middeleeuws (bn)	асримиёнагӣ	[asrimijɔnagi:]
oud (bn)	қадим	[qadim]
nationaal (bn)	миллӣ	[milli:]
bekend (bn)	маъруф	[ma'ruʃ]

toerist (de)	саёҳатчӣ	[sajɔhattʃi:]
gids (de)	роҳбалад	[rohbalad]
rondleiding (de)	экскурсия	[ɛkskursija]
tonen (ww)	нишон додан	[niʃon dodan]
vertellen (ww)	нақл кардан	[naql kardan]
vinden (ww)	ёфтан	[jɔftan]
verdwalen (de weg kwijt zijn)	роҳ гум кардан	[roh gum kardan]
plattegrond (~ van de metro)	нақша	[nakʃa]
plattegrond (~ van de stad)	нақша	[naqʃa]
souvenir (het)	тӯҳфа	[tœhfa]
souvenirwinkel (de)	мағозаи туҳфаҳо	[maʁozai tuhfaho]
een foto maken (ww)	сурат гирифтан	[surat giriftan]
zich laten fotograferen	сурати худро гирондан	[surati χudro girondan]

83. Winkelen

kopen (ww)	харидан	[χaridan]
aankoop (de)	харид	[χarid]
winkelen (ww)	харид кардан	[χarid kardan]
winkelen (het)	шопинг	[ʃoping]
open zijn (ov. een winkel, enz.)	кушода будан	[kuʃoda budan]
gesloten zijn (ww)	маҳкам будан	[mahkam budan]
schoeisel (het)	пойафзол	[pojafzol]
kleren (mv.)	либос	[libos]
cosmetica (de)	косметика	[kosmetika]
voedingswaren (mv.)	озуқаворӣ	[ozuqavori:]
geschenk (het)	тӯҳфа	[tœhfa]
verkoper (de)	фурӯш	[furœʃ]
verkoopster (de)	фурӯш	[furœʃ]
kassa (de)	касса	[kassa]
spiegel (de)	оина	[oina]
toonbank (de)	пешдӯкон	[peʃdœkon]
paskamer (de)	ҷои пӯшида дидани либос	[dʒoi pœʃida didani libos]
aanpassen (ww)	пӯшида дидан	[pœʃida didan]
passen (ov. kleren)	мувофиқ омадан	[muvofiq omadan]
bevallen (prettig vinden)	форидан	[foridan]
prijs (de)	нарх	[narχ]
prijskaartje (het)	нархнома	[narχnoma]
kosten (ww)	арзидан	[arzidan]
Hoeveel?	Чанд пул?	[tʃand pul]
korting (de)	тахфиф	[taχfif]
niet duur (bn)	арзон	[arzon]
goedkoop (bn)	арзон	[arzon]
duur (bn)	қимат	[qimat]

Dat is duur.	Ин қимат аст	[in qimat ast]
verhuur (de)	кироя	[kiroja]
huren (smoking, enz.)	насия гирифтан	[nasija giriftan]
krediet (het)	қарз	[qarz]
op krediet (bw)	кредит гирифтан	[kredit giriftan]

84. Geld

geld (het)	пул	[pul]
ruil (de)	мубодила, иваз	[mubodila], [ivaz]
koers (de)	қурб	[qurb]
geldautomaat (de)	банкомат	[bankomat]
muntstuk (de)	танга	[tanga]

dollar (de)	доллар	[dollar]
lire (de)	лираи италиявӣ	[lirai italijavi:]
Duitse mark (de)	маркаи олмонӣ	[markai olmoni:]
frank (de)	франк	[frank]
pond sterling (het)	фунт стерлинг	[funt sterling]
yen (de)	иена	[iena]

schuld (geldbedrag)	қарз	[qarz]
schuldenaar (de)	қарздор	[qarzdor]
uitlenen (ww)	қарз додан	[qarz dodan]
lenen (geld ~)	қарз гирифтан	[qarz giriftan]

bank (de)	банк	[bank]
bankrekening (de)	ҳисоб	[hisob]
storten (ww)	гузарондан	[guzarondan]
op rekening storten	ба суратҳисоб гузарондан	[ba surathisob guzarondan]
opnemen (ww)	аз суратҳисоб гирифтан	[az surathisob giriftan]

kredietkaart (de)	корти кредитӣ	[korti krediti:]
baar geld (het)	пули нақд, нақдина	[puli naqd], [naqdina]
cheque (de)	чек	[ʧek]
een cheque uitschrijven	чек навиштан	[ʧek naviʃtan]
chequeboekje (het)	дафтарчаи чек	[daftarʧai ʧek]

portefeuille (de)	ҳамён	[hamjɔn]
geldbeugel (de)	ҳамён	[hamjɔn]
safe (de)	сейф	[sejf]

erfgenaam (de)	меросхӯр	[merosχœr]
erfenis (de)	мерос	[meros]
fortuin (het)	дорой	[doroi:]

huur (de)	иҷора	[idʒora]
huurprijs (de)	ҳаққи манзил	[haqqi manzil]
huren (huis, kamer)	ба иҷора гирифтан	[ba idʒora giriftan]

prijs (de)	нарх	[narχ]
kostprijs (de)	арзиш	[arziʃ]
som (de)	маблағ	[mablaʁ]
uitgeven (geld besteden)	сарф кардан	[sarf kardan]

kosten (mv.)	харч, ҳазина	[χardʒ], [hazina]
bezuinigen (ww)	сарфа кардан	[sarfa kardan]
zuinig (bn)	сарфакор	[sarfakor]
betalen (ww)	пул додан	[pul dodan]
betaling (de)	пардохт	[pardoχt]
wisselgeld (het)	бақияи пул	[baqijai pul]
belasting (de)	налог, андоз	[nalog], [andoz]
boete (de)	ҷарима	[dʒarima]
beboeten (bekeuren)	ҷарима андохтан	[dʒarima andoχtan]

85. Post. Postkantoor

postkantoor (het)	почта	[potʃta]
post (de)	почта	[potʃta]
postbode (de)	хаткашон	[χatkaʃon]
openingsuren (mv.)	соати корӣ	[soati kori:]
brief (de)	мактуб	[maktub]
aangetekende brief (de)	хати супориш	[χati suporiʃi:]
briefkaart (de)	руқъа	[ruq'a]
telegram (het)	барқия	[barqija]
postpakket (het)	равонак	[ravonak]
overschrijving (de)	пули фиристодашуда	[puli firistodaʃuda]
ontvangen (ww)	гирифтан	[giriftan]
sturen (zenden)	ирсол кардан	[irsol kardan]
verzending (de)	ирсол	[irsol]
adres (het)	адрес, унвон	[adres], [unvon]
postcode (de)	индекси почта	[indeksi potʃta]
verzender (de)	ирсолкунанда	[irsolkunanda]
ontvanger (de)	гиранда	[giranda]
naam (de)	ном	[nom]
achternaam (de)	фамилия	[familija]
tarief (het)	таърифа	[ta'rifa]
standaard (bn)	муқаррарӣ	[muqarrari:]
zuinig (bn)	камхарҷ	[kamχardʒ]
gewicht (het)	вазн	[vazn]
afwegen (op de weegschaal)	баркашидан	[barkaʃidan]
envelop (de)	конверт	[konvert]
postzegel (de)	марка	[marka]
een postzegel plakken op	марка часпонидан	[marka tʃasponidan]

Woning. Huis. Thuis

86. Huis. Woning

huis (het)	хона	[χona]
thuis (bw)	дар хона	[dar χona]
cour (de)	ҳавлӣ	[havli:]
omheining (de)	панҷара	[pandʒara]
baksteen (de)	хишт	[χiʃt]
van bakstenen	хиштӣ, … и хишт	[χiʃti:], [i χiʃt]
steen (de)	санг	[sang]
stenen (bn)	сангин	[sangin]
beton (het)	бетон	[beton]
van beton	бетонӣ	[betoni:]
nieuw (bn)	нав	[nav]
oud (bn)	кӯҳна	[kœhna]
vervallen (bn)	фарсуда	[farsuda]
modern (bn)	ҳамаср, муосир	[hamasr], [muosir]
met veel verdiepingen	серошёна	[seroʃɔna]
hoog (bn)	баланд	[baland]
verdieping (de)	қабат, ошёна	[qabat], [oʃɔna]
met een verdieping	якошёна	[jakoʃɔna]
laagste verdieping (de)	ошёнаи поён	[oʃɔnai pojon]
bovenverdieping (de)	ошёнаи боло	[oʃɔnai bolo]
dak (het)	бом	[bom]
schoorsteen (de)	мӯрии дудкаш	[mœri:i dudkaʃ]
dakpan (de)	сафоли бомпӯшӣ	[safoli bompœʃi:]
pannen- (abn)	… и сафоли бомпӯшӣ	[i safoli bompœʃi:]
zolder (de)	чердак	[tʃɵrdak]
venster (het)	тиреза	[tireza]
glas (het)	шиша, оина	[ʃiʃa], [oina]
vensterbank (de)	зертахтаи тиреза	[zertaχtai tireza]
luiken (mv.)	дари пушти тиреза	[dari puʃti tireza]
muur (de)	девор	[devor]
balkon (het)	балкон	[balkon]
regenpijp (de)	тарнов, новадон	[tarnov], [novadon]
boven (bw)	дар боло	[dar bolo]
naar boven gaan (ww)	баромадан	[baromadan]
afdalen (оп.ww.)	фуромадан	[furomadan]
verhuizen (ww)	кӯчидан	[kœtʃidan]

87. Huis. Ingang. Lift

ingang (de)	даромадгоҳ	[daromadgoh]
trap (de)	зина, зинапоя	[zina], [zinapoja]
treden (mv.)	зинаҳо	[zinaho]
trapleuning (de)	панҷара	[pandʒara]
hal (de)	толор	[tolor]
postbus (de)	қуттии почта	[qutti:i potʃta]
vuilnisbak (de)	қуттии партов	[qutti:i partov]
vuilniskoker (de)	қубури ахлот	[quburi aχlot]
lift (de)	лифт	[lift]
goederenlift (de)	лифти боркаш	[lifti borkaʃ]
liftcabine (de)	лифт	[lift]
de lift nemen	ба лифт рафтан	[ba lift raftan]
appartement (het)	манзил	[manzil]
bewoners (mv.)	истиқоматкунандагон	[istiqomatkunandagon]
buurman (de)	ҳамсоя	[hamsoja]
buurvrouw (de)	ҳамсоязан	[hamsojazan]
buren (mv.)	ҳамсояҳо	[hamsojaho]

88. Huis. Elektriciteit

elektriciteit (de)	барқ	[barq]
lamp (de)	лампача, чароғча	[lampatʃa], [tʃaroʁtʃa]
schakelaar (de)	калидак	[kalidak]
zekering (de)	пробка	[probka]
draad (de)	сим	[sim]
bedrading (de)	сими барқ	[simi barq]
elektriciteitsmeter (de)	хисобкунаки электрикй	[χisobkunaki ɛlektriki:]
gegevens (mv.)	нишондод	[niʃondod]

89. Huis. Deuren. Sloten

deur (de)	дар	[dar]
toegangspoort (de)	дарвоза	[darvoza]
deurkruk (de)	дастак	[dastak]
ontsluiten (ontgrendelen)	кушодан	[kuʃodan]
openen (ww)	кушодан	[kuʃodan]
sluiten (ww)	пӯшидан, бастан	[pœʃidan], [bastan]
sleutel (de)	калид	[kalid]
sleutelbos (de)	даста	[dasta]
knarsen (bijv. scharnier)	ғичиррос задан	[ʁidʒirros zadan]
knarsgeluid (het)	ғичиррос	[ʁidʒirros]
scharnier (het)	ошиқ-маъшуқ	[oʃiq-maʕʃuq]
deurmat (de)	пойандоз	[pojandoz]
slot (het)	қулф	[qulf]

sleutelgat (het)	сӯрохи қулф	[sœroxi qulf]
grendel (de)	ликаки дар	[likaki dar]
schuif (de)	ғалақаи дар	[ʁalaqai dar]
hangslot (het)	қулфи овезон	[qulfi ovezon]

aanbellen (ww)	занг задан	[zang zadan]
bel (geluid)	занг	[zang]
deurbel (de)	занг	[zang]
belknop (de)	кнопка	[knopka]
geklop (het)	тақ-тақ	[taq-taq]
kloppen (ww)	тақ-тақ кардан	[taq-taq kardan]

code (de)	рамз, код	[ramz], [kod]
cijferslot (het)	қулфи коддор	[qulfi koddor]
parlofoon (de)	домофон	[domofon]
nummer (het)	рақам	[raqam]
naambordje (het)	ҷадвалҷа	[dʒadvaltʃa]
deurspion (de)	чашмаки дар	[tʃaʃmaki dar]

90. Huis op het platteland

dorp (het)	деҳа, деҳ	[deha], [deh]
moestuin (de)	обчакорӣ	[obtʃakori:]
hek (het)	девор	[devor]
houten hekwerk (het)	панҷара, деворча	[pandʒara], [devortʃa]
tuinpoortje (het)	дарича	[daritʃa]

graanschuur (de)	анбор	[anbor]
wortelkelder (de)	таххона	[tahxona]
schuur (de)	анбор	[anbor]
waterput (de)	чоҳ	[tʃoh]

kachel (de)	оташдон	[otaʃdon]
de kachel stoken	ба печка алав мондан	[ba petʃka alav mondan]
brandhout (het)	ҳезум	[hezum]
houtblok (het)	тароша	[taroʃa]

veranda (de)	айвон, пешайвон	[ajvon], [peʃajvon]
terras (het)	пешайвон	[peʃajvon]
bordes (het)	айвон	[ajvon]
schommel (de)	арғунчак	[arʁuntʃak]

91. Villa. Herenhuis

landhuisje (het)	хонаи берун аз шаҳр	[xonai berun az ʃahr]
villa (de)	кӯшк, чорбоғ	[kœʃk], [tʃorboʁ]
vleugel (de)	қанот	[qanot]

tuin (de)	боғ	[boʁ]
park (het)	боғ	[boʁ]
oranjerie (de)	гулхона	[gulxona]
onderhouden (tuin, enz.)	нигоҳубин кардан	[nigohubin kardan]

zwembad (het)	ҳавз	[havz]
gym (het)	толори варзишй	[tolori varziʃi:]
tennisveld (het)	майдони теннис	[majdoni tennis]
bioscoopkamer (de)	кинотеатр	[kinoteatr]
garage (de)	гараж	[garaʒ]

privé-eigendom (het)	мулки хусусй	[mulki χususi:]
eigen terrein (het)	моликияти хусусй	[molikijati χususi:]

waarschuwing (de)	огоҳй	[ogohi:]
waarschuwingsbord (het)	хати огоҳй	[χati ogohi:]

bewaking (de)	посбонй	[posboni:]
bewaker (de)	посбон	[posbon]
inbraakalarm (het)	сигналдиҳй	[signaldihi:]

92. Kasteel. Paleis

kasteel (het)	кӯшк	[kœʃk]
paleis (het)	қаср	[qasr]
vesting (de)	ҳисор	[hisor]
ringmuur (de)	девор	[devor]
toren (de)	манора, бурч	[manora], [burdʒ]
donjon (de)	бурчи асосй	[burdʒi asosi:]

valhek (het)	панчараи болошаванда	[pandʒarai boloʃavanda]
onderaardse gang (de)	роҳи зеризаминй	[rohi zerizamini:]
slotgracht (de)	хандақ	[χandaq]
ketting (de)	занчир	[zandʒir]
schietgat (het)	почанг	[potʃang]

prachtig (bn)	бошукӯҳ, боҳашамат	[boʃukœh], [bohaʃamat]
majestueus (bn)	боазамат, чалил	[boazamat], [dʒalil]
onneembaar (bn)	фатҳнопазир	[fathnopazir]
middeleeuws (bn)	асримиёнагй	[asrimijɔnagi:]

93. Appartement

appartement (het)	манзил	[manzil]
kamer (de)	хона, ӯтоқ	[χona], [œtoq]
slaapkamer (de)	хонаи хоб	[χonai χob]
eetkamer (de)	хонаи хӯрокхӯрй	[χonai χœrokχœri:]
salon (de)	меҳмонхона	[mehmonχona]
studeerkamer (de)	утоқ	[utoq]

gang (de)	мадхал, даҳлез	[madχal], [dahlez]
badkamer (de)	ваннахона	[vannaχona]
toilet (het)	хочатхона	[hodʒatχona]

plafond (het)	шифт	[ʃift]
vloer (de)	фарш	[farʃ]
hoek (de)	кунч	[kundʒ]

94. Appartement. Schoonmaken

schoonmaken (ww)	рӯбучин кардан	[rœbutʃin kardan]
opbergen (in de kast, enz.)	ғундошта гирифтан	[ʁundoʃta giriftan]
stof (het)	чанг	[tʃang]
stoffig (bn)	пурчанг	[purtʃang]
stoffen (ww)	чанг гирифтан	[tʃang giriftan]
stofzuiger (de)	чангкашак	[tʃangkaʃak]
stofzuigen (ww)	чанг кашидан	[tʃang kaʃidan]
vegen (de vloer ~)	рӯфтан	[rœftan]
veegsel (het)	ахлот	[aχlot]
orde (de)	тартиб	[tartib]
wanorde (de)	бетартибӣ	[betartibi:]
zwabber (de)	пайкора	[pajkora]
poetsdoek (de)	латта	[latta]
veger (de)	ҷорӯб	[dʒorœb]
stofblik (het)	хокандози ахлот	[χokandozi aχlot]

95. Meubels. Interieur

meubels (mv.)	мебел	[mebel]
tafel (de)	миз	[miz]
stoel (de)	курсӣ	[kursi:]
bed (het)	кат	[kat]
bankstel (het)	диван	[divan]
fauteuil (de)	курсӣ	[kursi:]
boekenkast (de)	ҷевони китобмонӣ	[dʒevoni kitobmoni:]
boekenrek (het)	раф, рафча	[raf], [raftʃa]
kledingkast (de)	ҷевони либос	[dʒevoni libos]
kapstok (de)	либосовезак	[libosovezak]
staande kapstok (de)	либосовезак	[libosovezak]
commode (de)	ҷевон	[dʒevon]
salontafeltje (het)	мизи қаҳва	[mizi qahva]
spiegel (de)	оина	[oina]
tapijt (het)	гилем, қолин	[gilem], [qolin]
tapijtje (het)	гилемча	[gilemtʃa]
haard (de)	оташдон	[otaʃdon]
kaars (de)	шамъ	[ʃam']
kandelaar (de)	шамъдон	[ʃam'don]
gordijnen (mv.)	парда	[parda]
behang (het)	зардеворӣ	[zardevori:]
jaloezie (de)	жалюзи	[ʒaljuzi]
bureaulamp (de)	чароғи мизӣ	[tʃaroʁi mizi:]
wandlamp (de)	чароғак	[tʃaroʁak]

| staande lamp (de) | торшер | [torʃer] |
| luchter (de) | қандил | [qandil] |

poot (ov. een tafel, enz.)	поя	[poja]
armleuning (de)	оринҷмонаки курсӣ	[orindʒmonaki kursi:]
rugleuning (de)	пуштаки курсӣ	[puʃtaki kursi:]
la (de)	ғаладон	[ʁaladon]

96. Beddengoed

beddengoed (het)	чилдҳои болишту бистар	[dʒildhoi boliʃtu bistar]
kussen (het)	болишт	[boliʃt]
kussenovertrek (de)	чилди болишт	[dʒildi boliʃt]
deken (de)	кӯрпа	[kœrpa]
laken (het)	чойпӯш	[dʒojpœʃ]
sprei (de)	болопӯш	[bolopœʃ]

97. Keuken

keuken (de)	ошхона	[oʃxona]
gas (het)	газ	[gaz]
gasfornuis (het)	плитаи газ	[plitai gaz]
elektrisch fornuis (het)	плитаи электрикӣ	[plitai ɛlektriki:]
magnetronoven (de)	микроволновка	[mikrovolnovka]

koelkast (de)	яхдон	[jaxdon]
diepvriezer (de)	яхдон	[jaxdon]
vaatwasmachine (de)	мошини зарфшӯй	[moʃini zarfʃœj]

vleesmolen (de)	мошини гӯшткӯбӣ	[moʃini gœʃtkœbi:]
vruchtenpers (de)	шарбатафшурак	[ʃarbatafʃurak]
toaster (de)	тостер	[toster]
mixer (de)	миксер	[mikser]

koffiemachine (de)	қаҳвачӯшонак	[qahvadʒœʃonak]
koffiepot (de)	зарфи қаҳвачӯшонӣ	[zarfi qahvadʒœʃoni:]
koffiemolen (de)	дастоси қаҳва	[dastosi qahva]

fluitketel (de)	чойник	[tʃojnik]
theepot (de)	чойник	[tʃojnik]
deksel (de/het)	сарпӯш	[sarpœʃ]
theezeefje (het)	ғалберча	[ʁalbertʃa]

lepel (de)	қошуқ	[qoʃuq]
theelepeltje (het)	чойкошук	[tʃojkoʃuk]
eetlepel (de)	қошуқи ошхӯрӣ	[qoʃuqi oʃxœri:]
vork (de)	чангча, чангол	[tʃangtʃa], [tʃangol]
mes (het)	корд	[kord]

vaatwerk (het)	табақ	[tabaq]
bord (het)	тақсимча	[taqsimtʃa]
schoteltje (het)	тақсимӣ, тақсимича	[taqsimi:], [taqsimitʃa]

likeurglas (het)	рюмка	[rjumka]
glas (het)	стакан	[stakan]
kopje (het)	косача	[kosaʧa]

suikerpot (de)	шакардон	[ʃakardon]
zoutvat (het)	намакдон	[namakdon]
pepervat (het)	қаламфурдон	[qalamfurdon]
boterschaaltje (het)	равғандон	[ravʁandon]

steelpan (de)	дегча	[degʧa]
bakpan (de)	тоба	[toba]
pollepel (de)	кафлез, обгардон, сархумӣ	[kaflez], [obgardon], [sarχumi:]
dienblad (het)	лаълӣ	[la'li:]

fles (de)	шиша, сурохӣ	[ʃiʃa], [surohi:]
glazen pot (de)	банкаи шишагӣ	[bankai ʃiʃagi:]
blik (conserven~)	банкаи тунукагӣ	[bankai tunukagi:]

flesopener (de)	саркушояк	[sarkuʃojak]
blikopener (de)	саркушояк	[sarkuʃojak]
kurkentrekker (de)	пӯккашак	[pœkkaʃak]
filter (de/het)	филтр	[filtr]
filteren (ww)	полоидан	[poloidan]

| huisvuil (het) | ахлот | [aχlot] |
| vuilnisemmer (de) | сатили ахлот | [satili aχlot] |

98. Badkamer

badkamer (de)	ваннахона	[vannaχona]
water (het)	об	[ob]
kraan (de)	чуммак, мил	[ʤummak], [mil]
warm water (het)	оби гарм	[obi garm]
koud water (het)	оби сард	[obi sard]

tandpasta (de)	хамираи дандон	[χamirai dandon]
tanden poetsen (ww)	дандон шустан	[dandon ʃustan]
tandenborstel (de)	чӯткаи дандоншӯй	[ʧœtkai dandonʃœi:]

zich scheren (ww)	риш гирифтан	[riʃ giriftan]
scheercrème (de)	кафки ришгирӣ	[kafki riʃgiri:]
scheermes (het)	ришгирак	[riʃgirak]

wassen (ww)	шустан	[ʃustan]
een bad nemen	шустушӯ кардан	[ʃustuʃœ kardan]
een douche nemen	ба душ даромадан	[ba duʃ daromadan]

bad (het)	ванна	[vanna]
toiletpot (de)	нишастгохи халочо	[niʃastgohi χaloʤo]
wastafel (de)	дастшӯяк	[dastʃœjak]

| zeep (de) | собун | [sobun] |
| zeepbakje (het) | собундон | [sobundon] |

spons (de)	исфанҷ	[isfandʒ]
shampoo (de)	шампун	[ʃampun]
handdoek (de)	сачоқ	[satʃoq]
badjas (de)	халат	[χalat]

was (bijv. handwas)	ҷомашӯй	[dʒomaʃœi:]
wasmachine (de)	мошини ҷомашӯй	[moʃini dʒomaʃœi:]
de was doen	ҷомашӯй кардан	[dʒomaʃœi: kardan]
waspoeder (de)	хокаи ҷомашӯй	[χokai dʒomaʃœi:]

99. Huishoudelijke apparaten

televisie (de)	телевизор	[televizor]
cassettespeler (de)	магнитафон	[magnitafon]
videorecorder (de)	видеомагнитафон	[videomagnitafon]
radio (de)	радио	[radio]
speler (de)	плеер	[pleer]

videoprojector (de)	видеопроектор	[videoproektor]
home theater systeem (het)	кинотеатри хонагӣ	[kinoteatri χonagi:]
DVD-speler (de)	DVD-монак	[ɛøɛ-monak]
versterker (de)	қувватафзо	[quvvatafzo]
spelconsole (de)	плейстейшн	[plejstejʃn]

videocamera (de)	видеокамера	[videokamera]
fotocamera (de)	фотоаппарат	[fotoapparat]
digitale camera (de)	суратгираки рақамӣ	[suratgiraki raqami:]

stofzuiger (de)	чангкашак	[ʧangkaʃak]
strijkijzer (het)	дарзмол	[darzmol]
strijkplank (de)	тахтаи дарзмолкунӣ	[taχtai darzmolkuni:]

telefoon (de)	телефон	[telefon]
mobieltje (het)	телефони мобилӣ	[telefoni mobili:]
schrijfmachine (de)	мошинаи хатнависӣ	[moʃinai χatnavisi:]
naaimachine (de)	мошинаи чоқдӯзӣ	[moʃinai ʧokdœzi:]

microfoon (de)	микрофон	[mikrofon]
koptelefoon (de)	гӯшак, гӯшпӯшак	[gœʃak], [gœʃpœʃak]
afstandsbediening (de)	пулт	[pult]

CD (de)	компакт-диск	[kompakt-disk]
cassette (de)	кассета	[kasseta]
vinylplaat (de)	пластинка	[plastinka]

100. Reparaties. Renovatie

renovatie (de)	таъмир, тармим	[ta'mir], [tarmim]
renoveren (ww)	таъмир кардан	[ta'mir kardan]
repareren (ww)	таъмир кардан	[ta'mir kardan]
op orde brengen	ба тартиб андохтан	[ba tartib andoχtan]
overdoen (ww)	дубора хохтан	[dubora χoχtan]

verf (de)	ранг	[rang]
verven (muur ~)	ранг кардан	[rang kardan]
schilder (de)	рангзан, рангмол	[rangzan], [rangmol]
kwast (de)	мӯқалам	[mœqalam]

| kalk (de) | қабати оҳак | [qabati ohak] |
| kalken (ww) | сафед кардан | [safed kardan] |

behang (het)	зардеворй	[zardevori:]
behangen (ww)	зардеворй часпондан	[zardevori: tʃaspondan]
lak (de/het)	лок	[lok]
lakken (ww)	лок задан	[lok zadan]

101. Loodgieterswerk

water (het)	об	[ob]
warm water (het)	оби гарм	[obi garm]
koud water (het)	оби сард	[obi sard]
kraan (de)	чуммак, мил	[dʒummak], [mil]

druppel (de)	катра	[katra]
druppelen (ww)	чакидан	[tʃakidan]
lekken (een lek hebben)	чакидан	[tʃakidan]
lekkage (de)	сӯрох будан	[sœroχ budan]
plasje (het)	кӯлмак	[kœlmak]

buis, leiding (de)	қубур	[qubur]
stopkraan (de)	вентил	[ventil]
verstopt raken (ww)	аз чирк маҳкам шудан	[az tʃirk mahkam ʃudan]

gereedschap (het)	асбобу анчом	[asbobu andʒom]
Engelse sleutel (de)	калиди бозшаванда	[kalidi bozʃavanda]
losschroeven (ww)	тоб дода кушодан	[tob doda kuʃodan]
aanschroeven (ww)	тофтан, тоб додан	[toftan], [tob dodan]

ontstoppen (riool, enz.)	тоза кардан	[toza kardan]
loodgieter (de)	сантехник	[santeχnik]
kelder (de)	таҳхона	[tahχona]
riolering (de)	канализатсия	[kanalizatsija]

102. Brand. Vuurzee

vuur (het)	оташ	[otaʃ]
vlam (de)	шӯъла	[ʃœʹla]
vonk (de)	шарора	[ʃarora]
fakkel (de)	машъал	[maʃʹal]
kampvuur (het)	гулхан	[gulχan]

benzine (de)	бензин	[benzin]
kerosine (de)	карасин	[karasin]
brandbaar (bn)	сӯзанда	[sœzanda]
ontplofbaar (bn)	тарканда	[tarkanda]

VERBODEN TE ROKEN!	ТАМОКУ НАКАШЕД!	[tamoku nakaʃed]
veiligheid (de)	бехатарӣ	[beχatari:]
gevaar (het)	хатар	[χatar]
gevaarlijk (bn)	хатарнок	[χatarnok]

in brand vliegen (ww)	даргирифтан	[dargiriftan]
explosie (de)	таркиш, таркидан	[tarkiʃ], [tarkidan]
in brand steken (ww)	оташ задан	[otaʃ zadan]
brandstichter (de)	оташзананда	[otaʃzananda]
brandstichting (de)	оташ задан	[otaʃ zadan]

vlammen (ww)	аланга задан	[alanga zadan]
branden (ww)	сӯхтан	[sœχtan]
afbranden (ww)	сӯхтан	[sœχtan]

de brandweer bellen	даъват кардани сӯхторхомӯшкунхо	[da'vat kardani sœχtorχomœʃkunho]
brandweerman (de)	сӯхторхомӯшкун	[sœχtorχomœʃkun]
brandweerwagen (de)	мошини сӯхторхомӯшкунӣ	[moʃini sœχtorχomœʃkuni:]
brandweer (de)	дастаи сӯхторхомӯшкунхо	[dastai sœχtorχomœʃkunho]
uitschuifbare ladder (de)	зинапояи дарозшаванда	[zinapojai darozʃavanda]

brandslang (de)	рӯда	[rœda]
brandblusser (de)	оташнишон	[otaʃniʃon]
helm (de)	тоскулох	[toskuloh]
sirene (de)	бурғу	[burʁu]

roepen (ww)	дод задан	[dod zadan]
hulp roepen	ба ёрӣ чег задан	[ba jori: ʤeʁ zadan]
redder (de)	начотдиханда	[naʤotdihanda]
redden (ww)	начот додан	[naʤot dodan]

aankomen (per auto, enz.)	расидан	[rasidan]
blussen (ww)	хомӯш кардан	[χomœʃ kardan]
water (het)	об	[ob]
zand (het)	рег	[reg]

ruïnes (mv.)	харобот	[χarobot]
instorten (gebouw, enz.)	гумбуррос зада афтодан	[gumburros zada aftodan]
ineenstorten (ww)	ғалтидан	[ʁaltidan]
inzakken (ww)	чӯкидан	[tʃœkidan]

brokstuk (het)	шикастпора	[ʃikastpora]
as (de)	хокистар	[χokistar]

verstikken (ww)	нафас гашта мурдан	[nafas gaʃta murdan]
omkomen (ww)	вафот кардан	[vafot kardan]

MENSELIJKE ACTIVITEITEN

Baan. Business. Deel 1

103. Kantoor. Op kantoor werken

kantoor (het)	офис	[ofis]
kamer (de)	утоқи кор	[utoqi kor]
receptie (de)	ресепшн	[resepʃn]
secretaris (de)	котиб	[kotib]
directeur (de)	директор, мудир	[direktor], [mudir]
manager (de)	менечер	[menedʒer]
boekhouder (de)	бухгалтер	[buχʁalter]
werknemer (de)	коркун	[korkun]
meubilair (het)	мебел	[mebel]
tafel (de)	миз	[miz]
bureaustoel (de)	курсй	[kursi:]
ladeblok (het)	чевонча	[dʒevontʃa]
kapstok (de)	либосовезак	[libosovezak]
computer (de)	компютер	[kompjuter]
printer (de)	принтер	[printer]
fax (de)	факс	[faks]
kopieerapparaat (het)	мошини нусхабардорй	[moʃini nusχabardori:]
papier (het)	қоғаз	[qoʁaz]
kantoorartikelen (mv.)	молхои конселярй	[molhoi konseljari:]
muismat (de)	гилемчаи муш	[gilemtʃai muʃ]
blad (het)	варақ	[varaq]
ordner (de)	папка	[papka]
catalogus (de)	каталог	[katalɒg]
telefoongids (de)	маълумотнома	[ma'lumotnoma]
documentatie (de)	хуччатхо	[hudʒdʒatho]
brochure (de)	рисола, китобча	[risola], [kitobtʃa]
flyer (de)	варақа	[varaqa]
monster (het), staal (de)	намуна	[namuna]
training (de)	машқ	[maʃq]
vergadering (de)	мачлис	[madʒlis]
lunchpauze (de)	танаффуси нисфирӯзй	[tanaffusi nisfirœzi:]
een kopie maken	нусха бардоштан	[nusχa bardoʃtan]
de kopieën maken	бисёр кардан	[bisjor kardan]
een fax ontvangen	факс гирифтан	[faks giriftan]
een fax versturen	факс фиристодан	[faks firistodan]
opbellen (ww)	занг задан	[zaŋg zadan]

| antwoorden (ww) | ҷавоб додан | [dʒavob dodan] |
| doorverbinden (ww) | алоқаманд кардан | [aloqamand kardan] |

afspreken (ww)	муайян кардан	[muajjan kardan]
demonstreren (ww)	нишон додан	[niʃon dodan]
absent zijn (ww)	набудан	[nabudan]
afwezigheid (de)	набуд	[nabud]

104. Bedrijfsprocessen. Deel 1

| bedrijf (business) | кор, соҳибкорӣ | [kor], [sohibkori:] |
| zaak (de), beroep (het) | кор | [kor] |

firma (de)	фирма	[fɪrma]
bedrijf (maatschap)	ширкат	[ʃirkat]
corporatie (de)	корпоратсия	[korporatsija]
onderneming (de)	муассиса, корхона	[muassisa], [korχona]
agentschap (het)	агенти шӯъба	[agenti ʃœ'ba]

overeenkomst (de)	шартнома, созишнома	[ʃartnoma], [soziʃnoma]
contract (het)	шартнома	[ʃartnoma]
transactie (de)	харидуфурӯш	[χaridufurœʃ]
bestelling (de)	супориш	[suporiʃ]
voorwaarde (de)	шарт	[ʃart]

in het groot (bw)	кӯтара	[kœtara]
groothandels- (abn)	кӯтара, яклухт	[kœtara], [jakluχt]
groothandel (de)	яклухтфурӯшӣ	[jakluχtfurœʃi:]
kleinhandels- (abn)	чакана	[tʃakana]
kleinhandel (de)	чаканафурӯшӣ	[tʃakanafurœʃi:]

concurrent (de)	рақиб	[raqib]
concurrentie (de)	рақобат	[raqobat]
concurreren (ww)	рақобат кардан	[raqobat kardan]

| partner (de) | ҳариф | [harif] |
| partnerschap (het) | ҳарифӣ | [harifi:] |

crisis (de)	бӯҳрон	[bœhron]
bankroet (het)	шикаст, муфлисӣ	[ʃikast], [muflisi:]
bankroet gaan (ww)	муфлис шудан	[muflis ʃudan]
moeilijkheid (de)	душворӣ	[duʃvori:]
probleem (het)	масъала	[mas'ala]
catastrofe (de)	шикаст	[ʃikast]

economie (de)	иқтисодиёт	[iqtisodijɔt]
economisch (bn)	… и иқтисодӣ	[i iqtisodi:]
economische recessie (de)	таназзули иқтисодӣ	[tanazzuli iqtisodi:]

| doel (het) | мақсад | [maqsad] |
| taak (de) | вазифа | [vazifa] |

| handelen (handel drijven) | савдо кардан | [savdo kardan] |
| netwerk (het) | муассисаҳо | [muassisaho] |

voorraad (de)	анбор	[anbor]
assortiment (het)	навъхои мол	[nav'hoi mol]
leider (de)	рохбар	[rohbar]
groot (bn)	калон	[kalon]
monopolie (het)	монополия, инхисор	[monopolija], [inhisor]
theorie (de)	назария	[nazarija]
praktijk (de)	тачриба, амалия	[tadʒriba], [amalija]
ervaring (de)	тачриба	[tadʒriba]
tendentie (de)	майл	[majl]
ontwikkeling (de)	пешравй	[peʃravi:]

105. Bedrijfsprocessen. Deel 2

voordeel (het)	фоида	[foida]
voordelig (bn)	фоиданок	[foidanok]
delegatie (de)	хайати вакилон	[hajati vakilon]
salaris (het)	музди мехнат	[muzdi mehnat]
corrigeren (fouten ~)	ислох кардан	[isloh kardan]
zakenreis (de)	командировка	[komandirovka]
commissie (de)	комиссия	[komissija]
controleren (ww)	назорат кардан	[nazorat kardan]
conferentie (de)	конференсия	[konferensija]
licentie (de)	чавознома	[dʒavoznoma]
betrouwbaar (partner, enz.)	боэътимод	[boɛ'timod]
aanzet (de)	шурӯъ, ташаббус	[ʃurœ'], [taʃabbus]
norm (bijv. ~ stellen)	норма	[norma]
omstandigheid (de)	холат, маврид	[holat], [mavrid]
taak, plicht (de)	вазифа	[vazifa]
organisatie (bedrijf, zaak)	созмон	[sozmon]
organisatie (proces)	ташкил	[taʃkil]
georganiseerd (bn)	муташаккил	[mutaʃakkil]
afzegging (de)	бекор кардани	[bekor kardani]
afzeggen (ww)	бекор кардан	[bekor kardan]
verslag (het)	хисоб, хисобот	[hisob], [hisobot]
patent (het)	патент	[patent]
patenteren (ww)	патент додан	[patent dodan]
plannen (ww)	нақша кашидан	[naqʃa kaʃidan]
premie (de)	чоиза	[dʒoiza]
professioneel (bn)	касаба	[kasaba]
procedure (de)	расму қоида	[rasmu qoida]
onderzoeken (contract, enz.)	матрах кардан	[matrah kardan]
berekening (de)	мухосиба	[muhosiba]
reputatie (de)	шӯхрат	[ʃœhrat]
risico (het)	хатар, таваккал	[χatar], [tavakkal]
beheren (managen)	сардорй кардан	[sardori: kardan]

informatie (de)	маълумот	[ma'lumot]
eigendom (bezit)	моликият	[molikijat]
unie (de)	иттиход	[ittihod]

levensverzekering (de)	суғуртакунии ҳаёт	[suʁurtakuni:i hajɔt]
verzekeren (ww)	суғурта кардан	[suʁurta kardan]
verzekering (de)	суғурта	[suʁurta]

veiling (de)	савдо, фурӯш	[savdo], [furœʃ]
verwittigen (ww)	огоҳ кардан	[ogoh kardan]
beheer (het)	идоракунӣ	[idorakuni:]
dienst (de)	хизмат	[χizmat]

forum (het)	маҷлис	[madʒlis]
functioneren (ww)	ҳаракат кардан	[harakat kardan]
stap, etappe (de)	марҳала	[marhala]
juridisch (bn)	ҳуқуқӣ, … и ҳуқуқ	[huquqi:], [i huquq]
jurist (de)	ҳуқуқшинос	[huquqʃinos]

106. Productie. Werken

industriële installatie (fabriek)	завод	[zavod]
fabriek (de)	фабрика	[fabrika]
werkplaatsruimte (de)	сех	[seχ]
productielocatie (de)	истеҳсолот	[istehsolot]

industrie (de)	саноат	[sanoat]
industrieel (bn)	саноатӣ	[sanoati:]
zware industrie (de)	саноати вазнин	[sanoati vaznin]
lichte industrie (de)	саноати сабук	[sanoati sabuk]

productie (de)	тавлидот, маҳсул	[tavlidot], [mahsul]
produceren (ww)	истеҳсол кардан	[istehsol kardan]
grondstof (de)	ашёи хом	[aʃʃɔi χom]

voorman, ploegbaas (de)	сардори бригада	[sardori brigada]
ploeg (de)	бригада	[brigada]
arbeider (de)	коргар	[korgar]

werkdag (de)	рӯзи кор	[rœzi kor]
pauze (de)	танаффус	[tanaffus]
samenkomst (de)	маҷлис	[madʒlis]
bespreken (spreken over)	муҳокима кардан	[muhokima kardan]

plan (het)	нақша	[naqʃa]
het plan uitvoeren	иҷрои нақша	[idʒroi naqʃa]
productienorm (de)	нормаи кор	[normai kor]
kwaliteit (de)	сифат	[sifat]
controle (de)	назорат	[nazorat]
kwaliteitscontrole (de)	назорати сифат	[nazorati sifat]

arbeidsveiligheid (de)	бехатарии меҳнат	[beχatari:i mehnat]
discipline (de)	низом	[nizom]
overtreding (de)	вайронкунӣ	[vajronkuni:]

overtreden (ww)	вайрон кардан	[vajron kardan]
staking (de)	корпартой	[korpartoi:]
staker (de)	корпарто	[korparto]
staken (ww)	корпартой кардан	[korpartoi: kardan]
vakbond (de)	ташкилоти касабавй	[taʃkiloti kasabavi:]

uitvinden (machine, enz.)	ихтироъ кардан	[ixtiro' kardan]
uitvinding (de)	ихтироъ	[ixtiro']
onderzoek (het)	тахқиқ	[tahqiq]
verbeteren (beter maken)	беҳтар кардан	[behtar kardan]
technologie (de)	технология	[texnologija]
technische tekening (de)	нақша, тарҳ	[naqʃa], [tarh]

vracht (de)	бор	[bor]
lader (de)	борбардор	[borbardor]
laden (vrachtwagen)	бор кардан	[bor kardan]
laden (het)	бор кардан	[bor kardan]

lossen (ww)	борро фуровардан	[borro furovardan]
lossen (het)	борфурорй	[borfurori:]

transport (het)	нақлиёт	[naqlijot]
transportbedrijf (de)	ширкати нақлиётй	[ʃirkati naqlijoti:]
transporteren (ww)	кашондан	[kaʃondan]

goederenwagon (de)	вагони боркаш	[vagoni borkaʃ]
tank (bijv. ketelwagen)	систерна	[sisterna]
vrachtwagen (de)	мошини боркаш	[moʃini borkaʃ]

machine (de)	дастгоҳ	[dastgoh]
mechanisme (het)	механизм	[mexanizm]

industrieel afval (het)	пасмондаҳо	[pasmondaho]
verpakking (de)	печонда бастан	[petʃonda bastan]
verpakken (ww)	печонда бастан	[petʃonda bastan]

107. Contract. Overeenstemming

contract (het)	шартнома	[ʃartnoma]
overeenkomst (de)	созишнома	[soziʃnoma]
bijlage (de)	илова	[ilova]

een contract sluiten	шартнома бастан	[ʃartnoma bastan]
handtekening (de)	имзо	[imzo]
ondertekenen (ww)	имзо кардан	[imzo kardan]
stempel (de)	мӯҳр	[mœhr]

voorwerp (het) van de overeenkomst	мавзӯи шартнома	[mavzœi ʃartnoma]
clausule (de)	модда	[modda]
partijen (mv.)	тарафҳо	[tarafho]
vestigingsadres (het)	нишонии ҳуқуқй	[niʃoni:i huquqi:]
het contract	вайрон кардани	[vajron kardani
verbreken (overtreden)	шартнома	ʃartnoma]

verplichting (de)	вазифа, ӯхдадорӣ	[vazifa], [œhdadori:]
verantwoordelijkheid (de)	масъулият	[mas'ulijat]
overmacht (de)	форс-мажор	[fors-maʒor]
geschil (het)	бахс	[bahs]
sancties (mv.)	ҷаримаи шартномавӣ	[dʒarimai ʃartnomavi:]

108. Import & Export

import (de)	воридот	[voridot]
importeur (de)	воридгари мол	[voridgari mol]
importeren (ww)	ворид кардан	[vorid kardan]
import- (abn)	… и воридот	[i voridot]
uitvoer (export)	содирот	[sodirot]
exporteur (de)	содиргар	[sodirgar]
exporteren (ww)	содирот кардан	[sodirot kardan]
uitvoer- (bijv., ~goederen)	… и содирот	[i sodirot]
goederen (mv.)	мол	[mol]
partij (de)	як миқдор	[jak miqdor]
gewicht (het)	вазн	[vazn]
volume (het)	хаҷм	[hadʒm]
kubieke meter (de)	метри кубӣ	[metri kubi:]
producent (de)	истеҳолкунанда	[isteholkunanda]
transportbedrijf (de)	ширкати нақлиётӣ	[ʃirkati naqlijoti:]
container (de)	контейнер	[kontejner]
grens (de)	сарҳад	[sarhad]
douane (de)	гумрукхона	[gumrukχona]
douanerecht (het)	хаққи гумрукӣ	[χaqqi gumruki:]
douanier (de)	гумрукчӣ	[gumruktʃi:]
smokkelen (het)	қочоқчигӣ	[qotʃoqtʃigi:]
smokkelwaar (de)	қочоқ	[qotʃoq]

109. Financiën

aandeel (het)	саҳмия	[sahmija]
obligatie (de)	облигасия	[obligasija]
wissel (de)	вексел	[veksel]
beurs (de)	биржа	[birʒa]
aandelenkoers (de)	қурби саҳмия	[qurbi sahmija]
dalen (ww)	арзон шудан	[arzon ʃudan]
stijgen (ww)	қимат шудан	[qimat ʃudan]
deel (het)	хақ, саҳм	[haq], [sahm]
meerderheidsbelang (het)	пакети контролӣ	[paketi kontroli:]
investeringen (mv.)	маблаᴦтузорӣ	[mablaᴦtuzori:]
investeren (ww)	гузоштан	[guzoʃtan]

procent (het)	фоиз	[foiz]
rente (de)	фоизхо	[foizho]
winst (de)	даромад, фоида	[daromad], [foida]
winstgevend (bn)	фоиданок	[foidanok]
belasting (de)	налог, андоз	[nalog], [andoz]
valuta (vreemde ~)	валюта асъор	[valjuta as'or]
nationaal (bn)	миллй	[milli:]
ruil (de)	мубодила, иваз	[mubodila], [ivaz]
boekhouder (de)	бухғалтер	[buχʁalter]
boekhouding (de)	бухғалтерия	[buχʁalterija]
bankroet (het)	шикаст, муфлисй	[ʃikast], [muflisi:]
ondergang (de)	шикаст, ҳалокат	[ʃikast], [halokat]
faillissement (het)	муфлисй	[muflisi:]
geruïneerd zijn (ww)	муфлис шудан	[muflis ʃudan]
inflatie (de)	бекурбшавии пул	[bekurbʃavi:i pul]
devaluatie (de)	бекурбшавии пул	[bequrbʃavi:i pul]
kapitaal (het)	капитал	[kapital]
inkomen (het)	даромад	[daromad]
omzet (de)	гардиш	[gardiʃ]
middelen (mv.)	захира	[zaχira]
financiële middelen (mv.)	маблағи пулй	[mablaʁi puli:]
operationele kosten (mv.)	харочоти иловагй	[χarodʒoti ilovagi:]
reduceren (kosten ~)	кам кардан	[kam kardan]

110. Marketing

marketing (de)	маркетинг	[marketing]
markt (de)	бозор	[bozor]
marktsegment (het)	сегменти бозор	[segmenti bozor]
product (het)	мол, маҳсул	[mol], [mahsul]
goederen (mv.)	мол	[mol]
merk (het)	тамғаи савдо, бренд	[tamʁai savdo], [brend]
handelsmerk (het)	тамға	[tamʁa]
beeldmerk (het)	маркаи фирма	[markai firma]
logo (het)	логотип	[logotip]
vraag (de)	талабот	[talabot]
aanbod (het)	таклиф	[taklif]
behoefte (de)	ниёз, талабот	[nijɔz], [talabot]
consument (de)	истеъмолкунанда	[iste'molkunanda]
analyse (de)	таҳлил	[tahlil]
analyseren (ww)	таҳлил кардан	[tahlil kardan]
positionering (de)	мавқеъ гирифтан	[mavqe' giriftan]
positioneren (ww)	мавқеъгирй	[mavqe'giri:]
prijs (de)	нарх	[narχ]
prijspolitiek (de)	сиёсати нархгузорй	[sijɔsati narχguzori:]
prijsvorming (de)	нархгузорй	[narχguzori:]

111. Reclame

reclame (de)	реклама	[reklama]
adverteren (ww)	эълон кардан	[ɛ'lon kardan]
budget (het)	буҷет	[budʒet]
advertentie, reclame (de)	реклама, эълон	[reklama], [ɛ'lon]
TV-reclame (de)	телереклама	[telereklama]
radioreclame (de)	реклама дар радио	[reklama dar radio]
buitenreclame (de)	рекламаи беруна	[reklamai beruna]
massamedia (de)	васоити ахбор	[vasoiti aχbor]
periodiek (de)	нашрияи даврӣ	[naʃrijai davri:]
imago (het)	имидж	[imidʒ]
slagzin (de)	шиор	[ʃior]
motto (het)	шиор	[ʃior]
campagne (de)	маърака	[ma'raka]
reclamecampagne (de)	маърака реклама	[ma'raka reklama]
doelpubliek (het)	гурӯҳи одамони	[gurœhi odamoni
	ба мақсад ҷавобгӯ	ba maqsad dʒavobgœ]
visitekaartje (het)	варакаи боздид	[varakai bozdid]
flyer (de)	варақа	[varaqa]
brochure (de)	рисола, китобча	[risola], [kitobtʃa]
folder (de)	буклет	[buklet]
nieuwsbrief (de)	бюллетен	[bjulleten]
gevelreclame (de)	лавҳа	[lavha]
poster (de)	плакат	[plakat]
aanplakbord (het)	лавҳаи эълонҳо	[lavhai ɛ'lonho]

112. Bankieren

bank (de)	банк	[bank]
bankfiliaal (het)	шӯъба	[ʃœ'ba]
bankbediende (de)	мушовир	[muʃovir]
manager (de)	идоракунанда	[idorakunanda]
bankrekening (de)	ҳисоб	[hisob]
rekeningnummer (het)	рақами суратҳисоб	[raqami surathisob]
lopende rekening (de)	ҳисоби ҷорӣ	[hisobi dʒori:]
spaarrekening (de)	суратҳисоби	[surathisobi
	ҷамъшаванда	dʒam'ʃavanda]
een rekening openen	суратҳисоб кушодан	[surathisob kuʃodan]
de rekening sluiten	бастани суратҳисоб	[bastani surathisob]
op rekening storten	ба суратҳисоб гузарондан	[ba surathisob guzarondan]
opnemen (ww)	аз суратҳисоб гирифтан	[az surathisob giriftan]
storting (de)	амонат	[amonat]
een storting maken	маблағ гузоштан	[mablaʁ guzoʃtan]

| overschrijving (de) | интиқоли маблағ | [intiqoli mablaʁ] |
| een overschrijving maken | интиқол додан | [intiqol dodan] |

| som (de) | маблағ | [mablaʁ] |
| Hoeveel? | Чй қадар? | [tʃi: qadar] |

| handtekening (de) | имзо | [imzo] |
| ondertekenen (ww) | имзо кардан | [imzo kardan] |

kredietkaart (de)	корти кредитй	[korti krediti:]
code (de)	рамз, код	[ramz], [kod]
kredietkaartnummer (het)	рақами корти кредитй	[raqami korti krediti:]
geldautomaat (de)	банкомат	[bankomat]

cheque (de)	чек	[tʃek]
een cheque uitschrijven	чек навиштан	[tʃek naviʃtan]
chequeboekje (het)	дафтарчаи чек	[daftartʃai tʃek]

lening, krediet (de)	қарз	[qarz]
een lening aanvragen	барои кредит мурочиат кардан	[baroi kredit murodʒiat kardan]
een lening nemen	кредит гирифтан	[kredit giriftan]
een lening verlenen	кредит додан	[kredit dodan]
garantie (de)	кафолат, замонат	[kafolat], [zamonat]

113. Telefoon. Telefoongesprek

telefoon (de)	телефон	[telefon]
mobieltje (het)	телефони мобилй	[telefoni mobili:]
antwoordapparaat (het)	худчавобгӯ	[χuddʒavobgœ]

| bellen (ww) | телефон кардан | [telefon kardan] |
| belletje (telefoontje) | занг | [zang] |

een nummer draaien	гирифтани рақамхо	[giriftani raqamho]
Hallo!	алло, ха	[allo], [ha]
vragen (ww)	пурсидан	[pursidan]
antwoorden (ww)	чавоб додан	[dʒavob dodan]

horen (ww)	шунидан	[ʃunidan]
goed (bw)	хуб, нағз	[χub], [naʁz]
slecht (bw)	бад	[bad]
storingen (mv.)	садохои бегона	[sadohoi begona]

hoorn (de)	гӯшак	[gi:ʃak]
opnemen (ww)	бардоштани гӯшак	[bardoʃtani gœʃak]
ophangen (ww)	мондани гӯшак	[mondani gœʃak]

bezet (bn)	банд	[band]
overgaan (ww)	занг задан	[zang zadan]
telefoonboek (het)	китоби телефон	[kitobi telefon]

| lokaal (bn) | махаллй | [mahalli:] |
| lokaal gesprek (het) | занги махаллй | [zangi mahalli:] |

interlokaal (bn)	байнишаҳрӣ	[bajniʃahri:]
interlokaal gesprek (het)	занги байнишаҳрӣ	[zangi bajniʃahri:]
buitenlands (bn)	байналхалқӣ	[bajnalχalqi:]

114. Mobiele telefoon

| mobieltje (het) | телефони мобилӣ | [telefoni mobili:] |
| scherm (het) | дисплей | [displej] |

| toets, knop (de) | тугмача | [tugmatʃa] |
| simkaart (de) | сим-корт | [sim-kort] |

batterij (de)	батарея	[batareja]
leeg zijn (ww)	бе заряд шудан	[be zarjad ʃudan]
acculader (de)	асбоби барқпуркунанда	[asbobi barqpurkunanda]

menu (het)	меню	[menju]
instellingen (mv.)	соз кардан	[soz kardan]
melodie (beltoon)	оҳанг	[ohang]
selecteren (ww)	интихоб кардан	[intiχob kardan]

| rekenmachine (de) | ҳисобкунак | [hisobkunak] |
| voicemail (de) | худчавобгӯ | [χuddʒavobgœ] |

| wekker (de) | соати рӯимизии зангдор | [soati rœimizi:i zangdor] |
| contacten (mv.) | китоби телефон | [kitobi telefon] |

| SMS-bericht (het) | СМС-хабар | [sms-χabar] |
| abonnee (de) | муштарӣ | [muʃtari:] |

115. Schrijfbehoeften

| balpen (de) | ручкаи саққочадор | [rutʃkai saqqotʃador] |
| vulpen (de) | парқалам | [parqalam] |

potlood (het)	қалам	[qalam]
marker (de)	маркер	[marker]
viltstift (de)	фломастер	[flomaster]

| notitieboekje (het) | блокнот, дафтари ёддошт | [bloknot], [daftari joddoʃt] |
| agenda (boekje) | рӯзнома | [rœznoma] |

liniaal (de/het)	чадвал	[dʒadval]
rekenmachine (de)	ҳисобкунак	[hisobkunak]
gom (de)	ластик	[lastik]

| punaise (de) | кнопка | [knopka] |
| paperclip (de) | скрепка | [skrepka] |

lijm (de)	елим, шилм	[elim], [ʃilm]
nietmachine (de)	степлер	[stepler]
potloodslijper (de)	чарх	[tʃarχ]

116. Verschillende soorten documenten

verslag (het)	ҳисоб, ҳисобот	[hisob], [hisobot]
overeenkomst (de)	созишнома	[soziʃnoma]
aanvraagformulier (het)	дархост	[darχost]
origineel, authentiek (bn)	аслӣ	[asli:]
badge, kaart (de)	бэҷ	[bɛdʒ]
visitekaartje (het)	варакаи боздид	[varakai bozdid]

certificaat (het)	сертификат	[sertifikat]
cheque (de)	чек	[tʃek]
rekening (in restaurant)	ҳисоб	[hisob]
grondwet (de)	конститутсия	[konstitutsija]

contract (het)	шартнома	[ʃartnoma]
kopie (de)	нусха	[nusχa]
exemplaar (het)	нусха	[nusχa]

douaneaangifte (de)	декларатсияи гумрукӣ	[deklaratsijai gumruki:]
document (het)	хуҷҷат, санад	[hudʒdʒat], [sanad]
rijbewijs (het)	хуқуқи ронандагӣ	[χuquqi ronandagi:]
bijlage (de)	илова	[ilova]
formulier (het)	анкета, саволнома	[anketa], [savolnoma]

identiteitskaart (de)	шаҳодатномаи шахсӣ	[ʃahodatnomai ʃaχsi:]
aanvraag (de)	дархост	[darχost]
uitnodigingskaart (de)	даъватнома	[da'vatnoma]
factuur (de)	суратҳисоб	[surathisob]

wet (de)	қонун	[qonun]
brief (de)	мактуб	[maktub]
briefhoofd (het)	бланк	[blank]
lijst (de)	рӯйхат	[rœjχat]
manuscript (het)	дастнавис	[dastnavis]
nieuwsbrief (de)	бюллетен	[bjulleten]
briefje (het)	хатча	[χattʃa]

pasje (voor personeel, enz.)	иҷозатнома	[idʒozatnoma]
paspoort (het)	шиноснома	[ʃinosnoma]
vergunning (de)	иҷозат	[idʒozat]
CV, curriculum vitae (het)	резюме, сивӣ	[rezjume], [sivi:]
schuldbekentenis (de)	санади қарз	[sanadi qarz]
kwitantie (de)	квитансия	[kvitansija]
bon (kassabon)	чек	[tʃek]
rapport (het)	гузориш	[guzoriʃ]

tonen (paspoort, enz.)	пешниҳод кардан	[peʃnihod kardan]
ondertekenen (ww)	имзо кардан	[imzo kardan]
handtekening (de)	имзо	[imzo]
stempel (de)	мӯҳр	[mœhr]
tekst (de)	матн	[matn]
biljet (het)	билет	[bilet]

doorhalen (doorstrepen)	хат задан	[χat zadan]
invullen (een formulier -)	пур кардан	[pur kardan]

| vrachtbrief (de) | борхат | [borχat] |
| testament (het) | васиятнома | [vasijatnoma] |

117. Soorten bedrijven

uitzendbureau (het)	шӯъбаи кадрхо	[ʃœ'bai kadrho]
bewakingsfirma (de)	оҷонсии посбонӣ	[odʒonsi:i posboni:]
persbureau (het)	оҷонсии хабарӣ	[odʒonsi:i χabari:]
reclamebureau (het)	умури реклама	[umuri reklama]

antiek (het)	атиқафурӯшӣ	[atiqafurœʃi:]
verzekering (de)	суғуртакунӣ	[suʁurtakuni:]
naaiatelier (het)	ателе, коргоҳ	[atele], [korgoh]

banken (mv.)	бизнеси бонкӣ	[biznesi bonki:]
bar (de)	бар	[bar]
bouwbedrijven (mv.)	сохтумон	[soχtumon]
juwelen (mv.)	ҷавоҳирот	[dʒavohirot]
juwelier (de)	ҷавҳарӣ	[dʒavhari:]

wasserette (de)	ҷомашӯйхона	[dʒomaʃœjχona]
alcoholische dranken (mv.)	машруботи спиртдор	[maʃruboti spirtdor]
nachtclub (de)	клуби шабона	[klubi ʃabona]
handelsbeurs (de)	биржа	[birʒa]
bierbrouwerij (de)	корхонаи пивопазӣ	[korχonai pivopazi:]
uitvaartcentrum (het)	бюрои дафнкунӣ	[bjuroi dafnkuni:]

casino (het)	казино	[kazino]
zakencentrum (het)	маркази бизнес	[markazi biznes]
bioscoop (de)	кинотеатр	[kinoteatr]
airconditioning (de)	кондитсионерхо	[konditsionerho]

handel (de)	савдо	[savdo]
luchtvaartmaatschappij (de)	ширкати ҳавопаймоӣ	[ʃirkati havopajmoi:]
adviesbureau (het)	консалтинг	[konsalting]
koerierdienst (de)	шӯъбаи хаткашонӣ	[ʃœ'bai χatkaʃoni:]

tandheelkunde (de)	дандонпизишкӣ	[dandonpiziʃki:]
design (het)	дизайн, зебосозӣ	[dizajn], [zebosozi:]
business school (de)	мактаби бизнес	[maktabi biznes]
magazijn (het)	анбор	[anbor]
kunstgalerie (de)	нигористон	[nigoriston]
IJsje (het)	яхмос	[jaχmos]
hotel (het)	меҳмонхона	[mehmonχona]

vastgoed (het)	мулки ғайриманкул	[mulki ʁajrimankul]
drukkerij (de)	чопхона	[tʃopχona]
industrie (de)	саноат	[sanoat]
Internet (het)	интернет	[internet]
Investeringen (mv.)	маблағгузорӣ	[mablaʁuzori.]

krant (de)	рӯзнома	[rœznoma]
boekhandel (de)	мағозаи китоб	[maʁozai kitob]
lichte industrie (de)	саноати сабук	[sanoati sabuk]

winkel (de)	магазин	[magazin]
uitgeverij (de)	нашриёт	[naʃrijɔt]
medicijnen (mv.)	тиб	[tib]
meubilair (het)	мебел	[mebel]
museum (het)	осорхона	[osorχona]

olie (aardolie)	нефт	[neft]
apotheek (de)	дорухона	[doruχona]
geneesmiddelen (mv.)	дорусозй	[dorusozi:]
zwembad (het)	ҳавз	[havz]
stomerij (de)	козургарии химиявй	[kozurgari:i χimijavi:]
voedingswaren (mv.)	озуқаворй	[ozuqavori:]
reclame (de)	реклама	[reklama]

radio (de)	радио	[radio]
afvalinzameling (de)	баровардани партов	[barovardani partov]
restaurant (het)	тарабхона	[tarabχona]
tijdschrift (het)	мачалла	[madʒalla]

schoonheidssalon (de/het)	кошонаи ҳусн	[koʃonai husn]
financiële diensten (mv.)	хизмати молиявй	[χizmati molijavi:]
juridische diensten (mv.)	ёрии ҳуқуқй	[jori:i huquqi:]
boekhouddiensten (mv.)	хизмати мухосиб	[χizmati muhosib]
audit diensten (mv.)	хизмати аудиторй	[χizmati auditori:]
sport (de)	варзиш	[varziʃ]
supermarkt (de)	супермаркет	[supermarket]

televisie (de)	телевизион	[televizion]
theater (het)	театр	[teatr]
toerisme (het)	туризм, саёхат	[turizm], [sajoχat]
transport (het)	кашондан	[kaʃondan]

postorderbedrijven (mv.)	савдо аз рӯи рӯйхат	[savdo az rœi rœjχat]
kleding (de)	либос	[libos]
dierenarts (de)	духтури ҳайвонот	[duχturi hajvonot]

Baan. Business. Deel 2

118. Show. Tentoonstelling

beurs (de)	намоишгоҳ	[namoiʃgoh]
vakbeurs, handelsbeurs (de)	намоишгоҳи тиҷоратӣ	[namoiʃgohi tidʒorati:]
deelneming (de)	иштирок	[iʃtirok]
deelnemen (ww)	иштирок кардан	[iʃtirok kardan]
deelnemer (de)	иштирокчӣ	[iʃtiroktʃi:]
directeur (de)	директор, мудир	[direktor], [mudir]
organisatiecomité (het)	кумитаи ташкилкунанда	[kumitai taʃkilkunanda]
organisator (de)	ташкилотчӣ	[taʃkilottʃi:]
organiseren (ww)	ташкил кардан	[taʃkil kardan]
deelnemingsaanvraag (de)	ариза барои иштирок	[ariza baroi iʃtirok]
invullen (een formulier ~)	пур кардан	[pur kardan]
details (mv.)	чузъиёт	[dʒuz'ijɔt]
informatie (de)	ахборот	[aχborot]
prijs (de)	нарх	[narχ]
inclusief (bijv. ~ BTW)	дохил карда	[doχil karda]
inbegrepen (alles ~)	дохил кардан	[doχil kardan]
betalen (ww)	пул додан	[pul dodan]
registratietarief (het)	пардохти бақайдгирӣ	[pardoχti baqajdgiri:]
ingang (de)	даромад	[daromad]
paviljoen (het), hal (de)	намоишгоҳ	[namoiʃgoh]
registreren (ww)	қайд кардан	[qajd kardan]
badge, kaart (de)	бэч	[bɛdʒ]
beursstand (de)	лавҳаи намоиш	[lavhai namoiʃi:]
reserveren (een stand ~)	нигоҳ доштан	[nigoh doʃtan]
vitrine (de)	витрина	[vitrina]
licht (het)	чароғ	[tʃaroʁ]
design (het)	дизайн, зебосозӣ	[dizajn], [zebosozi:]
plaatsen (ww)	ҷойгир кардан	[dʒojgir kardan]
geplaatst zijn (ww)	ҷойгир шудан	[dʒojgir ʃudan]
distributeur (de)	дистрибютор	[distribjutor]
leverancier (de)	таъминкунанда	[ta'minkunanda]
leveren (ww)	таъмин кардан	[ta'min kardan]
land (het)	кишвар	[kiʃvar]
buitenlands (bn)	хориҷӣ	[χoridʒi:]
product (het)	мол, маҳсул	[mol], [mahsul]
associatie (de)	ассотсиатсия	[assotsiatsija]
conferentiezaal (de)	маҷлисгоҳ	[madʒlisgoh]

| congres (het) | конгресс, анчуман | [kongress], [andʒuman] |
| wedstrijd (de) | конкурс | [konkurs] |

bezoeker (de)	тамошобин	[tamoʃobin]
bezoeken (ww)	ба мехмони рафтан	[ba mehmoni: raftan]
afnemer (de)	супоришдиханда	[suporiʃdihanda]

119. Massamedia

krant (de)	рӯзнома	[rœznoma]
tijdschrift (het)	мачалла	[madʒalla]
pers (gedrukte media)	матбуот	[matbuot]
radio (de)	радио	[radio]
radiostation (het)	радиошунавой	[radioʃunavoi:]
televisie (de)	телевизион	[televizion]

presentator (de)	баранда, рохбалад	[baranda], [rohbalad]
nieuwslezer (de)	диктор	[diktor]
commentator (de)	шорех	[ʃoreh]

journalist (de)	рӯзноманигор	[rœznomanigor]
correspondent (de)	мухбир	[muχbir]
fotocorrespondent (de)	фотомухбир	[fotomuχbir]
reporter (de)	хабарнигор	[χabarnigor]

| redacteur (de) | мухаррир | [muharrir] |
| chef-redacteur (de) | сармухаррир | [sarmuharrir] |

zich abonneren op	обуна шудан	[obuna ʃudan]
abonnement (het)	обуна	[obuna]
abonnee (de)	обуначй	[obunatʃi:]
lezen (ww)	хондан	[χondan]
lezer (de)	хонанда	[χonanda]

oplage (de)	тираж	[tiraʒ]
maand-, maandelijks (bn)	хармоха	[harmoha]
wekelijks (bn)	хафтаина	[haftaina]
nummer (het)	шумора	[ʃumora]
vers (~ van de pers)	нав	[nav]

kop (de)	сарлавха	[sarlavha]
korte artikel (het)	хабар	[χabar]
rubriek (de)	сарлавха	[sarlavha]
artikel (het)	макола	[makola]
pagina (de)	сахифа	[sahifa]

reportage (de)	хабарнигорй	[χabarnigori:]
gebeurtenis (de)	вокеа, ходиса	[voqea], [hodisa]
sensatie (de)	хангома	[hangoma]
schandaal (het)	чанчол	[dʒandʒol]
schandalig (bn)	чанчолй	[dʒandʒoli:]
groot (~ schandaal, enz.)	овозадор	[ovozador]
programma (het)	намоиш	[namoiʃ]
interview (het)	мусохиба	[musohiba]

| live uitzending (de) | намоиши мустақим | [namoiʃi mustaqim] |
| kanaal (het) | канал | [kanal] |

120. Landbouw

landbouw (de)	хоҷагии қишлоқ	[χodʒagi:i qiʃloq]
boer (de)	деҳқон	[dehqon]
boerin (de)	деҳқонзан	[dehqonzan]
landbouwer (de)	фермер	[fermer]

| tractor (de) | трактор | [traktor] |
| maaidorser (de) | комбайн | [kombajn] |

ploeg (de)	сипор	[sipor]
ploegen (ww)	шудгор кардан	[ʃudgor kardan]
akkerland (het)	шудгор	[ʃudgor]
voor (de)	огард, чӯяк	[ogard], [dʒœjak]

zaaien (ww)	коштан, коридан	[koʃtan], [koridan]
zaaimachine (de)	сеялка	[sejalka]
zaaien (het)	кишт	[kiʃt]

| zeis (de) | пойдос | [pojdos] |
| maaien (ww) | даравидан | [daravidan] |

| schop (de) | бел | [bel] |
| spitten (ww) | каланд кардан | [kaland kardan] |

schoffel (de)	каландча	[kalandtʃa]
wieden (ww)	хишова кардан	[χiʃova kardan]
onkruid (het)	алафи бегона	[alafi begona]

gieter (de)	даҳанак	[dahanak]
begieten (water geven)	об мондан	[ob mondan]
bewatering (de)	обмонӣ	[obmoni:]

| riek, hooivork (de) | панҷшоха, чоршоха | [pandʒʃoχa], [tʃorʃoχa] |
| hark (de) | хаскашак | [χaskaʃak] |

meststof (de)	пору	[poru]
bemesten (ww)	пору андохтан	[poru andoχtan]
mest (de)	пору	[poru]

veld (het)	саҳро	[sahro]
wei (de)	марғзор	[marʁzor]
moestuin (de)	обчакорӣ	[obtʃakori:]
boomgaard (de)	боғ	[boʁ]

weiden (ww)	чарондан	[tʃarondan]
hoeder (de)	подабон	[podabon]
weiland (de)	чарогоҳ	[tʃarogoh]

| veehouderij (de) | чорводорӣ | [tʃorvodori:] |
| schapenteelt (de) | гӯсфандпарварӣ | [gœsfandparvari:] |

plantage (de)	киштзор	[kiʃtzor]
rijtje (het)	чӯя, пушта	[dʒœja], [puʃta]
broeikas (de)	гармхона	[garmχona]

droogte (de)	хушксолӣ, хушкӣ	[χuʃksoli:], [χuʃki:]
droog (bn)	хушк	[χuʃk]

graan (het)	ғалла, ғалладона	[ʁalla], [ʁalladona]
graangewassen (mv.)	ғалла, ғалладона	[ʁalla], [ʁalladona]
oogsten (ww)	ғундоштан	[ʁundoʃtan]

molenaar (de)	осиёбон	[osijobon]
molen (de)	осиё	[osijɔ]
malen (graan ~)	орд кардан	[ord kardan]
bloem (bijv. tarwebloem)	орд	[ord]
stro (het)	кох	[koh]

121. Gebouw. Bouwproces

bouwplaats (de)	бинокорӣ	[binokori:]
bouwen (ww)	бино кардан	[bino kardan]
bouwvakker (de)	бинокор	[binokor]

project (het)	лоиха	[loiha]
architect (de)	меъмор	[me'mor]
arbeider (de)	коргар	[korgar]

fundering (de)	тахкурсӣ	[taχkursi:]
dak (het)	бом	[bom]
heipaal (de)	поя	[poja]
muur (de)	девор	[devor]

betonstaal (het)	арматура	[armatura]
steigers (mv.)	чӯбу тахтаи сохтумонӣ	[tʃœbu taχtai soχtumoni:]

beton (het)	бетон	[beton]
graniet (het)	хоро	[χoro]
steen (de)	санг	[sang]
baksteen (de)	хишт	[χiʃt]

zand (het)	рег	[reg]
cement (de/het)	симон	[simon]
pleister (het)	андова	[andova]
pleisteren (ww)	андова кардан	[andova kardan]
verf (de)	ранг	[rang]
verven (muur ~)	ранг кардан	[rang kardan]
ton (de)	бочка, чалак	[botʃka], [tʃalak]

kraan (de)	крани борбардор	[krani borbardor]
heffen, hijsen (ww)	бардоштан	[bardoʃtan]
neerlaten (ww)	фуровардан	[furovardan]

bulldozer (de)	булдозер	[buldozer]
graafmachine (de)	экскаватор	[ɛkskavator]

graafbak (de)	хокандоз	[χokandoz]
graven (tunnel, enz.)	кандан	[kandan]
helm (de)	тоскулох	[toskuloh]

122. Wetenschap. Onderzoek. Wetenschappers

wetenschap (de)	фан, илм	[fan], [ilm]
wetenschappelijk (bn)	илмӣ, фаннӣ	[ilmi:], [fanni:]
wetenschapper (de)	олим	[olim]
theorie (de)	назария	[nazarija]

axioma (het)	аксиома	[aksioma]
analyse (de)	таҳлил	[tahlil]
analyseren (ww)	таҳлил кардан	[tahlil kardan]
argument (het)	далел, бурхон	[dalel], [burhon]
substantie (de)	модда	[modda]

hypothese (de)	гипотеза, фарзия	[gipoteza], [farzija]
dilemma (het)	дилемма	[dilemma]
dissertatie (de)	рисола	[risola]
dogma (het)	догма	[dogma]

doctrine (de)	доктрина	[doktrina]
onderzoek (het)	таҳқиқ	[tahqiq]
onderzoeken (ww)	таҳқиқ кардан	[tahqiq kardan]
toetsing (de)	назорат	[nazorat]
laboratorium (het)	лаборатория	[laboratorija]

methode (de)	метод	[metod]
molecule (de/het)	молекула	[molekula]
monitoring (de)	мониторинг	[monitoring]
ontdekking (de)	кашф, ихтироъ	[kaʃf], [iχtiro']

postulaat (het)	постулат	[postulat]
principe (het)	принсип	[prinsip]
voorspelling (de)	пешгӯй	[peʃgœi:]
een prognose maken	пешгӯй кардан	[peʃgœi: kardan]

synthese (de)	синтез	[sintez]
tendentie (de)	майл	[majl]
theorema (het)	теорема	[teorema]

| leerstellingen (mv.) | таълимот | [ta'limot] |
| feit (het) | факт | [fakt] |

| expeditie (de) | экспедитсия | [ɛkspeditsija] |
| experiment (het) | таҷриба, санҷиш | [tadʒriba], [sandʒiʃ] |

academicus (de)	академик	[akademik]
bachelor (bijv. BA, LLD)	бакалавр	[bakalavr]
doctor (de)	духтур, табиб	[duχtur], [tabib]
universitair docent (de)	дотсент	[dotsent]
master, magister (de)	магистр	[magistr]
professor (de)	профессор	[professor]

Beroepen en ambachten

123. Zoeken naar werk. Ontslag

baan (de)	кор	[kor]
werknemers (mv.)	кадрхо	[kadrho]
personeel (het)	ҳайат	[hajat]
carrière (de)	пешравӣ дар мансаб	[peʃravi: dar mansab]
vooruitzichten (mv.)	дурнамо	[durnamo]
meesterschap (het)	ҳунар	[hunar]
keuze (de)	интихоб	[intiχob]
uitzendbureau (het)	шӯъбаи кадрхо	[ʃœ'bai kadrho]
CV, curriculum vitae (het)	резюме, сивӣ	[rezjume], [sivi:]
sollicitatiegesprek (het)	сӯхбат	[sœhbat]
vacature (de)	вазифаи холӣ	[vazifai χoli:]
salaris (het)	музди меҳнат	[muzdi mehnat]
vaste salaris (het)	моҳона	[mohona]
loon (het)	ҳакдихӣ	[haqdihi:]
betrekking (de)	вазифа	[vazifa]
taak, plicht (de)	вазифа	[vazifa]
takenpakket (het)	худуди вазифа	[hududi vazifa]
bezig (~ zijn)	серкор	[serkor]
ontslagen (ww)	озод кардан	[ozod kardan]
ontslag (het)	аз кор холӣ шудан	[az kor χoli: ʃudan]
werkloosheid (de)	бекорӣ	[bekori:]
werkloze (de)	бекор	[bekor]
pensioen (het)	нафақа	[nafaqa]
met pensioen gaan	ба нафақа баромадан	[ba nafaqa baromadan]

124. Zakenmensen

directeur (de)	директор, мудир	[direktor], [mudir]
beheerder (de)	идоракунанда	[idorakunanda]
hoofd (het)	роҳбар, сардор	[rohbar], [sardor]
baas (de)	сардор	[sardor]
superieuren (mv.)	сардорон	[sardoron]
president (de)	президент	[prezident]
voorzitter (de)	раис	[rais]
adjunct (de)	ҷонишин	[dʒoniʃin]
assistent (de)	ёвар	[jovar]

secretaris (de)	котиб	[kotib]
persoonlijke assistent (de)	котиби шахсӣ	[kotibi ʃaχsi:]
zakenman (de)	корчаллон	[kortʃallon]
ondernemer (de)	соҳибкор	[sohibkor]
oprichter (de)	таъсис	[ta'sis]
oprichten	таъсис кардан	[ta'sis kardan]
(een nieuw bedrijf ~)		
stichter (de)	муассис	[muassis]
partner (de)	шарик	[ʃarik]
aandeelhouder (de)	саҳмиядор	[sahmijador]
miljonair (de)	миллионер	[millioner]
miljardair (de)	миллиардер	[milliarder]
eigenaar (de)	соҳиб	[sohib]
landeigenaar (de)	заминдор	[zamindor]
klant (de)	мизоч, муштарй	[mizodʒ], [muʃtari:]
vaste klant (de)	мизочи доимй	[mizodʒi doimi:]
koper (de)	харидор, муштарй	[χaridor], [muʃtari:]
bezoeker (de)	тамошобин	[tamoʃobin]
professioneel (de)	усто, устод	[usto], [ustod]
expert (de)	мумайиз	[mumajiz]
specialist (de)	мутахассис	[mutaχassis]
bankier (de)	соҳиби банк	[sohibi bank]
makelaar (de)	брокер	[broker]
kassier (de)	кассир	[kassir]
boekhouder (de)	бухгалтер	[buχʁalter]
bewaker (de)	посбон	[posbon]
investeerder (de)	маблаггузоранда	[mablaʁguzoranda]
schuldenaar (de)	қарздор	[qarzdor]
crediteur (de)	қарздиҳанда	[qarzdihanda]
lener (de)	вомгир	[vomgir]
importeur (de)	воридгари мол	[voridgari mol]
exporteur (de)	содиргар	[sodirgar]
producent (de)	истеҳолкунанда	[isteholkunanda]
distributeur (de)	дистрибютор	[distribjutor]
bemiddelaar (de)	даллол	[dallol]
adviseur, consulent (de)	мушовир	[muʃovir]
vertegenwoordiger (de)	намоянда	[namojanda]
agent (de)	агент	[agent]
verzekeringsagent (de)	идораи суғурта	[idorai suʁurta]

125. Dienstverlenende beroepen

kok (de)	ошпаз	[oʃpaz]
chef-kok (de)	сарошпаз	[saroʃpaz]

bakker (de)	нонвой	[nonvoj]
barman (de)	бармен	[barmen]
kelner, ober (de)	пешхизмат	[peʃχizmat]
serveerster (de)	пешхизмат	[peʃχizmat]

advocaat (de)	адвокат, ҳимоягар	[advokat], [himojagar]
jurist (de)	ҳуқуқшинос	[huquqʃinos]
notaris (de)	нотариус	[notarius]

elektricien (de)	барқчй	[barqtʃi:]
loodgieter (de)	сантехник	[santeχnik]
timmerman (de)	дуредгар	[duredgar]

masseur (de)	масҳгар	[mashgar]
masseuse (de)	маҳсгарзан	[mahsgarzan]
dokter, arts (de)	духтур	[duχtur]

taxichauffeur (de)	таксичй	[taksitʃi:]
chauffeur (de)	рононда	[rononda]
koerier (de)	хаткашон	[χatkaʃon]

kamermeisje (het)	пешхизмат	[peʃχizmat]
bewaker (de)	посбон	[posbon]
stewardess (de)	стюардесса	[stjuardessa]

meester (de)	муаллим	[muallim]
bibliothecaris (de)	китобдор	[kitobdor]
vertaler (de)	тарчумон	[tardʒumon]
tolk (de)	тарчумон	[tardʒumon]
gids (de)	роҳбалад	[rohbalad]

kapper (de)	сартарош	[sartaroʃ]
postbode (de)	хаткашон	[χatkaʃon]
verkoper (de)	фурӯш	[furœʃ]

tuinman (de)	боғбон	[boʁbon]
huisbediende (de)	хизматгор	[χizmatgor]
dienstmeisje (het)	хизматгорзан	[χizmatgorzan]
schoonmaakster (de)	фаррошзан	[farroʃzan]

126. Militaire beroepen en rangen

soldaat (rang)	аскари қаторй	[askari qatori:]
sergeant (de)	сержант	[serʒant]
luitenant (de)	лейтенант	[lejtenant]
kapitein (de)	капитан	[kapitan]

majoor (de)	майор	[majɔr]
kolonel (de)	полковник	[polkovnik]
generaal (de)	генерал	[general]
maarschalk (de)	маршал	[marʃal]
admiraal (de)	адмирал	[admiral]
militair (de)	ҳарбй, чангй	[harbi:], [tʃangi:]
soldaat (do)	аскар	[askar]

| officier (de) | афсар | [afsar] |
| commandant (de) | командир | [komandir] |

grenswachter (de)	сарҳадбон	[sarhadbon]
marconist (de)	радиочӣ	[radioʧi:]
verkenner (de)	разведкачӣ	[razvedkaʧi:]
sappeur (de)	сапёр	[sapjɔr]
schutter (de)	тирандоз	[tirandoz]
stuurman (de)	штурман	[ʃturman]

127. Ambtenaren. Priesters

| koning (de) | шоҳ | [ʃoh] |
| koningin (de) | малика | [malika] |

| prins (de) | шоҳзода | [ʃohzoda] |
| prinses (de) | шоҳдухтар | [ʃohduxtar] |

| tsaar (de) | шоҳ | [ʃoh] |
| tsarina (de) | шоҳзан | [ʃohzan] |

president (de)	президент	[prezident]
minister (de)	вазир	[vazir]
eerste minister (de)	сарвазир	[sarvazir]
senator (de)	сенатор	[senator]

diplomaat (de)	дипломат	[diplomat]
consul (de)	консул	[konsul]
ambassadeur (de)	сафир	[safir]
adviseur (de)	мушовир	[muʃovir]

ambtenaar (de)	амалдор	[amaldor]
prefect (de)	префект	[prefekt]
burgemeester (de)	мир	[mir]

| rechter (de) | довар | [dovar] |
| aanklager (de) | прокурор, додситон | [prokuror], [dodsiton] |

missionaris (de)	миссионер, мубаллиғ	[missioner], [muballiʁ]
monnik (de)	роҳиб	[rohib]
abt (de)	аббат	[abbat]
rabbi, rabbijn (de)	раббӣ	[rabbi:]

vizier (de)	вазир	[vazir]
sjah (de)	шоҳ	[ʃoh]
sjeik (de)	шайх	[ʃajx]

128. Agrarische beroepen

imker (de)	занбӯрпарвар	[zanbœrparvar]
herder (de)	подабон	[podabon]
landbouwkundige (de)	агроном	[agronom]

veehouder (de)	чорводор	[ʧorvodor]
dierenarts (de)	духтури ҳайвонот	[duχturi hajvonot]

landbouwer (de)	фермер	[fermer]
wijnmaker (de)	шаробсоз	[ʃarobsoz]
zoöloog (de)	зоолог	[zoolog]
cowboy (de)	ковбой	[kovboj]

129. Kunst beroepen

acteur (de)	ҳунарманд	[hunarmand]
actrice (de)	ҳунарманд	[hunarmand]

zanger (de)	сурудхон, ҳофиз	[surudχon], [hofiz]
zangeres (de)	сароянда	[sarojanda]

danser (de)	раққос	[raqqos]
danseres (de)	раққоса	[raqqosa]

artiest (mann.)	ҳунарманд	[hunarmand]
artiest (vrouw.)	ҳунарманд	[hunarmand]

muzikant (de)	мусиқачй	[musiqatʃi:]
pianist (de)	пианинонавоз	[pianinonavoz]
gitarist (de)	гиторчй	[gitortʃi:]

orkestdirigent (de)	дирижёр	[diriʒjor]
componist (de)	композитор, бастакор	[kompozitor], [bastakor]
impresario (de)	импрессарио	[impressario]

filmregisseur (de)	коргардон	[korgardon]
filmproducent (de)	продюсер	[prodjuser]
scenarioschrijver (de)	муаллифи сенарий	[muallifi senarij]
criticus (de)	мунаққид	[munaqqid]

schrijver (de)	нависанда	[navisanda]
dichter (de)	шоир	[ʃoir]
beeldhouwer (de)	ҳайкалтарош	[hajkaltaroʃ]
kunstenaar (de)	рассом	[rassom|

jongleur (de)	жонглёр	[ʒongljor]
clown (de)	масхарабоз	[masχaraboz]
acrobaat (de)	дорбоз, акробат	[dorboz], [akrobat]
goochelaar (de)	найрангбоз	[najrangboz]

130. Verschillende beroepen

dokter, arts (de)	духтур	[duχtur]
ziekenzuster (de)	ҳамшираи тиббй	[hamʃirai tibbi:]
psychiater (de)	равонпизишк	[ravonpiziʃk]
tandarts (de)	дандонпизишк	[dandonpiziʃk]
chirurg (de)	чаррох	[dʒarroh]

astronaut (de)	кайҳоннавард	[kajhonnavard]
astronoom (de)	ситорашинос	[sitoraʃinos]
piloot (de)	лётчик	[ljottʃik]

chauffeur (de)	рононда	[rononda]
machinist (de)	мошинист	[moʃinist]
mecanicien (de)	механик	[meχanik]

mijnwerker (de)	конкан	[konkan]
arbeider (de)	коргар	[korgar]
bankwerker (de)	челонгар	[ʧelongar]
houtbewerker (de)	дуредгар, наҷҷор	[duredgar], [nadʒdʒor]
draaier (de)	харрот	[χarrot]
bouwvakker (de)	бинокор	[binokor]
lasser (de)	кафшергар	[kafʃergar]

professor (de)	профессор	[professor]
architect (de)	меъмор	[me'mor]
historicus (de)	таърихдон	[ta'riχdon]
wetenschapper (de)	олим	[olim]
fysicus (de)	физик	[fizik]
scheikundige (de)	химик	[χimik]

archeoloog (de)	археолог	[arχeolog]
geoloog (de)	геолог	[geolog]
onderzoeker (de)	таҳкикотчй	[tahqikottʃi:]

babysitter (de)	бачабардор	[batʃabardor]
leraar, pedagoog (de)	муаллим	[muallim]

redacteur (de)	муҳаррир	[muharrir]
chef-redacteur (de)	сармуҳаррир	[sarmuharrir]
correspondent (de)	мухбир	[muχbir]
typiste (de)	мошинистка	[moʃinistka]

designer (de)	дизайнгар, зебосоз	[dizajngar], [zebosoz]
computerexpert (de)	устои компютер	[ustoi kompjuter]
programmeur (de)	барномасоз	[barnomasoz]
ingenieur (de)	инженер	[inʒener]

matroos (de)	баҳрчй	[bahrtʃi:]
zeeman (de)	баҳрчй, маллоҳ	[bahrtʃi:], [malloh]
redder (de)	начотдиҳанда	[nadʒotdihanda]

brandweerman (de)	сӯхторхомӯшкун	[sœχtorχomœʃkun]
politieagent (de)	полис	[polis]
nachtwaker (de)	посбон	[posbon]
detective (de)	ҷустуҷӯкунанда	[dʒustudʒœkunanda]

douanier (de)	гумрукчй	[gumruktʃi:]
lijfwacht (de)	муҳофиз	[muhofiz]
gevangenisbewaker (de)	назоратчии ҳабсхона	[nazorattʃi:i habsχona]
inspecteur (de)	назоратчй	[nazorattʃi:]

sportman (de)	варзишгар	[varziʃgar]
trainer (de)	тренер	[trener]

slager, beenhouwer (de)	қассоб, гӯштфурӯш	[qassob], [gœʃfurœʃ]
schoenlapper (de)	мӯзадӯз	[mœzadœz]
handelaar (de)	савдогар, точир	[savdogar], [toʤir]
lader (de)	борбардор	[borbardor]

| kledingstilist (de) | тархсоз | [tarhsoz] |
| model (het) | модел | [model] |

131. Beroepen. Sociale status

| scholier (de) | мактабхон | [maktabχon] |
| student (de) | донишчӯ | [doniʃʤœ] |

filosoof (de)	файласуф	[fajlasuf]
econoom (de)	иқтисодчй	[iqtisodʧi:]
uitvinder (de)	ихтироъкор	[iχtiro'kor]

werkloze (de)	бекор	[bekor]
gepensioneerde (de)	нафақахӯр	[nafaqaχœr]
spion (de)	чосус	[ʤosus]

gedetineerde (de)	махбус	[mahbus]
staker (de)	корпарто	[korparto]
bureaucraat (de)	бюрократ	[bjurokrat]
reiziger (de)	сайёх	[sajjoχ]

homoseksueel (de)	гомосексуалист	[gomoseksualist]
hacker (computerkraker)	хакер	[χaker]
hippie (de)	хиппи	[χippi]

bandiet (de)	рохзан	[rohzan]
huurmoordenaar (de)	қотили зархарид	[qotili zarχarid]
drugsverslaafde (de)	нашъаманд	[naʃ'amand]
drugshandelaar (de)	нашъачаллоб	[naʃ'adʒallob]
prostituee (de)	фохиша	[fohiʃa]
pooier (de)	занчаллоб	[zandʒallob]

tovenaar (de)	чодугар	[ʤodugar]
tovenares (de)	занаки чодугар	[zanaki dʒodugar]
piraat (de)	рохзани бахрй	[rohzani bahri:]
slaaf (de)	ғулом	[ʁulom]
samoerai (de)	самурай	[samuraj]
wilde (de)	одами вахшй	[odami vahʃi:]

Sport

132. Soorten sporten. Sporters

sportman (de)	варзишгар	[varziʃgar]
soort sport (de/het)	намуди варзиш	[namudi varziʃ]
basketbal (het)	баскетбол	[basketbol]
basketbalspeler (de)	баскетболбоз	[basketbolboz]
baseball (het)	бейсбол	[bejsbol]
baseballspeler (de)	бейсболчй	[bejsboltʃi:]
voetbal (het)	футбол	[futbol]
voetballer (de)	футболбоз	[futbolboz]
doelman (de)	дарвозабон	[darvozabon]
hockey (het)	хоккей	[χokkej]
hockeyspeler (de)	хоккейбоз	[χokkejboz]
volleybal (het)	волейбол	[volejbol]
volleybalspeler (de)	волейболбоз	[volejbolboz]
boksen (het)	бокс	[boks]
bokser (de)	боксёр	[boksjɔr]
worstelen (het)	гӯштин	[gœʃtin]
worstelaar (de)	гӯштингир	[gœʃtingir]
karate (de)	карате	[karate]
karateka (de)	каратечй	[karatetʃi:]
judo (de)	дзюдо	[dzjudo]
judoka (de)	дзюдочй	[dzjudotʃi:]
tennis (het)	теннис	[tennis]
tennisspeler (de)	теннисбоз	[tennisboz]
zwemmen (het)	шиноварй	[ʃinovari:]
zwemmer (de)	шиновар	[ʃinovar]
schermen (het)	шамшербозй	[ʃamʃerbozi:]
schermer (de)	шамшербоз	[ʃamʃerboz]
schaak (het)	шоҳмот	[ʃohmot]
schaker (de)	шоҳмотбоз	[ʃohmotboz]
alpinisme (het)	кӯҳнавардй	[kœhnavardi:]
alpinist (de)	кӯҳнавард	[kœhnavard]
hardlopen (het)	давидани	[davidani]

renner (de)	даванда	[davanda]
atletiek (de)	атлетикаи сабук	[atletikai sabuk]
atleet (de)	варзишгар	[varziʃgar]

paardensport (de)	варзиши аспӣ	[varziʃi aspi:]
ruiter (de)	човандоз	[ʧovandoz]

kunstschaatsen (het)	рақси рӯи ях	[raqsi rœi jaχ]
kunstschaatser (de)	рақкоси рӯи ях	[raqqosi rœi jaχ]
kunstschaatsster (de)	рақкосаи рӯи ях	[raqqosai rœi jaχ]

gewichtheffen (het)	варзиши вазнин	[varziʃi vaznin]
gewichtheffer (de)	вазнабардор	[vaznabardor]

autoraces (mv.)	пойгаи мошинхо	[pojgai moʃinho]
coureur (de)	пойгачи	[pojgatʃi]

wielersport (de)	спорти велосипедронӣ	[sporti velosipedroni:]
wielrenner (de)	велосипедрон	[velosipedron]

verspringen (het)	чаҳиш ба дарозӣ	[dʒahiʃ ba darozi:]
polsstokspringen (het)	чаҳиш бо хода	[dʒahiʃ bo χoda]
verspringer (de)	чаҳанда	[dʒahanda]

133. Soorten sporten. Diversen

Amerikaans voetbal (het)	футболи америкой	[futboli amerikoi:]
badminton (het)	бадминтон	[badminton]
biatlon (de)	биатлон	[biatlon]
biljart (het)	билярдбозӣ	[biljardbozi:]

bobsleeën (het)	бобслей	[bobslej]
bodybuilding (de)	бодибилдинг	[bodibilding]
waterpolo (het)	тӯббозӣ дар об	[tœbbozj dar ob]
handbal (de)	гандбол	[gandbol]
golf (het)	голф	[golf]

roeisport (de)	қаиқронӣ	[qaiqroni:]
duiken (het)	дайвинг	[dajviŋg]
langlaufen (het)	пойгаи лижаронхо	[pojgai liʒaronho]
tafeltennis (het)	тенниси рӯимизӣ	[tennisi rœimizi:]

zeilen (het)	варзиши парусӣ	[varziʃi parusi:]
rally (de)	ралли	[ralli]
rugby (het)	регби	[regbi]
snowboarden (het)	сноуборд	[snoubord]
boogschieten (het)	камонварӣ	[kamonvari:]

134. Fitnessruimte

lange halter (de)	вазна	[vazna]
halters (mv.)	гантел	[gantel]

training machine (de)	дастгоҳи варзишӣ	[dastgohi varziʃi:]
hometrainer (de)	велотренажёр	[velotrenaʒɔr]
loopband (de)	роҳи пойга	[rohi pojga]

rekstok (de)	турник	[turnik]
brug (de) gelijke leggers	брус	[brus]
paardsprong (de)	асп	[asp]
mat (de)	гилеми варзишӣ	[gilemi varziʃi:]

springtouw (het)	ҷастак	[dʒastak]
aerobics (de)	аэробика	[aɛrobika]
yoga (de)	йога	[jɔga]

135. Hockey

hockey (het)	хоккей	[χokkej]
hockeyspeler (de)	хоккейбоз	[χokkejboz]
hockey spelen	хоккейбозӣ кардан	[χokkejbozi: kardan]
IJs (het)	ях	[jaχ]

puck (de)	шайба	[ʃajba]
hockeystick (de)	чавгон	[tʃavgon]
schaatsen (mv.)	конки	[konki]

| boarding (de) | девора | [devora] |
| schot (het) | партофт | [partoft] |

doelman (de)	дарвозабон	[darvozabon]
goal (de)	гол, хол	[gol], [χol]
een goal scoren	гол задан	[gol zadan]

periode (de)	қисм	[qism]
tweede periode (de)	қисми дуюм	[qismi dujum]
reservebank (de)	нишастгоҳи бозингарони эҳтиётӣ	[niʃastgohi bozingaroni ɛhtijoti:]

136. Voetbal

voetbal (het)	футбол	[futbol]
voetballer (de)	футболбоз	[futbolboz]
voetbal spelen	футболбозӣ кардан	[futbolbozi: kardan]

eredivisie (de)	лигаи олӣ	[ligai oli:]
voetbalclub (de)	клуби футбол	[klubi futbol]
trainer (de)	тренер	[trener]
eigenaar (de)	соҳиб	[sohib]

team (het)	команда	[komanda]
aanvoerder (de)	капитани даста	[kapitani dasta]
speler (de)	бозингар	[bozingar]
reservespeler (de)	бозигари эҳтиётӣ	[bozigari ɛhtijoti:]
aanvaller (de)	ҳуҷумкунанда	[hudʒumkunanda]

centrale aanvaller (de)	хучумкунандаи марказӣ	[huʤumkunandai markazi:]
doelpuntmaker (de)	нишонзан	[niʃonzan]
verdediger (de)	ҳимоятгар	[himojatgar]
middenvelder (de)	ниммуҳофиз	[nimmuhofiz]
match, wedstrijd (de)	вохӯрӣ	[voχœri:]
elkaar ontmoeten (ww)	мулоқот кардан	[muloqot kardan]
finale (de)	финал	[final]
halve finale (de)	нимфинал	[nimfinal]
kampioenschap (het)	чемпионат	[ʧempionat]
helft (de)	тайм	[tajm]
eerste helft (de)	қисми якум	[qismi jakum]
pauze (de)	танаффус	[tanaffus]
doel (het)	дарвоза	[darvoza]
doelman (de)	дарвозабон	[darvozabon]
doelpaal (de)	паҳлучӯб	[pahluʧœb]
lat (de)	болочӯби дарвоза	[boloʧœbi darvoza]
doelnet (het)	тӯр	[tœr]
een goal incasseren	гол сар додан	[gol sar dodan]
bal (de)	тӯб	[tœb]
pass (de)	тӯбро додан	[tœbro dodan]
schot (het), schop (de)	зарб, зарба	[zarb], [zarba]
schieten (de bal ~)	зарба задан	[zarba zadan]
vrije schop (directe ~)	тӯби чаримавӣ	[tœbi ʤarimavi:]
hoekschop, corner (de)	тӯби кунчӣ	[tœbi kunʤi:]
aanval (de)	ҳучум, ҳамла	[huʤum], [hamla]
tegenaanval (de)	ҳамлаи чавобӣ	[hamlai ʤavobi:]
combinatie (de)	комбинатсия	[kombinatsija]
scheidsrechter (de)	довар	[dovar]
fluiten (ww)	ҳуштак кашидан	[huʃtak kaʃidan]
fluitsignaal (het)	ҳуштак	[huʃtak]
overtreding (de)	вайронкунии қоидаи бозӣ	[vajronkuni:i qoidai bozi:]
een overtreding maken	вайрон кардани қоидаи бозӣ	[vajron kardani qoidai bozi:]
uit het veld te sturen	берун кардан аз майдон	[berun kardan az majdon]
gele kaart (de)	корти зард	[korti zɑrd]
rode kaart (de)	корти сурх	[korti surχ]
diskwalificatie (de)	маҳрум	[mahrum]
diskwalificeren (ww)	маҳрум кардан	[mahrum kardan]
strafschop, penalty (de)	чаримаи ёздаҳметра	[ʤarimai jozdahmetra]
muur (de)	девор	[devor]
scoren (ww)	гол задан	[gol zadan]
goal (de), doelpunt (het)	гол, хол	[gol], [χol]
een goal scoren	гол задан	[gol zadan]
vervanging (de)	иваз	[ivaz]
vervangen (ov.ww.)	иваз кардан	[ivaz kardan]
regels (mv.)	қоидаҳо	[qoidaho]
tactiek (de)	тактика	[taktika]

stadion (het)	варзишгоҳ	[varziʃgoh]
tribune (de)	нишастгоҳ	[niʃastgoh]
fan, supporter (de)	мухлис	[muχlis]
schreeuwen (ww)	дод задан	[dod zadan]

scorebord (het)	намолавҳа	[namolavha]
stand (~ is 3-1)	ҳисоб	[hisob]

nederlaag (de)	бохт	[boχt]
verliezen (ww)	бохтан	[boχtan]
gelijkspel (het)	дуранг	[durang]
in gelijk spel eindigen	бозиро дуранг кардан	[boziro durang kardan]

overwinning (de)	ғалаба	[ʁalaba]
overwinnen (ww)	ғалаба кардан	[ʁalaba kardan]
kampioen (de)	чемпион	[tʃempion]
best (bn)	беҳтарин	[behtarin]
feliciteren (ww)	муборакбод гуфтан	[muborakbod guftan]

commentator (de)	шореҳ	[ʃoreh]
becommentariëren (ww)	шарҳ додан	[ʃarh dodan]
uitzending (de)	намоиш	[namoiʃ]

137. Alpine skiën

ski's (mv.)	лижа	[liʒa]
skiën (ww)	лижаронӣ	[liʒaroni:]
skigebied (het)	истироҳатгоҳи лижаронӣ	[istirohatgohi liʒaroni:]
skilift (de)	болобардор	[bolobardor]

skistokken (mv.)	ходаҳо	[χodaho]
helling (de)	нишебӣ	[niʃebi:]
slalom (de)	слалом	[slalom]

138. Tennis. Golf

golf (het)	голф	[golf]
golfclub (de)	клуби голф	[klubi golf]
golfer (de)	бозингари голф	[bozingari golf]

hole (de)	чуқурча, марра	[tʃuqurtʃa], [marra]
golfclub (de)	чавгон	[tʃavgon]
trolley (de)	ароба чавгонкашӣ	[aroba tʃavgonkaʃi:]

tennis (het)	теннис	[tennis]
tennisveld (het)	корт	[kort]

opslag (de)	задан	[zadan]
serveren, opslaan (ww)	задан	[zadan]
racket (het)	ракетка	[raketka]
net (het)	тӯр	[tœr]
bal (de)	тӯб	[tœb]

139. Schaken

schaak (het)	шоҳмотбозй	[ʃohmotbozi:]
schaakstukken (mv.)	мӯхраҳо	[mœhraho]
schaker (de)	шоҳмотбоз	[ʃohmotboz]
schaakbord (het)	тахтаи шоҳмот	[taχtai ʃohmot]
schaakstuk (het)	мӯхра	[mœhra]
witte stukken (mv.)	мӯхраҳои сафед	[mœhrahoi safed]
zwarte stukken (mv.)	сиёҳҳо	[sijɔhho]
pion (de)	пиёда	[pijɔda]
loper (de)	фил	[fil]
paard (het)	асп	[asp]
toren (de)	рух	[ruχ]
koningin (de)	фарзин	[farzin]
koning (de)	шоҳ	[ʃoh]
zet (de)	гашт	[gaʃt]
zetten (ww)	гаштан	[gaʃtan]
opofferen (ww)	нисор кардан	[nisor kardan]
rokade (de)	қалъабандй	[qal'abandi:]
schaak (het)	кишт	[kiʃt]
schaakmat (het)	мот	[mot]
schaakwedstrijd (de)	мусобиқаи шоҳмотбозй	[musobiqai ʃohmotbozi:]
grootmeester (de)	гроссмейстер	[grossmejster]
combinatie (de)	комбинатсия	[kombinatsija]
partij (de)	як бор бозй	[jak bor bozi:]
dammen (de)	дамкабозй	[damkabozi:]

140. Boksen

boksen (het)	бокс	[boks]
boksgevecht (het)	ҷанг	[dʒang]
bokswedstrijd (de)	ҷанги тан ба тан	[dʒangi tan ba tan]
ronde (de)	давр	[davr]
ring (de)	ринг	[riŋg]
gong (de)	гонг	[gong]
stoot (de)	зарб, зарба	[zarb], [zarba]
knock-down (de)	нокдаун	[nokdaun]
knock-out (de)	нокаут	[nokaut]
knock-out slaan (ww)	нокаут кардан	[nokaut kardan]
bokshandschoen (de)	дастпӯшаки боксёр	[dastpœʃaki boksjɔr]
referee (de)	ҳакам	[hakam]
lichtgewicht (het)	вазни сабук	[vazni sabuk]
middengewicht (het)	вазни миёна	[vazni mijɔna]
zwaargewicht (het)	вазни калон	[vazni kalɔn]

141. Sporten. Diversen

Olympische Spelen (mv.)	Бозиҳои олимпй	[bozihoi olimpi:]
winnaar (de)	ғолиб	[ʁolib]
overwinnen (ww)	ғалаба кардан	[ʁalaba kardan]
winnen (ww)	бурдан	[burdan]
leider (de)	пешсаф	[peʃsaf]
leiden (ww)	пешсаф будан	[peʃsaf budan]
eerste plaats (de)	ҷойи аввал	[dʒoji avval]
tweede plaats (de)	ҷойи дуюм	[dʒoji dujum]
derde plaats (de)	ҷойи сеюм	[dʒoji sejum]
medaille (de)	медал	[medal]
trofee (de)	ғанимат	[ʁanimat]
beker (de)	кубок	[kubok]
prijs (de)	мукофот	[mukofot]
hoofdprijs (de)	мукофоти асосӣ	[mukofoti asosi:]
record (het)	рекорд	[rekord]
een record breken	рекорд нишон додан	[rekord niʃon dodan]
finale (de)	финал	[final]
finale (bn)	финалӣ	[finali:]
kampioen (de)	чемпион	[tʃempion]
kampioenschap (het)	чемпионат	[tʃempionat]
stadion (het)	варзишгоҳ	[varziʃgoh]
tribune (de)	нишастгоҳ	[niʃastgoh]
fan, supporter (de)	мухлис	[muχlis]
tegenstander (de)	рақиб	[raqib]
start (de)	пилла	[pilla]
finish (de)	марра	[marra]
nederlaag (de)	бохт	[boχt]
verliezen (ww)	бохтан	[boχtan]
rechter (de)	довар	[dovar]
jury (de)	ҳакамон	[hakamon]
stand (~ is 3-1)	ҳисоб	[hisob]
gelijkspel (het)	дуранг	[durang]
in gelijk spel eindigen	бозиро дуранг кардан	[boziro durang kardan]
punt (het)	хол	[χol]
uitslag (de)	натиҷа	[natidʒa]
periode (de)	қисм	[qism]
pauze (de)	танаффус	[tanaffus]
doping (de)	допинг	[doping]
straffen (ww)	ҷарима андохтан	[dʒarima andoχtan]
diskwalificeren (ww)	маҳрум кардан	[mahrum kardan]
toestel (het)	асбобу олати варзиш	[asbobu olati varziʃ]

speer (de)	найза	[najza]
kogel (de)	гулӯла	[gulœla]
bal (de)	сакқо	[sakqo]

doel (het)	ҳадаф	[hadaf]
schietkaart (de)	ҳадаф, нишон	[hadaf], [niʃon]
schieten (ww)	тир задан	[tir zadan]
precies (bijv. precieze schot)	аниқ	[aniq]

trainer, coach (de)	тренер	[trener]
trainen (ww)	машқ додан	[maʃq dodan]
zich trainen (ww)	машқ кардан	[maʃq kardan]
training (de)	машқ	[maʃq]

gymnastiekzaal (de)	толори варзишй	[tolori varziʃi:]
oefening (de)	машқ	[maʃq]
opwarming (de)	гарм кардани бадан	[garm kardani badan]

Onderwijs

142. School

school (de)	мактаб	[maktab]
schooldirecteur (de)	директори мактаб	[direktori maktab]
leerling (de)	талаба	[talaba]
leerlinge (de)	толиба	[toliba]
scholier (de)	мактабхон	[maktabχon]
scholiere (de)	духтари мактабхон	[duχtari maktabχon]
leren (lesgeven)	меомӯзонад	[meomœzonad]
studeren (bijv. een taal ~)	омӯхтан	[omœχtan]
van buiten leren	аз ёд кардан	[az jɔd kardan]
leren (bijv. ~ tellen)	омӯхтан	[omœχtan]
in school zijn	дар мактаб хондан	[dar maktab χondan]
(schooljongen zijn)		
naar school gaan	ба мактаб рафтан	[ba maktab raftan]
alfabet (het)	алифбо	[alifbo]
vak (schoolvak)	фан	[fan]
klaslokaal (het)	синф, дарсхона	[sinʃ], [darsχona]
les (de)	дарс	[dars]
pauze (de)	танаффус	[tanaffus]
bel (de)	занг	[zang]
schooltafel (de)	парта	[parta]
schoolbord (het)	тахтаи синф	[taχtai sinʃ]
cijfer (het)	баҳо	[baho]
goed cijfer (het)	баҳои хуб	[bahoi χub]
slecht cijfer (het)	баҳои бад	[bahoi bad]
een cijfer geven	баҳо гузоштан	[baho guzoʃtan]
fout (de)	хато	[χato]
fouten maken	хато кардан	[χato kardan]
corrigeren (fouten ~)	ислоҳ кардан	[isloh kardan]
spiekbriefje (het)	шпаргалка	[ʃpargalka]
huiswerk (het)	вазифаи хонагӣ	[vazifai χonagi:]
oefening (de)	машқ	[maʃq]
aanwezig zijn (ww)	иштирок доштан	[iʃtirok doʃtan]
absent zijn (ww)	набудан	[nabudan]
school verzuimen	ба дарс нарафтан	[ba dars naraftan]
bestraffen (een stout kind ~)	ҷазо додан	[dʒazo dodan]
bestraffing (de)	ҷазо	[dʒazo]

gedrag (het)	рафтор	[raftor]
cijferlijst (de)	рӯзнома	[rœznoma]
potlood (het)	қалам	[qalam]
gom (de)	ластик	[lastik]
krijt (het)	бӯр	[bœr]
pennendoos (de)	қаламдон	[qalamdon]
boekentas (de)	чузвкаш	[dʒuzvkaʃ]
pen (de)	ручка	[rutʃka]
schrift (de)	дафтар	[daftar]
leerboek (het)	китоби дарсӣ	[kitobi darsi:]
passer (de)	паргор	[pargor]
technisch tekenen (ww)	нақша кашидан	[naqʃa kaʃidan]
technische tekening (de)	нақша, тарх	[naqʃa], [tarh]
gedicht (het)	шеър	[ʃe'r]
van buiten (bw)	аз ёд	[az jɔd]
van buiten leren	аз ёд кардан	[az jɔd kardan]
vakantie (de)	таътил	[ta'til]
met vakantie zijn	дар таътил будан	[dar ta'til budan]
vakantie doorbrengen	таътилро гузаронидан	[ta'tilro guzaronidan]
toets (schriftelijke ~)	кори санҷиш	[kori sandʒiʃi:]
opstel (het)	иншо	[inʃo]
dictee (het)	диктант, имло	[diktant], [imlo]
examen (het)	имтихон	[imtihon]
examen afleggen	имтихон супоридан	[imtihon suporidan]
experiment (het)	таҷриба, санҷиш	[tadʒriba], [sandʒiʃ]

143. Hogeschool. Universiteit

academie (de)	академия	[akademija]
universiteit (de)	университет	[universitet]
faculteit (de)	факулта	[fakulta]
student (de)	донишҷӯ	[doniʃdʒœ]
studente (de)	донишҷӯ	[doniʃdʒœ]
leraar (de)	устод	[ustod]
collegezaal (de)	синф	[sinf]
afgestudeerde (de)	хатмкунанда	[xatmkunanda]
diploma (het)	диплом	[diplom]
dissertatie (de)	рисола	[risola]
onderzoek (het)	тадқиқот	[tadqiqot]
laboratorium (het)	лаборатория	[laboratorija]
college (het)	лексия	[lekcija]
medestudent (de)	хамкурс	[hamkurs]
studiebeurs (de)	стипендия	[stipendija]
academische graad (de)	унвони илмӣ	[unvoni ilmi·]

144. Wetenschappen. Disciplines

wiskunde (de)	математика	[matematika]
algebra (de)	алгебра, алҷабр	[algebra], [aldʒabr]
meetkunde (de)	геометрия	[geometrija]
astronomie (de)	ситорашиносӣ	[sitoraʃinosi:]
biologie (de)	биология, илми ҳаёт	[biologija], [ilmi hajɔt]
geografie (de)	география	[geografija]
geologie (de)	геология	[geologija]
geschiedenis (de)	таърих	[ta'riχ]
geneeskunde (de)	тиб	[tib]
pedagogiek (de)	омӯзгорӣ	[omœzgori:]
rechten (mv.)	ҳуқуқ	[huquq]
fysica, natuurkunde (de)	физика	[fizika]
scheikunde (de)	химия	[χimija]
filosofie (de)	фалсафа	[falsafa]
psychologie (de)	равоншиносӣ	[ravonʃinosi:]

145. Schrift. Spelling

grammatica (de)	грамматика	[grammatika]
vocabulaire (het)	лексика	[leksika]
fonetiek (de)	савтиёт	[savtijɔt]
zelfstandig naamwoord (het)	исм	[ism]
bijvoeglijk naamwoord (het)	сифат	[sifat]
werkwoord (het)	феъл	[fe'l]
bijwoord (het)	зарф	[zarf]
voornaamwoord (het)	ҷонишин	[dʒoniʃin]
tussenwerpsel (het)	нидо	[nido]
voorzetsel (het)	пешоянд	[peʃojand]
stam (de)	решаи калима	[reʃai kalima]
achtervoegsel (het)	бандак	[bandak]
voorvoegsel (het)	префикс	[prefiks]
lettergreep (de)	ҳиҷо	[hidʒo]
achtervoegsel (het)	суффикс	[suffiks]
nadruk (de)	зада	[zada]
afkappingsteken (het)	апостроф	[apostrof]
punt (de)	нуқта	[nuqta]
komma (de/het)	вергул	[vergul]
puntkomma (de)	нуқтаву вергул	[nuqtavu vergul]
dubbelpunt (de)	ду нуқта	[du nuqta]
beletselteken (het)	бисёрнуқта	[bisjɔrnuqta]
vraagteken (het)	аломати савол	[alomati savol]
uitroepteken (het)	аломати хитоб	[alomati χitob]

aanhalingstekens (mv.)	нохунак	[noχunak]
tussen aanhalingstekens (bw)	дар нохунак	[dar noχunak]
haakjes (mv.)	қавсхо	[qavsho]
tussen haakjes (bw)	дар қавс	[dar qavs]

streepje (het)	нимтире	[nimtire]
gedachtestreepje (het)	тире	[tire]
spatie	масофа	[masofa]
(~ tussen twee woorden)		

letter (de)	ҳарф	[harf]
hoofdletter (de)	ҳарфи калон	[harfi kalon]

klinker (de)	садонок	[sadonok]
medeklinker (de)	овози ҳамсадо	[ovozi hamsado]

zin (de)	чумла	[dʒumla]
onderwerp (het)	мубтадо	[mubtado]
gezegde (het)	хабар	[χabar]

regel (in een tekst)	сатр, хат	[satr], [χat]
op een nieuwe regel (bw)	аз хати нав	[az χati nav]
alinea (de)	сарсатр	[sarsatr]

woord (het)	калима	[kalima]
woordgroep (de)	ибора	[ibora]
uitdrukking (de)	ибора	[ibora]
synoniem (het)	муродиф	[murodif]
antoniem (het)	антоним	[antonim]

regel (de)	қоида	[qoida]
uitzondering (de)	истисно	[istisno]
correct (bijv. ~e spelling)	дуруст	[durust]

vervoeging, conjugatie (de)	тасриф	[tasrif]
verbuiging, declinatie (de)	тасриф	[tasrif]
naamval (de)	ҳолат	[holat]
vraag (de)	савол	[savol]
onderstrepen (ww)	хат кашидан	[χat kaʃidan]
stippellijn (de)	қаторнуқта	[qatornuqta]

146. Vreemde talen

taal (de)	забон	[zabon]
vreemd (bn)	хоричӣ	[χoridʒi:]
vreemde taal (de)	забони хоричӣ	[zaboni χoridʒi:]
leren (bijv. van buiten ~)	омӯхтан	[omœχtan]
studeren (Nederlands ~)	омӯхтан	[omœχtan]

lezen (ww)	хондан	[χondan]
spreken (ww)	гап задан	[gap zadan]
begrijpen (ww)	фаҳмидан	[fahmidan]
schrijven (ww)	навиштан	[naviʃtan]
snel (bw)	босуръат	[bosur'at]

| langzaam (bw) | оҳиста | [ohista] |
| vloeiend (bw) | озодона | [ozodona] |

regels (mv.)	қоидаҳо	[qoidaho]
grammatica (de)	грамматика	[grammatika]
vocabulaire (het)	лексика	[leksika]
fonetiek (de)	савтиёт	[savtijɔt]

leerboek (het)	китоби дарсӣ	[kitobi darsi:]
woordenboek (het)	луғат	[luʁat]
leerboek (het) voor zelfstudie	худомӯз	[χudomœz]
taalgids (de)	сӯхбатнома	[sœhbatnoma]

cassette (de)	кассета	[kasseta]
videocassette (de)	видеокассета	[videokasseta]
CD (de)	CD, диски компактӣ	[ɔɛ], [diski kompakti:]
DVD (de)	DVD-диск	[ɛøɛ-disk]

alfabet (het)	алифбо	[alifbo]
spellen (ww)	ҳарфакӣ гап задан	[harfaki: gap zadan]
uitspraak (de)	талаффуз	[talaffuz]

accent (het)	зада, аксент	[zada], [aksent]
met een accent (bw)	бо аксент	[bo aksent]
zonder accent (bw)	бе аксент	[be aksent]

| woord (het) | калима | [kalima] |
| betekenis (de) | маънӣ, маъно | [ma'ni:], [ma'no] |

cursus (de)	курсхо, дарсхо	[kursho], [darsho]
zich inschrijven (ww)	дохил шудан	[doχil ʃudan]
leraar (de)	муаллим	[muallim]

vertaling (een ~ maken)	тарҷума	[tardʒuma]
vertaling (tekst)	тарҷума	[tardʒuma]
vertaler (de)	тарҷумон	[tardʒumon]
tolk (de)	тарҷумон	[tardʒumon]

| polyglot (de) | забондон | [zabondon] |
| geheugen (het) | хофиза | [hofiza] |

147. Sprookjesfiguren

Sinterklaas (de)	Бобои барфӣ	[boboi barfi:]
Assepoester (de)	Золушка	[zoluʃka]
zeemeermin (de)	парии обӣ	[pari:i obi:]
Neptunus (de)	Нептун	[neptun]

magiër, tovenaar (de)	сехркунанда	[sehrkunanda]
goede halte (de)	зани сехркунанда	[zani sehrkunanda]
magisch (bn)	... и сехрнок	[l sehrnok]
toverstokje (het)	чӯбчаи сехрнок	[tʃœbtʃai sehrnok]
sprookje (het)	афсона	[afsona]
wonder (het)	мӯъҷиза	[mœ'dʒiza]

dwerg (de)	гном	[gnom]
veranderen in ...	табдил ёфтан	[tabdil joftan]
(anders worden)		

geest (de)	шабаҳ	[ʃabah]
spook (het)	шабаҳ	[ʃabah]
monster (het)	дев, аждар	[dev], [aʒdar]
draak (de)	аждар, аждаҳо	[aʒdar], [aʒdaho]
reus (de)	азимчусса	[azimdʒussa]

148. Dierenriem

Ram (de)	Ҳамал	[hamal]
Stier (de)	Савр	[savr]
Tweelingen (mv.)	Дугоник	[dugonik]
Kreeft (de)	Саратон	[saraton]
Leeuw (de)	Асад	[asad]
Maagd (de)	Чавзо	[dʒavzo]

Weegschaal (de)	Мизон	[mizon]
Schorpioen (de)	Ақраб	[aqrab]
Boogschutter (de)	қавс	[qavs]
Steenbok (de)	Чадй	[dʒadi:]
Waterman (de)	Далв	[dalv]
Vissen (mv.)	Хут	[hut]

karakter (het)	феъл, табиат	[fe'l], [tabiat]
karaktertrekken (mv.)	нишонаҳои хислат	[niʃonahoi χislat]
gedrag (het)	хулқ	[χulq]
waarzeggen (ww)	фол дидан	[fol didan]
waarzegster (de)	фолбин, фолбинзан	[folbin], [folbinzan]
horoscoop (de)	фолнома	[folnoma]

Kunst

149. Theater

theater (het)	театр	[teatr]
opera (de)	опера	[opera]
operette (de)	оперетта	[operetta]
ballet (het)	балет	[balet]
affiche (de/het)	эълоннома	[ɛ'lonnoma]
theatergezelschap (het)	ҳайат	[hajat]
tournee (de)	сафари ҳунарӣ	[safari hunari:]
op tournee zijn	сафари ҳунарӣ кардан	[safari hunari: kardan]
repeteren (ww)	машқ кардан	[maʃq kardan]
repetitie (de)	машқ	[maʃq]
repertoire (het)	репертуар	[repertuar]
voorstelling (de)	намоиш, тамошо	[namoiʃ], [tamoʃo]
spektakel (het)	тамошо	[tamoʃo]
toneelstuk (het)	намоишнома	[namoiʃnoma]
biljet (het)	билет	[bilet]
kassa (de)	кассаи чиптафурӯшӣ	[kassai ʧiptafurœʃi:]
foyer (de)	толор	[tolor]
garderobe (de)	чевони либос	[ʤevoni libos]
garderobe nummer (het)	нумура	[numura]
verrekijker (de)	дурбин	[durbin]
plaatsaanwijzer (de)	нозир	[nozir]
parterre (de)	партер	[parter]
balkon (het)	балкон	[balkon]
gouden rang (de)	белэтаж	[belɛtaʒ]
loge (de)	ложа, нишем	[loʒa], [niʃem]
rij (de)	қатор	[qator]
plaats (de)	чой	[ʤoj]
publiek (het)	тамошобинон	[tamoʃobinon]
kijker (de)	тамошобин	[tamoʃobin]
klappen (ww)	чапакзанӣ кардан	[ʧapakzani: kardan]
applaus (het)	чапакзанӣ	[ʧapakzani:]
ovatie (de)	чапакзани пурғулғула	[ʧapakzani purʁulʁula]
toneel (op het ~ staan)	саҳна	[sahna]
gordijn, doek (het)	парда	[parda]
toneeldecor (het)	ороиши саҳна	[oroiʃi sahna]
backstage (de)	пушти саҳна	[puʃti sahna]
scène (de)	намоиш	[namoiʃ]
bedrijf (het)	парда	[parda]
pauze (de)	антракт	[antrakt]

150. Bioscoop

acteur (de)	хунарманд	[hunarmand]
actrice (de)	хунарманд	[hunarmand]
bioscoop (de)	кино, синамо	[kino], [sinamo]
speelfilm (de)	филм	[film]
aflevering (de)	серия	[serija]
detectivefilm (de)	детектив	[detektiv]
actiefilm (de)	чангй	[dʒangi:]
avonturenfilm (de)	филми пурмочаро	[filmi purmodʒaro]
sciencefictionfilm (de)	филми фантастикй	[filmi fantastiki:]
griezelfilm (de)	филми дахшатнок	[filmi dahʃatnok]
komedie (de)	филми хачвй	[filmi hadʒvi:]
melodrama (het)	мелодрама	[melodrama]
drama (het)	драма	[drama]
speelfilm (de)	филми хунарй	[filmi hunari:]
documentaire (de)	филми хуччатй	[filmi hudʒdʒati:]
tekenfilm (de)	мултфилм	[multfilm]
stomme film (de)	синои беовоз	[kinoi beovoz]
rol (de)	накш	[naqʃ]
hoofdrol (de)	накши асосй	[naqʃi asosi:]
spelen (ww)	бозидан	[bozidan]
filmster (de)	ситораи санъати кино	[sitorai san'ati kino]
bekend (bn)	маъруф	[ma'ruf]
beroemd (bn)	машхур	[maʃhur]
populair (bn)	маъруф	[ma'ruf]
scenario (het)	филмнома	[filmnoma]
scenarioschrijver (de)	муаллифи сенарий	[muallifi senarij]
regisseur (de)	коргардон	[korgardon]
filmproducent (de)	продюсер	[prodjuser]
assistent (de)	ассистент	[assistent]
cameraman (de)	филмбардор	[filmbardor]
stuntman (de)	каскадёр	[kaskadjor]
stuntdubbel (de)	дублёр	[dubljor]
een film maken	филм гирифтан	[film giriftan]
auditie (de)	санчиш	[sandʒiʃ]
opnamen (mv.)	суратгирй	[suratgiri:]
filmploeg (de)	гурухи наворбардорон	[guroehi navorbardoron]
filmset (de)	сахнаи наворбардорй	[sahnai navorbardori:]
filmcamera (de)	камераи киногирй	[kamerai kinogiri:]
bioscoop (de)	кинотеатр	[kinoteatr]
scherm (het)	экран	[ɛkran]
een film vertonen	филм намоиш додан	[film namoiʃ dodan]
geluidsspoor (de)	мавчи садо	[mavdʒi sado]
speciale effecten (mv.)	эффектхои махсус	[ɛffekthoi maχsus]

ondertiteling (de)	субтитрхо	[subtitrho]
voortiteling, aftiteling (de)	титрхо	[titrho]
vertaling (de)	тарчума	[tardʒuma]

151. Schilderij

kunst (de)	санъат	[san'at]
schone kunsten (mv.)	саноеи нафиса	[sanoei nafisa]
kunstgalerie (de)	нигористон	[nigoriston]
kunsttentoonstelling (de)	намоишгохи расмхо	[namoiʃgohi rasmho]

schilderkunst (de)	рассомй	[rassomi:]
grafiek (de)	графика	[grafika]
abstracte kunst (de)	абстрактсионизм	[abstraktsionizm]
impressionisme (het)	импрессионизм	[impressionizm]

schilderij (het)	расм	[rasm]
tekening (de)	расм	[rasm]
poster (de)	плакат	[plakat]

illustratie (de)	расм, сурат	[rasm], [surat]
miniatuur (de)	миниатюра	[miniatjura]
kopie (de)	нусха	[nusχa]
reproductie (de)	нусхаи чопии сурат	[nusχai tʃopi:i surat]

mozaïek (het)	кошинкорй	[koʃinkori:]
gebrandschilderd glas (het)	витраж	[vitraʒ]
fresco (het)	фреска	[freska]
gravure (de)	расми кандакорй	[rasmi kandakori:]

buste (de)	бюст	[bjust]
beeldhouwwerk (het)	хайкал	[hajkal]
beeld (bronzen ~)	хайкал	[hajkal]
gips (het)	гач	[gatʃ]
gipsen (bn)	аз гач	[az gatʃ]

portret (het)	портрет	[portret]
zelfportret (het)	автопортрет	[avtoportret]
landschap (het)	манзара	[manzara]
stilleven (het)	натюрморт	[natjurmort]
karikatuur (de)	карикатура	[karikatura]
schets (de)	қайдхои хомакй	[qajdhoi χomaki:]

verf (de)	ранг	[rang]
aquarel (de)	акварел	[akvarel]
olieverf (de)	равган	[ravʁan]
potlood (het)	қалам	[qalam]
Oostindische inkt (de)	туш	[tuʃ]
houtskool (de)	сиёхқалам	[sijohqalam]

tekenen (met krijt)	расм кашидан	[rasm kaʃidan]
schilderen (ww)	расм кашидан	[rasm kaʃidan]
poseren (ww)	ба таври махсус истодан	[ba tavri maχsus istodan]
naaktmodel (man)	марди модел	[mardi model]

naaktmodel (vrouw)	зани модел	[zani model]
kunstenaar (de)	рассом	[rassom]
kunstwerk (het)	асар	[asar]
meesterwerk (het)	шоҳасар	[ʃohasar]
studio, werkruimte (de)	коргоҳи рассом	[korgohi rassom]
schildersdoek (het)	холст	[χolst]
schildersezel (de)	сепояи рассомӣ	[sepojai rassomi:]
palet (het)	лавҳачаи рассомӣ	[lavhatʃai rassomi:]
lijst (een vergulde ~)	чорчӯба	[tʃortʃœba]
restauratie (de)	таъмир	[ta'mir]
restaureren (ww)	таъмир кардан	[ta'mir kardan]

152. Literatuur & Poëzie

literatuur (de)	адабиёт	[adabijot]
auteur (de)	муаллиф	[muallif]
pseudoniem (het)	тахаллус	[taχallus]
boek (het)	китоб	[kitob]
boekdeel (het)	чилд	[dʒild]
inhoudsopgave (de)	мундарича	[mundaridʒa]
pagina (de)	саҳифа	[sahifa]
hoofdpersoon (de)	қаҳрамони асосӣ	[qahramoni asosi:]
handtekening (de)	автограф	[avtograf]
verhaal (het)	ҳикоя, ҳикоят	[hikoja], [hikojat]
novelle (de)	нақл	[naql]
roman (de)	роман	[roman]
werk (literatuur)	асар	[asar]
fabel (de)	масал, матал	[masal], [matal]
detectiveroman (de)	детектив	[detektiv]
gedicht (het)	шеър	[ʃe'r]
poëzie (de)	назм	[nazm]
epos (het)	достон	[doston]
dichter (de)	шоир	[ʃoir]
fictie (do)	адабиёти мансур	[adabijoti mansur]
sciencefiction (de)	фантастикаи илмӣ	[fantastikai ilmi:]
avonturenroman (de)	саргузаштҳо	[sarguzaʃtho]
opvoedkundige literatuur (de)	адабиёти таълимӣ	[adabijoti ta'limi:]
kinderliteratuur (de)	адабиёти кӯдакона	[adabijoti kœdakona]

153. Circus

circus (de/het)	сирк	[sirk]
chapiteau circus (de/het)	сирки шапито	[sirki ʃapito]
programma (het)	барнома	[barnoma]
voorstelling (de)	намоиш, тамошо	[namoiʃ], [tamoʃo]
nummer (circus ~)	баромад	[baromad]

arena (de)	саҳнаи сирк	[sahnai sirk]
pantomime (de)	пантомима	[pantomima]
clown (de)	масхарабоз	[masχaraboz]

acrobaat (de)	дорбоз, акробат	[dorboz], [akrobat]
acrobatiek (de)	дорбоза, акробатика	[dorboza], [akrobatika]
gymnast (de)	гимнаст	[gimnast]
gymnastiek (de)	гимнастика	[gimnastika]
salto (de)	салто	[salto]

sterke man (de)	паҳлавон	[pahlavon]
temmer (de)	ромкунанда, дастмӯз кунанда	[romkunanda], [dastomœz kunanda]
ruiter (de)	човандоз	[tʃovandoz]
assistent (de)	ассистент	[assistent]

stunt (de)	найранг, ҳила	[najrang], [hila]
goocheltruc (de)	найрангбозй	[najrangbozi:]
goochelaar (de)	найрангбоз	[najrangboz]

jongleur (de)	жонглёр	[ʒongljɔr]
jongleren (ww)	жонглёрй кардан	[ʒongljɔrj kardan]
dierentrainer (de)	ромкунанда	[romkunanda]
dressuur (de)	ром кардан	[rom kardan]
dresseren (ww)	ром кардан	[rom kardan]

154. Muziek. Popmuziek

muziek (de)	мусиқӣ	[musiqi:]
muzikant (de)	мусиқачй	[musiqatʃi:]
muziekinstrument (het)	асбоби мусиқӣ	[asbobi musiqi:]
spelen (bijv. gitaar ~)	навохтан	[navoχtan]

gitaar (de)	гитара	[gitara]
viool (de)	скрипка	[skripka]
cello (de)	виолончел	[violontʃel]
contrabas (de)	контрабас	[kontrabas]
harp (de)	уд	[ud]

piano (de)	пианино	[pianino]
vleugel (de)	роял	[rojal]
orgel (het)	арғунун	[arʁunun]

hobo (de)	гобой, сурнай	[goboj], [surnaj]
saxofoon (de)	саксофон	[saksofon]
klarinet (de)	кларнет, сурнай	[klarnet], [surnaj]
fluit (de)	най	[naj]
trompet (de)	карнай	[karnaj]

| accordeon (de/het) | аккордеон | [akkordeon] |
| trommel (de) | накора, табл | [nakora], [tabl] |

| trio (het) | трио | [trio] |
| kwartet (het) | квартет | [kvartet] |

koor (het)	хор	[χor]
orkest (het)	оркестр	[orkestr]
popmuziek (de)	поп-мусиқӣ	[pop-musiqi:]
rockmuziek (de)	рок-мусиқӣ	[rok-musiqi:]
rockgroep (de)	рок-даста	[rok-dasta]
jazz (de)	ҷаз	[ʤaz]
idool (het)	бут, санам	[but], [sanam]
bewonderaar (de)	мухлис	[muχlis]
concert (het)	консерт	[konsert]
symfonie (de)	симфония	[simfonija]
compositie (de)	тасниф	[tasnif]
componeren (muziek ~)	навиштан	[naviʃtan]
zang (de)	овозхонӣ	[ovozχoni:]
lied (het)	суруд	[surud]
melodie (de)	оҳанг	[ohang]
ritme (het)	вазн, усул	[vazn], [usul]
blues (de)	блюз	[bljuz]
bladmuziek (de)	нотаҳо	[notaho]
dirigeerstok (baton)	чӯбчаи дирижёрӣ	[ʧœbʧai diriʒjori:]
strijkstok (de)	камонча	[kamonʧa]
snaar (de)	тор	[tor]
koffer (de)	ғилоф	[ʁilof]

Rusten. Entertainment. Reizen

155. Trip. Reizen

toerisme (het)	туризм, саёхат	[turizm], [sajɔχat]
toerist (de)	саёхатчй	[sajɔhattʃi:]
reis (de)	саёхат	[sajɔhat]
avontuur (het)	саргузашт	[sarguzaʃt]
tocht (de)	сафар	[safar]
vakantie (de)	рухсатй	[ruχsati:]
met vakantie zijn	дар рухсатй будан	[dar ruχsati: budan]
rust (de)	истирохат	[istirohat]
trein (de)	поезд, қатор	[poezd], [qator]
met de trein	бо қатора	[bo qatora]
vliegtuig (het)	хавопаймо	[havopajmo]
met het vliegtuig	бо хавопаймо	[bo havopajmo]
met de auto	бо мошин	[bo moʃin]
per schip (bw)	бо киштй	[bo kiʃti:]
bagage (de)	бағоч, бор	[baʁodʒ], [bor]
valies (de)	чомадон	[dʒomadon]
bagagekarretje (het)	аробаи боғочкашй	[arobai boʁotʃkaʃi:]
paspoort (het)	шиноснома	[ʃinosnoma]
visum (het)	виза	[viza]
kaartje (het)	билет	[bilet]
vliegticket (het)	чиптаи хавопаймо	[tʃiptai havopajmo]
reisgids (de)	рохнома	[rohnoma]
kaart (de)	харита	[χarita]
gebied (landelijk ~)	чой, махал	[dʒoj], [mahal]
plaats (de)	чой	[dʒoj]
exotische bestemming (de)	ғароибот	[ʁaroibot]
exotisch (bn)	... и ғароиб	[i ʁaroib]
verwonderlijk (bn)	хайратангез	[hajratangez]
groep (de)	гурӯх	[gurœh]
rondleiding (de)	экскурсия, саёхат	[ɛkskursija], [sajɔhat]
gids (de)	рохбари экскурсия	[rohbari ɛkskursija]

156. Hotel

hotel (het)	мехмонхона	[mehmonχona]
motel (het)	мехмонхона	[mehmonχona]
3-sterren	се ситорадор	[se sitorador]

5-sterren	панҷ ситорадор	[pandʒ sitorador]
overnachten (ww)	фуромадан	[furomadan]
kamer (de)	ҳуҷра	[hudʒra]
eenpersoonskamer (de)	ҳуҷраи якнафара	[hudʒrai jaknafara]
tweepersoonskamer (de)	ҳуҷраи дунафара	[hudʒrai dunafara]
een kamer reserveren	банд кардани ҳуҷра	[band kardani hudʒra]
halfpension (het)	бо нимтаъминот	[bo nimta'minot]
volpension (het)	бо таъминоти пурра	[bo ta'minoti purra]
met badkamer	ваннадор	[vannador]
met douche	душдор	[duʃdor]
satelliet-tv (de)	телевизиони спутникӣ	[televizioni sputniki:]
airconditioner (de)	кондитсионер	[konditsioner]
handdoek (de)	сачоқ	[satʃoq]
sleutel (de)	калид	[kalid]
administrateur (de)	маъмур, мудир	[ma'mur], [mudir]
kamermeisje (het)	пешхизмат	[peʃχizmat]
piccolo (de)	ҳаммол	[hammol]
portier (de)	дарбони меҳмонхона	[darboni mehmonχona]
restaurant (het)	тарабхона	[tarabχona]
bar (de)	бар	[bar]
ontbijt (het)	ноништа	[noniʃta]
avondeten (het)	шом	[ʃom]
buffet (het)	мизи шведӣ	[mizi ʃvedi:]
hal (de)	миёнсарой	[mijɔnsaroj]
lift (de)	лифт	[lift]
NIET STOREN	ХАЛАЛ НАРАСОНЕД	[χalal narasoned]
VERBODEN TE ROKEN!	ТАМОКУ НАКАШЕД!	[tamoku nakaʃed]

157. Boeken. Lezen

boek (het)	китоб	[kitob]
auteur (de)	муаллиф	[muallif]
schrijver (de)	нависанда	[navisanda]
schrijven (een boek)	навиштан	[naviʃtan]
lezer (de)	хонанда	[χonanda]
lezen (ww)	хондан	[χondan]
lezen (het)	хониш	[χoniʃ]
stil (~ lezen)	ба дили худ	[ba dili χud]
hardop (~ lezen)	бо овози баланд	[bo ovozi baland]
uitgeven (boek ~)	нашр кардан	[naʃr kardan]
uitgeven (het)	нашр	[naʃr]
uitgever (de)	ношир	[noʃir]
uitgeverij (de)	нашриёт	[naʃrijɔt]
verschijnen (bijv. boek)	нашр шудан	[naʃr ʃudan]

| verschijnen (het) | аз чоп баромадани | [az tʃop baromadani] |
| oplage (de) | адади нашр | [adadi naʃr] |

| boekhandel (de) | мағозаи китоб | [maʁozai kitob] |
| bibliotheek (de) | китобхона | [kitobχona] |

novelle (de)	нақл	[naql]
verhaal (het)	ҳикоя, ҳикоят	[hikoja], [hikojat]
roman (de)	роман	[roman]
detectiveroman (de)	детектив	[detektiv]

memoires (mv.)	хотираҳо	[χotiraho]
legende (de)	афсона	[afsona]
mythe (de)	асотир, қисса	[asotir], [qissa]

| gedichten (mv.) | шеърҳо | [ʃe'rho] |
| autobiografie (de) | тарҷумаи ҳоли худ, автобиография | [tardʒumai holi χud], [avtobiografija] |

| bloemlezing (de) | асарҳои мунтахаб | [asarhoi muntaχab] |
| sciencefiction (de) | фантастика | [fantastika] |

naam (de)	ном	[nom]
inleiding (de)	муқаддима	[muqaddima]
voorblad (het)	варақаи унвон	[varaqai unvon]

hoofdstuk (het)	ҷузъи китоб	[dʒuz'i kitob]
fragment (het)	порча	[portʃa]
episode (de)	лавҳа	[lavha]

intrige (de)	сюжет	[sjuʒet]
inhoud (de)	мундариҷа	[mundaridʒa]
inhoudsopgave (de)	мундариҷа	[mundaridʒa]
hoofdpersonage (het)	қаҳрамони асосӣ	[qahramoni asosi:]

boekdeel (het)	ҷилд	[dʒild]
omslag (de/het)	мукова	[mukova]
boekband (de)	муқова	[muqova]
bladwijzer (de)	хатчӯб, чӯбалиф	[χattʃœb], [tʃœbalif]

pagina (de)	саҳифа	[sahifa]
bladeren (ww)	варақ задан	[varak zadan]
marges (mv.)	ҳошия	[hoʃija]
annotatie (de)	нишона	[niʃona]
opmerking (de)	поварақ	[povaraq]

tekst (de)	матн	[matn]
lettertype (het)	ҳуруф	[huruf]
drukfout (de)	саҳв, ғалат	[sahv], [ʁalat]

vertaling (de)	тарҷума	[tardʒuma]
vertalen (ww)	тарҷума кардан	[tardʒuma kardan]
origineel (het)	матни асл	[matni asl]

beroemd (bn)	машҳур	[maʃhur]
onbekend (bn)	номаъруф	[noma'ruf]
interessant (bn)	шавқовар	[ʃavqovar]

bestseller (de)	бестселлер	[bestseller]
woordenboek (het)	луғат	[luʁat]
leerboek (het)	китоби дарсӣ	[kitobi darsi:]
encyclopedie (de)	энсиклопедия	[ɛnsiklopedija]

158. Jacht. Vissen

jacht (de)	шикор, сайд	[ʃikor], [sajd]
jagen (ww)	шикор кардан	[ʃikor kardan]
jager (de)	шикорчӣ	[ʃikortʃi:]
schieten (ww)	тир задан	[tir zadan]
geweer (het)	милтиқ	[miltiq]
patroon (de)	тир	[tir]
hagel (de)	сочма	[sotʃma]
val (de)	қапқон	[qapqon]
valstrik (de)	дом	[dom]
in de val trappen	ба қапқон афтодан	[ba qapqon aftodan]
een val zetten	қапқон мондан	[qapqon mondan]
stroper (de)	қӯруқшикан	[qœruqʃikan]
wild (het)	сайд	[sajd]
jachthond (de)	саги шикорӣ	[sagi ʃikori:]
safari (de)	сафари	[safari]
opgezet dier (het)	хӯса	[xœsa]
visser (de)	моҳигир	[mohigir]
visvangst (de)	моҳигирӣ	[mohigiri:]
vissen (ww)	моҳӣ гирифтан	[mohi: giriftan]
hengel (de)	шаст	[ʃast]
vislijn (de)	ресмони шаст	[resmoni ʃast]
haak (de)	қалмок	[qalmok]
dobber (de)	ғаммозак	[ʁammozak]
aas (het)	хӯрхӯрак	[xœrxœrak]
de hengel uitwerpen	шаст партофтан	[ʃast partoftan]
bijten (ov. de vissen)	нул задан	[nul zadan]
vangst (de)	сайди моҳӣ	[sajdi mohi:]
wak (het)	яхбурча	[jaxburtʃa]
net (het)	тӯр	[tœr]
boot (de)	қаиқ	[qaiq]
vissen met netten	бо тӯр доштан	[bo tœr doʃtan]
het net uitwerpen	тӯр партофтан	[tœr partoftan]
het net binnenhalen	тӯр кашидан	[tœr kaʃidan]
in het net vallen	ба тӯр афтодан	[ba tœr aftodan]
walvisvangst (de)	шикори китҳо	[ʃikori kitho]
walvisvaarder (de)	киштии шикори китҳо	[kiʃti:i ʃikori kitho]
harpoen (de)	соскан	[soskan]

159. Spellen. Biljart

biljart (het)	билярдбозй	[biljardbozi:]
biljartzaal (de)	толори саққобозй	[tolori saqqobozi:]
biljartbal (de)	саққо	[saqqo]
een bal in het gat jagen	даровардани саққо	[darovardani saqqo]
keu (de)	кий	[kij]
gat (het)	тӯрхалтаи билярд	[tœrχaltai biljard]

160. Spellen. Speelkaarten

ruiten (mv.)	қартаҳои хишт	[qartahoi χiʃt]
schoppen (mv.)	қарамашшоқ	[qaramaʃʃoq]
klaveren (mv.)	дил	[dil]
harten (mv.)	қартаҳои чилликхол	[qartahoi ʧillikχol]
aas (de)	зот	[zot]
koning (de)	шоҳ	[ʃoh]
dame (de)	модка	[modka]
boer (de)	валет	[valet]
speelkaart (de)	картаи бозй	[kartai bozi:]
kaarten (mv.)	қарта	[qarta]
troef (de)	кузур	[kuzur]
pak (het) kaarten	дастаи қарта	[dastai qarta]
punt (bijv. vijftig ~en)	хол	[χol]
uitdelen (kaarten ~)	кашидан	[kaʃidan]
schudden (de kaarten ~)	тагу рӯ кардан	[tagu rœ kardan]
beurt (de)	гашт	[gaʃt]
valsspeler (de)	қаллоб, ғиром	[qallob], [ʁirom]

161. Casino. Roulette

casino (het)	казино	[kazino]
roulette (de)	қиморбозй	[qimorbozi:]
inzet (de)	пулмонй дар қимор	[pulmoni: dar qimor]
een bod doen	пул мондан	[pul mondan]
rood (de)	сурх	[surχ]
zwart (de)	сиёҳ	[sijoh]
inzetten op rood	ба сурх мондан	[ba surχ mondan]
inzetten op zwart	ба сиёҳ мондан	[ba sijoh mondan]
croupier (de)	чӯталгир	[ʧœtalgir]
de cilinder draaien	лавр занондани барабан	[davr zanondani baraban]
spelregels (mv.)	қоидаи бозй	[qoidai bozi:]
fiche (pokerfiche, etc.)	мӯҳрача	[mœhraʧa]
winnen (ww)	бурдан	[burdan]
winst (de)	бурд	[burd]

| verliezen (ww) | бохтан | [boχtan] |
| verlies (het) | бой додан | [boj dodan] |

speler (de)	бозингар	[bozingar]
blackjack (kaartspel)	блек чек	[blek ʤek]
dobbelspel (het)	мӯхрабозӣ кардан	[mœhrabozi: kardan]
dobbelstenen (mv.)	мухра	[muhra]
speelautomaat (de)	автомати бозӣ	[avtomati bozi:]

162. Rusten. Spellen. Diversen

wandelen (on.ww.)	сайр кардан	[sajr kardan]
wandeling (de)	гардиш, гашт	[gardiʃ], [gaʃt]
trip (per auto)	сайрон	[sajron]
avontuur (het)	саргузашт	[sarguzaʃt]
picknick (de)	пикник	[piknik]

spel (het)	бозӣ	[bozi:]
speler (de)	бозингар	[bozingar]
partij (de)	як бор бозӣ	[jak bor bozi:]

collectioneur (de)	коллексионер	[kolleksioner]
collectioneren (ww)	коллексия кардан	[kolleksija kardan]
collectie (de)	коллексия	[kolleksija]

kruiswoordraadsel (het)	кроссворд	[krossvord]
hippodroom (de)	ипподром	[ippodrom]
discotheek (de)	дискотека	[diskoteka]

| sauna (de) | сауна, ҳаммом | [sauna], [hammom] |
| loterij (de) | лотерея | [lotereja] |

trektocht (kampeertocht)	роҳпаймой	[rohpajmoi:]
kamp (het)	лагер	[lager]
tent (de)	хаймаи сайёҳон	[χajmai sajjohon]
kompas (het)	компас, қутбнамо	[kompas], [qutbnamo]
rugzaktoerist (de)	сайёҳ, турист	[sajjoh], [turist]

bekijken (een film ~)	нигоҳ кардан	[nigoh kardan]
kijker (televisie~)	бинанда	[binanda]
televisie-uitzending (de)	теленамоиш	[telenamoiʃ]

163. Fotografie

| fotocamera (de) | фотоаппарат | [fotoapparat] |
| foto (de) | акс, сурат | [aks], [surat] |

fotograaf (de)	суратгир	[suratgir]
fotostudio (de)	фотостудия	[fotostudija]
fotoalbum (het)	албоми сурат	[albomi surat]
lens (de), objectief (het)	объектив	[ob'ektiv]
telelens (de)	телеобъектив	[teleob'ektiv]

| filter (de/het) | филтр | [filtr] |
| lens (de) | линза | [linza] |

optiek (de)	оптика	[optika]
diafragma (het)	диафрагма	[diafragma]
belichtingstijd (de)	дошт	[doʃt]
zoeker (de)	манзарачӯ	[manzaradʒœ]

digitale camera (de)	суратгираки рақамӣ	[suratgiraki raqami:]
statief (het)	поя	[poja]
flits (de)	чароғак	[ʧaroʁak]

fotograferen (ww)	сурат гирифтан	[surat giriftan]
kieken (foto's maken)	сурат гирифтан	[surat giriftan]
zich laten fotograferen	сурати худро гирондан	[surati χudro girondan]

focus (de)	фокус	[fokus]
scherpstellen (ww)	ба рангхои баланд мондан	[ba ranghoi baland mondan]
scherp (bn)	баланд	[baland]
scherpte (de)	баланди ранг	[balandi rang]

| contrast (het) | акс | [aks] |
| contrastrijk (bn) | возех | [vozeh] |

kiekje (het)	сурат	[surat]
negatief (het)	негатив	[negativ]
filmpje (het)	фотонавор	[fotonavor]
beeld (frame)	кадр	[kadr]
afdrukken (foto's ~)	чоп кардан	[ʧop kardan]

164. Strand. Zwemmen

strand (het)	пляж	[pljaʒ]
zand (het)	рег	[reg]
leeg (~ strand)	хилват	[χilvat]

bruine kleur (de)	офтобхӯрӣ	[oftobχœri:]
zonnebaden (ww)	гандумгун шудан	[gandumgun ʃudan]
gebruind (bn)	гандумгун	[gandumgun]
zonnecrème (de)	креми офтобхӯрӣ	[kremi oftobχœri:]

bikini (de)	бикини	[bikini]
badpak (het)	либоси оббозӣ	[libosi obbozi:]
zwembroek (de)	плавка	[plavka]

zwembad (het)	ҳавз	[havz]
zwemmen (ww)	шино кардан	[ʃino kardan]
zich omkleden (ww)	либоси дигар пӯшидан	[libosi digar pœʃidan]
handdoek (de)	сачоқ	[satʃoq]

boot (de)	қаиқ	[qaiq]
motorboot (de)	катер	[kater]
waterski's (mv.)	лижаҳои обӣ	[liʒahoi obi:]

waterfiets (de)	велосипеди обӣ	[velosipedi obi:]
surfen (het)	серфинг	[serfing]
surfer (de)	серфингчӣ	[serfingʧi:]
scuba, aqualong (de)	акваланг	[akvalang]
zwemvliezen (mv.)	ластхо	[lastho]
duikmasker (het)	ниқоб	[niqob]
duiker (de)	ғӯтазан	[ʁœtazan]
duiken (ww)	ғӯта задан	[ʁœta zadan]
onder water (bw)	таги об	[tagi ob]
parasol (de)	чатр	[ʧatr]
ligstoel (de)	шезлонг	[ʃezlong]
zonnebril (de)	айнаки сиёҳ	[ajnaki sijɔh]
luchtmatras (de/het)	матраси оббозӣ	[matrasi obbozi:]
spelen (ww)	бозӣ кардан	[bozi: kardan]
gaan zwemmen (ww)	оббозӣ кардан	[obbozi: kardan]
bal (de)	тӯб	[tœb]
opblazen (oppompen)	дам кардан	[dam kardan]
lucht-, opblaasbare (bn)	дамшаванда	[damʃavanda]
golf (hoge ~)	мавҷ	[mavdʒ]
boei (de)	шиноварак	[ʃinovarak]
verdrinken (ww)	ғарк шудан	[ʁark ʃudan]
redden (ww)	начот додан	[nadʒot dodan]
reddingsvest (de)	камзӯли начотдиҳанда	[kamzœli nadʒotdihanda]
waarnemen (ww)	назорат кардан	[nazorat kardan]
redder (de)	начотдиҳанда	[nadʒotdihanda]

TECHNISCHE APPARATUUR. VERVOER

Technische apparatuur

165. Computer

computer (de)	компютер	[kompjuter]
laptop (de)	ноутбук	[noutbuk]
aanzetten (ww)	даргирондан	[dargirondan]
uitzetten (ww)	куштан	[kuʃtan]
toetsenbord (het)	клавиатура	[klaviatura]
toets (enter~)	тугмача	[tugmatʃa]
muis (de)	муш	[muʃ]
muismat (de)	гилемчаи муш	[gilemtʃai muʃ]
knopje (het)	тугмача	[tugmatʃa]
cursor (de)	курсор	[kursor]
monitor (de)	монитор	[monitor]
scherm (het)	экран	[ɛkran]
harde schijf (de)	диски сахт	[diski saxt]
volume (het) van de harde schijf	хаҷми диски сахт	[hadʒmi diski saxt]
geheugen (het)	хофиза	[hofiza]
RAM-geheugen (het)	хотираи фаврӣ	[xotirai favri:]
bestand (het)	файл	[fajl]
folder (de)	папка	[papka]
openen (ww)	кушодан	[kuʃodan]
sluiten (ww)	пӯшидан, бастан	[pœʃidan], [bastan]
opslaan (ww)	нигоҳ доштан	[nigoh doʃtan]
verwijderen (wissen)	нобуд кардан	[nobud kardan]
kopiëren (ww)	нусха бардоштан	[nusxa bardoʃtan]
sorteren (ww)	ба хелҳо чудо кардан	[ba xelho dʒudo kardan]
overplaatsen (ww)	аз нав навиштан	[az nav naviʃtan]
programma (het)	барнома	[barnoma]
software (de)	барномаи таъминотӣ	[barnomai ta'minoti:]
programmeur (de)	барномасоз	[barnomasoz]
programmeren (ww)	барномасозй кардан	[barnomasozi: kardan]
hacker (computerkraker)	хакер	[xaker]
wachtwoord (het)	рамз	[ramz]
virus (het)	вирус	[virus]
ontdekken (virus ~)	кашф кардан	[kaʃf kardan]

| byte (de) | байт | [bajt] |
| megabyte (de) | мегабайт | [megabajt] |

| data (de) | маълумот | [ma'lumot] |
| databank (de) | манбаи маълумот | [manbai ma'lumot] |

kabel (USB-~, enz.)	кабел	[kabel]
afsluiten (ww)	чудо кардан	[dʒudo kardan]
aansluiten op (ww)	васл кардан	[vasl kardan]

166. Internet. E-mail

internet (het)	интернет	[internet]
browser (de)	браузер	[brauzer]
zoekmachine (de)	манбаи чустучӯкунанда	[manbai dʒustudʒœkunanda]
internetprovider (de)	провайдер	[provajder]

webmaster (de)	веб-мастер	[veb-master]
website (de)	веб-сомона	[veb-somona]
webpagina (de)	веб-сахифа	[veb-sahifa]

| adres (het) | адрес, унвон | [adres], [unvon] |
| adresboek (het) | дафтари адресхо | [daftari adresho] |

postvak (het)	куттии почта	[qutti:i potʃta]
post (de)	почта	[potʃta]
vol (~ postvak)	пур	[pur]

bericht (het)	хабар	[χabar]
binnenkomende berichten (mv.)	хабари дароянда	[χabari darojanda]
uitgaande berichten (mv.)	хабари бароянда	[χabari barojanda]

verzender (de)	ирсолкунанда	[irsolkunanda]
verzenden (ww)	ирсол кардан	[irsol kardan]
verzending (de)	ирсол	[irsol]

| ontvanger (de) | гиранда | [giranda] |
| ontvangen (ww) | гирифтан | [ɣiriftan] |

| correspondentie (de) | мукотиба | [mukotiba] |
| corresponderen (met ...) | мукотиба доштан | [mukotiba doʃtan] |

bestand (het)	файл	[fajl]
downloaden (ww)	нусха бардоштан	[nusχa bardoʃtan]
creëren (ww)	сохтан	[soχtan]
verwijderen (een bestand ~)	нобуд кардан	[nobud kardan]
verwijderd (bn)	нобудшуда	[nobudʃuda]

verbinding (de)	алоқа	[aloqa]
snelheid (de)	суръат	[sur'at]
modem (de)	модем	[modem]
toegang (de)	даромадан	[daromadan]
poort (de)	порт	[port]

| aansluiting (de) | пайвастан | [pajvastan] |
| zich aansluiten (ww) | пайваст шудан | [pajvast ʃudan] |

| selecteren (ww) | интихоб кардан | [intiχob kardan] |
| zoeken (ww) | чустан | [dʒustan] |

167. Elektriciteit

elektriciteit (de)	барқ	[barq]
elektrisch (bn)	барқӣ	[barqi:]
elektriciteitscentrale (de)	стансияи барқӣ	[stansijai barqi:]
energie (de)	қувва, қувват	[quvva], [quvvat]
elektrisch vermogen (het)	қувваи электрикӣ	[kuvvai ɛlektriki:]

lamp (de)	лампача, чароғча	[lampatʃa], [tʃaroʁtʃa]
zaklamp (de)	фонуси дастӣ	[fonusi dasti:]
straatlantaarn (de)	фонуси кӯчагӣ	[fonusi kœtʃagi:]

licht (elektriciteit)	чароғ	[tʃaroʁ]
aandoen (ww)	даргирондан	[dargirondan]
uitdoen (ww)	куштан	[kuʃtan]
het licht uitdoen	чароғро куштан	[tʃaroʁro kuʃtan]
doorbranden (gloeilamp)	сухтан	[suχtan]
kortsluiting (de)	расиши кӯтох	[rasiʃi kœtoh]
onderbreking (de)	канда шуданӣ	[kanda ʃudani:]
contact (het)	васл	[vasl]

schakelaar (de)	калидак	[kalidak]
stopcontact (het)	розетка	[rozetka]
stekker (de)	вилка	[vilka]
verlengsnoer (de)	удлинител	[udlinitel]
zekering (de)	пешгирикунанда	[peʃgirikunanda]
kabel (de)	сим	[sim]
bedrading (de)	сими барқ	[simi barq]

ampère (de)	ампер	[amper]
stroomsterkte (de)	қувваи барқ	[quvvai barq]
volt (de)	волт	[volt]
spanning (de)	шиддат	[ʃiddat]

| elektrisch toestel (het) | асбоби барқӣ | [asbobi barqi:] |
| indicator (de) | индикатор | [indikator] |

elektricien (de)	барқчӣ	[barqtʃi:]
solderen (ww)	лахим кардан	[lahim kardan]
soldeerbout (de)	лахимкаш	[lahimkaʃ]
stroom (de)	барқ	[barq]

168. Gereedschappen

| werktuig (stuk gereedschap) | абзор | [abzor] |
| gereedschap (het) | асбобу анчом | [asbobu andʒom] |

uitrusting (de)	тачхизот	[tadʒhizot]
hamer (de)	болғача	[bolʁatʃa]
schroevendraaier (de)	мурваттоб	[murvattob]
bijl (de)	табар	[tabar]

zaag (de)	арра	[arra]
zagen (ww)	арра кардан	[arra kardan]
schaaf (de)	ранда	[randa]
schaven (ww)	ранда кардан	[randa kardan]
soldeerbout (de)	лаҳимкаш	[lahimkaʃ]
solderen (ww)	лаҳим кардан	[lahim kardan]

vijl (de)	сӯхон	[sœhon]
nijptang (de)	анбӯр	[anbœr]
combinatietang (de)	анбур	[anbur]
beitel (de)	искана	[iskana]

boorkop (de)	парма	[parma]
boormachine (de)	парма	[parma]
boren (ww)	парма кардан	[parma kardan]

mes (het)	корд	[kord]
zakmes (het)	корди катшаванда	[kordi katʃavanda]
knip- (abn)	катшаванда	[katʃavanda]
lemmet (het)	теғ, дам	[teʁ], [dam]

scherp (bijv. ~ mes)	тез	[tez]
bot (bn)	кунд	[kund]
bot raken (ww)	кунд шудан	[kund ʃudan]
slijpen (een mes ~)	тез кардан	[tez kardan]

bout (de)	болт	[bolt]
moer (de)	гайка	[gajka]
schroefdraad (de)	рахапеч	[raχapetʃ]
houtschroef (de)	мехи печдор	[meχi petʃdor]

nagel (de)	мех	[meχ]
kop (de)	сари мех	[sari meχ]

liniaal (de/het)	чадвал	[dʒadval]
rolmeter (de)	чӯнтаноб	[tʃentanob]
waterpas (de/het)	уровен	[uroven]
loep (de)	лупа, пурбин	[lupa], [purbin]

meetinstrument (het)	асбоби ченкунй	[asbobi tʃenkuni:]
opmeten (ww)	чен кардан	[tʃen kardan]
schaal (meetschaal)	чадвал	[dʒadval]
gegevens (mv.)	нишондод	[niʃondod]

compressor (de)	компрессор	[kompressor]
microscoop (de)	микроскоп, заррабин	[mikroskop], [zarrabin]

pomp (de)	насос, обдуздак	[nasos], [obduzdak]
robot (de)	робот	[robot]
laser (de)	лазер	[lazer]
moersleutel (de)	калиди гайка	[kalidi gajkɑ]

| plakband (de) | скоч | [skotʃ] |
| lijm (de) | елим, шилм | [elim], [ʃilm] |

schuurpapier (het)	коғази сунбода	[koʁazi sunboda]
veer (de)	пружин	[pruʒin]
magneet (de)	магнит, оҳанрабо	[magnit], [ohanrabo]
handschoenen (mv.)	дастпӯшак	[dastpœʃak]

touw (bijv. henneptouw)	арғамчин, таноб	[arʁamtʃin], [tanob]
snoer (het)	ресмон	[resmon]
draad (de)	сим	[sim]
kabel (de)	кабел	[kabel]

moker (de)	босқон	[bosqon]
breekijzer (het)	мисрон	[misron]
ladder (de)	зина, зинапоя	[zina], [zinapoja]
trapje (inklapbaar ~)	нардбонча	[nardbontʃa]

aanschroeven (ww)	тофтан, тоб додан	[toftan], [tob dodan]
losschroeven (ww)	тоб дода кушодан	[tob doda kuʃodan]
dichtpersen (ww)	фишурдан	[fiʃurdan]
vastlijmen (ww)	часпонидан	[tʃasponidan]
snijden (ww)	буридан	[buridan]

defect (het)	нодурустӣ, носозӣ	[nodurusti:], [nosozi:]
reparatie (de)	таъмир	[ta'mir]
repareren (ww)	таъмир кардан	[ta'mir kardan]
regelen (een machine ~)	танзим кардан	[tanzim kardan]

nakijken (ww)	тафтиш кардан	[taftiʃ kardan]
controle (de)	тафтиш	[taftiʃ]
gegevens (mv.)	нишондод	[niʃondod]

| degelijk (bijv. ~ machine) | боэътимод | [boɛ'timod] |
| ingewikkeld (bn) | мураккаб | [murakkab] |

roesten (ww)	занг задан	[zang zadan]
roestig (bn)	зангзада	[zangzada]
roest (de/het)	занг	[zang]

Vervoer

169. Vliegtuig

vliegtuig (het)	ҳавопаймо	[havopajmo]
vliegticket (het)	чиптаи ҳавопаймо	[tʃiptai havopajmo]
luchtvaartmaatschappij (de)	ширкати ҳавопаймой	[ʃirkati havopajmoi:]
luchthaven (de)	аэропорт	[aɛroport]
supersonisch (bn)	фавқуссадо	[favqussado]
gezagvoerder (de)	фармондеҳи киштй	[farmondehi kiʃti:]
bemanning (de)	экипаж	[ɛkipaʒ]
piloot (de)	сарнишин	[sarniʃin]
stewardess (de)	стюардесса	[stjuardessa]
stuurman (de)	штурман	[ʃturman]
vleugels (mv.)	қанот	[qanot]
staart (de)	дум	[dum]
cabine (de)	кабина	[kabina]
motor (de)	муҳаррик	[muharrik]
landingsgestel (het)	шассй	[ʃassi:]
turbine (de)	турбина	[turbina]
propeller (de)	пропеллер	[propeller]
zwarte doos (de)	қуттии сиёҳ	[qutti:i sijɔh]
stuur (het)	суккон	[sukkon]
brandstof (de)	сӯзишворй	[sœziʃvori:]
veiligheidskaart (de)	дастурамали бехатарй	[dasturamali beχatari:]
zuurstofmasker (het)	ниқоби ҳавои тоза	[niqobi havoi toza]
uniform (het)	либоси расмй	[libosi rasmi:]
reddingsvest (de)	камзӯли наҷотдиҳанда	[kamzœli nadʒotdihanda]
parachute (de)	парашют	[paraʃjut]
opstijgen (het)	парвоз	[parvoz]
opstijgen (ww)	парвоз кардан	[parvoz kardan]
startbaan (de)	хати парвоз	[χati parvoz]
zicht (het)	софии ҳаво	[sofi:i havo]
vlucht (de)	парвоз	[parvoz]
hoogte (de)	баландй	[balandi:]
luchtzak (de)	чоҳи ҳаво	[tʃohi havo]
plaats (de)	ҷой	[dʒoj]
koptelefoon (de)	гӯшак, гӯшпӯшак	[gœʃak], [gœʃpœʃak]
tafeltje (het)	мизчаи вошаванда	[miztʃai voʃavanda]
venster (het)	иллюминатор	[illjuminator]
gangpad (het)	гузаргоҳ	[guzargoh]

151

170. Trein

trein (de)	поезд, қатор	[poezd], [qator]
elektrische trein (de)	қатораи барқӣ	[qatorai barqi:]
sneltrein (de)	қатораи тезгард	[qatorai tezgard]
diesellocomotief (de)	тепловоз	[teplovoz]
locomotief (de)	паровоз	[parovoz]
rijtuig (het)	вагон	[vagon]
restauratierijtuig (het)	вагон-ресторан	[vagon-restoran]
rails (mv.)	релсҳо	[relsho]
spoorweg (de)	роҳи оҳан	[rohi ohan]
dwarsligger (de)	шпала	[ʃpala]
perron (het)	платформа	[platforma]
spoor (het)	роҳ	[roh]
semafoor (de)	семафор	[semafor]
halte (bijv. kleine treinhalte)	истгоҳ	[istgoh]
machinist (de)	мошинист	[moʃinist]
kruier (de)	ҳаммол	[hammol]
conducteur (de)	роҳбалад	[rohbalad]
passagier (de)	мусофир	[musofir]
controleur (de)	нозир	[nozir]
gang (in een trein)	коридор	[koridor]
noodrem (de)	стоп-кран	[stop-kran]
coupé (de)	купе	[kupe]
bed (slaapplaats)	кат	[kat]
bovenste bed (het)	кати боло	[kati bolo]
onderste bed (het)	кати поён	[kati pojɔn]
beddengoed (het)	чилдҳои болишту бистар	[dʒildhoi boliʃtu bistar]
kaartje (het)	билет	[bilet]
dienstregeling (de)	ҷадвал	[dʒadval]
informatiebord (het)	ҷадвал	[dʒadval]
vertrekken (De trein vertrekt …)	дур шудан	[dur ʃudan]
vertrek (ov. een trein)	равон кардан	[ravon kardan]
aankomen (ov. de treinen)	омадан	[omadan]
aankomst (de)	омадан	[omadan]
aankomen per trein	бо қатора омадан	[bo qatora omadan]
in de trein stappen	ба қатора нишастан	[ba qatora niʃastan]
uit de trein stappen	фаромадан	[faromadan]
treinwrak (het)	садама	[sadama]
ontspoord zijn	аз релс баромадан	[az rels baromadan]
locomotief (de)	паровоз	[parovoz]
stoker (de)	алавмон	[alavmon]
stookplaats (de)	оташдон	[otaʃdon]
steenkool (de)	ангишт	[angiʃt]

171. Schip

schip (het)	киштй	[kiʃti:]
vaartuig (het)	киштй	[kiʃti:]
stoomboot (de)	пароход	[paroχod]
motorschip (het)	теплоход	[teploχod]
lijnschip (het)	лайнер	[lajner]
kruiser (de)	крейсер	[krejser]
jacht (het)	яхта	[jaχta]
sleepboot (de)	таноби ядак	[tanobi jadak]
duwbak (de)	баржа	[barʒa]
ferryboot (de)	паром	[parom]
zeilboot (de)	киштии бодбондор	[kiʃti:i bodbondor]
brigantijn (de)	бригантина	[brigantina]
IJsbreker (de)	киштии яхшикан	[kiʃti:i jaχʃikan]
duikboot (de)	киштии зериобй	[kiʃti:i zeriobi:]
boot (de)	қаиқ	[qaiq]
sloep (de)	қаиқ	[qaiq]
reddingssloep (de)	завраки начот	[zavraqi nadʒot]
motorboot (de)	катер	[kater]
kapitein (de)	капитан	[kapitan]
zeeman (de)	баҳрчй, маллох	[bahrʧi:], [malloh]
matroos (de)	баҳрчй	[bahrʧi:]
bemanning (de)	экипаж	[ɛkipaʒ]
bootsman (de)	ботсман	[botsman]
scheepsjongen (de)	маллохбача	[mallohbatʃa]
kok (de)	кок, ошпази киштй	[kok], [oʃpazi kiʃti:]
scheepsarts (de)	духтури киштй	[duχturi kiʃti:]
dek (het)	саҳни киштй	[sahni kiʃti:]
mast (de)	сутуни киштй	[sutuni kiʃti:]
zeil (het)	бодбон	[bodbon]
ruim (het)	таҳхонаи киштй	[tahχonai kiʃti:]
voorsteven (de)	сари кишти	[sari kiʃti]
achtersteven (de)	думи киштй	[dumi kiʃti:]
roeispaan (de)	бели завраҚ	[beli zavraq]
schroef (de)	винт	[vint]
kajuit (de)	каюта	[kajuta]
officierskamer (de)	кают-компания	[kajut-kompanija]
machinekamer (de)	шӯъбаи мошинхо	[ʃœ'bai moʃinho]
brug (de)	арша	[arʃa]
radiokamer (de)	радиохона	[radioχona]
radiogolf (de)	мавч	[mavdʒ]
logboek (het)	журнали киштй	[ʒurnali kiʃti:]
verrekijker (de)	дурбин	[durbin]
klok (de)	ноқус, зангӯла	[noqus], [zangœla]

vlag (de)	байрак	[bajrak]
kabel (de)	арғамчини ғафс	[arʁamtʃini ʁafs]
knoop (de)	гиреҳ	[gireh]
trapleuning (de)	даста барои қапидан	[dasta baroi qapidan]
trap (de)	зинапоя	[zinapoja]
anker (het)	лангар	[langar]
het anker lichten	лангар бардоштан	[langar bardoʃtan]
het anker neerlaten	лангар андохтан	[langar andoχtan]
ankerketting (de)	занҷири лангар	[zandʒiri langar]
haven (bijv. containerhaven)	бандар	[bandar]
kaai (de)	ҷои киштибандӣ	[dʒoi kiʃtibandi:]
aanleggen (ww)	ба соҳил овардан	[ba sohil ovardan]
wegvaren (ww)	ҳаракат кардан	[harakat kardan]
reis (de)	саёҳат	[sajɔhat]
cruise (de)	круиз	[kruiz]
koers (de)	самт	[samt]
route (de)	маршрут	[marʃrut]
vaarwater (het)	маъбар	[ma'bar]
zandbank (de)	тунукоба	[tunukoba]
stranden (ww)	ба тунукоба шиштан	[ba tunukoba ʃiʃtan]
storm (de)	тӯфон, бӯрои	[tœfon], [bœroi]
signaal (het)	бонг, ишорат	[bong], [iʃorat]
zinken (ov. een boot)	ғарк шудан	[ʁark ʃudan]
Man overboord!	Одам дар об!	[odam dar ob]
SOS (noodsignaal)	SOS	[sos]
reddingsboei (de)	чамбари наҷот	[tʃambari nadʒot]

172. Vliegveld

luchthaven (de)	аэропорт	[aɛroport]
vliegtuig (het)	ҳавопаймо	[havopajmo]
luchtvaartmaatschappij (de)	ширкати ҳавопаймой	[ʃirkati havopajmoi:]
luchtverkeersleider (de)	диспечер	[dispetʃer]
vertrek (het)	парвоз	[parvoz]
aankomst (de)	парида омадан	[parida omadan]
aankomen (per vliegtuig)	парида омадан	[parida omadan]
vertrektijd (de)	вақти паридан	[vaqti paridan]
aankomstuur (het)	вақти шиштан	[vaqti ʃiʃtan]
vertraagd zijn (ww)	боздоштан	[bozdoʃtan]
vluchtvertraging (de)	боздоштани парвоз	[bozdoʃtani parvoz]
informatiebord (het)	тахтаи ахборот	[taχtai aχborot]
informatie (de)	ахборот	[aχborot]
aankondigen (ww)	эълон кардан	[ɛ'lon kardan]
vlucht (bijv. KLM ~)	сафар, рейс	[safar], [rejs]

douane (de)	гумрукхона	[gumrukχona]
douanier (de)	гумрукчй	[gumruktʃi:]
douaneaangifte (de)	декларатсияи гумрукй	[deklaratsijai gumruki:]
invullen (douaneaangifte ~)	пур кардан	[pur kardan]
een douaneaangifte invullen	пур кардани декларатсия	[pur kardani deklaratsija]
paspoortcontrole (de)	назорати шиносснома	[nazorati ʃinosnoma]
bagage (de)	бағоҷ, бор	[baʁodʒ], [bor]
handbagage (de)	бори дастӣ	[bori dasti:]
bagagekarretje (het)	аробаи боғочкашӣ	[arobai boʁotʃkaʃi:]
landing (de)	фуруд	[furud]
landingsbaan (de)	хати нишаст	[χati niʃast]
landen (ww)	нишастан	[niʃastan]
vliegtuigtrap (de)	зинапояи киштй	[zinapojai kiʃti:]
inchecken (het)	бақайдгирй	[baqajdgiri:]
incheckbalie (de)	қатори бақайдгирй	[qatori baqajdgiri:]
inchecken (ww)	қайд кунондан	[qajd kunondan]
instapkaart (de)	талони саворшавй	[taloni savorʃavi:]
gate (de)	баромадан	[baromadan]
transit (de)	транзит	[tranzit]
wachten (ww)	поидан	[poidan]
wachtzaal (de)	толори интизорй	[tolori intizori:]
begeleiden (uitwuiven)	гусел кардан	[gusel kardan]
afscheid nemen (ww)	падруд гуфтан	[padrud guftan]

173. Fiets. Motorfiets

fiets (de)	велосипед	[velosiped]
bromfiets (de)	мотороллер	[motoroller]
motorfiets (de)	мотосикл	[motosikl]
met de fiets rijden	бо велосипед рафтан	[bo velosiped raftan]
stuur (het)	рул	[rul]
pedaal (de/het)	педал	[pedal]
remmen (mv.)	тормозҳо	[tormozho]
fietszadel (de/het)	зин	[zin]
pomp (de)	насос	[nasos]
bagagedrager (de)	бағочмонак	[baʁodʒmonak]
fietslicht (het)	фонус	[fonus]
helm (de)	хӯд	[χœd]
wiel (het)	чарх	[tʃarχ]
spatbord (het)	чархпӯш	[tʃarχpœʃ]
velg (de)	чанбар	[tʃanbar]
spaak (de)	парра	[parra]

Auto's

174. Soorten auto's

auto (de)	автомобил	[avtomobil]
sportauto (de)	мошини варзишӣ	[moʃini varziʃi:]
limousine (de)	лимузин	[limuzin]
terreinwagen (de)	ҳарчогард, чип	[hardʒogard], [dʒip]
cabriolet (de)	кабриолет	[kabriolet]
minibus (de)	микроавтобус	[mikroavtobus]
ambulance (de)	ёрии таъчилӣ	[jori:i ta'dʒili:]
sneeuwruimer (de)	мошини барфрӯб	[moʃini barfrœb]
vrachtwagen (de)	мошини боркаш	[moʃini borkaʃ]
tankwagen (de)	бензинкаш	[benzinkaʃ]
bestelwagen (de)	автомобили боркаш	[avtomobili borkaʃ]
trekker (de)	ядакмошин	[jadakmoʃin]
aanhangwagen (de)	шатак	[ʃatak]
comfortabel (bn)	барохат	[barohat]
tweedehands (bn)	нимдошт	[nimdoʃt]

175. Auto's. Carrosserie

motorkap (de)	капот	[kapot]
spatbord (het)	чархпӯш	[tʃarχpœʃ]
dak (het)	бом	[bom]
voorruit (de)	оинаи шамолпаноҳ	[oinai ʃamolpanoh]
achterruit (de)	оинаи манзараи ақиб	[oinai manzarai aqib]
ruitensproeier (de)	шӯянда	[ʃœjanda]
wisserbladen (mv.)	чӯткаҳои оинатозакунак	[tʃœtkahoi oinatozakunak]
zijruit (de)	паҳлӯоина	[pahlœoina]
raamlift (de)	оинабардор	[oinabardor]
antenne (de)	антенна	[antenna]
zonnedak (het)	люк	[ljuk]
bumper (de)	бампер	[bamper]
koffer (de)	бағочмонак	[baʁodʒmonak]
imperiaal (de/het)	бормонак	[bormonak]
portier (het)	дарича	[daritʃə]
handvat (het)	дастак	[dastak]
slot (het)	қулф	[qulf]
nummerplaat (de)	рақам	[raqam]
knalpot (de)	садонишонак	[sadoniʃonak]

benzinetank (de)	баки бензин	[baki benzin]
uitlaatpijp (de)	лӯлаи дудбаро	[lœlai dudbaro]

gas (het)	газ	[gaz]
pedaal (de/het)	педал	[pedal]
gaspedaal (de/het)	педали газ	[pedali gaz]

rem (de)	тормоз	[tormoz]
rempedaal (de/het)	педали тормоз	[pedali tormoz]
remmen (ww)	тормоз додан	[tormoz dodan]
handrem (de)	тормози дастӣ	[tormozi dasti:]

koppeling (de)	муфт	[muft]
koppelingspedaal (de/het)	педали муфт	[pedali muft]
koppelingsschijf (de)	чархмолаи пайвасткунӣ	[tʃarχmolai pajvastkuni:]
schokdemper (de)	амортизатор	[amortizator]

wiel (het)	чарх	[tʃarχ]
reservewiel (het)	чархи эхтиётӣ	[tʃarχi ɛhtijoti:]
band (de)	покришка	[pokriʃka]
wieldop (de)	колпак	[kolpak]

aandrijfwielen (mv.)	чархҳои баранда	[tʃarχhoi baranda]
met voorwielaandrijving	бо чархони пеш харакаткунанда	[bo tʃarχoni peʃ harakatkunanda]
met achterwielaandrijving	бо чархони ақиб амалкунанда	[bo tʃarχoni aqib amalkunanda]
met vierwielaandrijving	бо чор чарх харакаткунанда	[bo tʃor tʃarχ harakatkunanda]

versnellingsbak (de)	суръаткуттӣ	[sur'atqutti:]
automatisch (bn)	автоматӣ	[avtomati:]
mechanisch (bn)	механикӣ	[meχaniki:]
versnellingspook (de)	фишанги суръаткуттӣ	[fiʃangi sur'atqutti:]

voorlicht (het)	чароғ	[tʃaroʁ]
voorlichten (mv.)	чароғҳо	[tʃaroʁho]

dimlicht (het)	чароғи наздик	[tʃaroʁi nazdik]
grootlicht (het)	чароғи дур	[tʃaroʁi dur]
stoplicht (het)	стоп-сигнал	[stop-signal]

standlichten (mv.)	чароғаки габаритӣ	[tʃaroʁaki gabariti:]
noodverlichting (de)	чароғаки садамавӣ	[tʃaroʁaki sadamavi:]
mistlichten (mv.)	чароғаки зидди туман	[tʃaroʁaki ziddi tuman]
pinker (de)	нишондиҳандаи гардиш	[niʃondihandai gardiʃ]
achteruitrijdlicht (het)	чароғаки ақибравӣ	[tʃaroʁaki aqibravi:]

176. Auto's. Passagiersruimte

interieur (het)	салони мошин	[saloni moʃin]
leren (van leer gemaak)	… и чармин	[i tʃarmin]
fluwelen (abn)	велюрӣ	[veljuri:]
bekleding (de)	рӯйкаш	[rœjkaʃ]

toestel (het)	асбоб	[asbob]
instrumentenbord (het)	лавҳаи асбобҳо	[lavhai asbobho]
snelheidsmeter (de)	суръатсанҷ	[sur'atsandʒ]
pijltje (het)	акрабак	[akrabak]
kilometerteller (de)	ҳисобкунаки масофа	[hisobkunaki masofa]
sensor (de)	хабардиҳанда	[χabardihanda]
niveau (het)	сатҳ	[sath]
controlelampje (het)	чароғак	[tʃaroʁak]
stuur (het)	рул	[rul]
toeter (de)	сигнал	[signal]
knopje (het)	тугмача	[tugmatʃa]
schakelaar (de)	калид	[kalid]
stoel (bestuurders~)	курсӣ	[kursi:]
rugleuning (de)	пуштаки курсӣ	[puʃtaki kursi:]
hoofdsteun (de)	сармонаки курсӣ	[sarmonaki kursi:]
veiligheidsgordel (de)	тасмаи бехатарӣ	[tasmai beχatari:]
de gordel aandoen	тасма гузарондан	[tasma guzarondan]
regeling (de)	танзим	[tanzim]
airbag (de)	кисаи ҳаво	[kisai havo]
airconditioner (de)	кондитсионер	[konditsioner]
radio (de)	радио	[radio]
CD-speler (de)	CD-монак	[ɔɛ-monak]
aanzetten (bijv. radio ~)	даргирондан	[dargirondan]
antenne (de)	антенна	[antenna]
handschoenenkastje (het)	ҷойи дастпӯшакҳо	[dʒoji dastpœʃakho]
asbak (de)	хокистардон	[χokistardon]

177. Auto's. Motor

diesel- (abn)	дизелӣ	[dizeli:]
benzine- (~motor)	бо бензин коркунанда	[bo benzin korkunanda]
motorinhoud (de)	ҳаҷми муҳаррик	[hadʒmi muharrik]
vermogen (het)	иқтидор	[iqtidor]
paardenkracht (de)	қувваи асп	[quvvai asp]
zuiger (de)	поршен	[porʃen]
cilinder (de)	силиндр	[silindr]
klep (de)	клапан	[klapan]
injectie (de)	инжектор	[inʒektor]
generator (de)	генератор	[generator]
carburator (de)	карбюратор	[karbjurator]
motorolie (de)	равғани муҳаррик	[ravʁani muharrik]
radiator (de)	радиатор	[radiator]
koelvloeistof (de)	моеи хунуккунанда	[moei χunukkunanda]
ventilator (de)	бодкаш	[bodkaʃ]
accu (de)	аккумулятор	[akkumuljator]
starter (de)	корандози муҳаррик	[korandozi muharrik]

contact (ontsteking)	даргиронӣ	[dargironi:]
bougie (de)	свечаи мошин	[svetʃai moʃin]

pool (de)	пайвандак	[pajvandak]
positieve pool (de)	ҷамъ	[dʒam']
negatieve pool (de)	тарх	[tarh]
zekering (de)	пешгирикунанда	[peʃgirikunanda]

luchtfilter (de)	филтри хаво	[filtri havo]
oliefilter (de)	филтри равган	[filtri ravʁan]
benzinefilter (de)	филтри сӯзишворӣ	[filtri sœziʃvori:]

178. Auto's. Botsing. Reparatie

auto-ongeval (het)	садама	[sadama]
verkeersongeluk (het)	садамаи нақлиётӣ	[sadamai naqlijoti:]
aanrijden	бархӯрдан	[barχœrdan]
(tegen een boom, enz.)		
verongelukken (ww)	мачрӯх шудан	[madʒrœh ʃudan]
beschadiging (de)	осеб	[oseb]
heelhuids (bn)	саломат	[salomat]

pech (de)	садама	[sadama]
kapot gaan (zijn gebroken)	шикастан	[ʃikastan]
sleeptouw (het)	трос	[tros]

lek (het)	кафидааст	[kafidaast]
lekke krijgen (band)	холӣ шудан	[χoli: ʃudan]
oppompen (ww)	дам кардан	[dam kardan]
druk (de)	фишор	[fiʃor]
checken (controleren)	тафтиш кардан	[taftiʃ kardan]

reparatie (de)	таъмир	[ta'mir]
garage (de)	автосервис	[avtoservis]
wisselstuk (het)	қисми эхтиётӣ	[qismi ɛhtijoti:]
onderdeel (het)	қисм	[qism]

bout (de)	болт	[bolt]
schroef (de)	винт	[vint]
moer (de)	гайка	[gajka]
sluitring (de)	шайба	[ʃajba]
kogellager (de/het)	подшипник	[podʃipnik]

pijp (de)	найча	[najtʃa]
pakking (de)	магзӣ	[maʁzi:]
kabel (de)	сим	[sim]

dommekracht (de)	домкрат	[domkrat]
moersleutel (de)	калиди гайка	[kalidi gajka]
hamer (de)	болгача	[bolʁatʃa]
pomp (de)	насос	[nasos]
schroevendraaier (de)	мурваттоб	[murvattob]
brandblusser (de)	оташнишон	[otaʃniʃon]
gevarendriehoek (de)	секунчаи садамавӣ	[sekundʒai sadamavi:]

afslaan (ophouden te werken)	аз кор мондан	[az kor mondan]
uitvallen (het)	хомӯш кардан	[χomœʃ kardan]
zijn gebroken	шикастан	[ʃikastan]

oververhitten (ww)	тафсидан	[tafsidan]
verstopt raken (ww)	аз чирк маҳкам шудан	[az tʃirk mahkam ʃudan]
bevriezen (autodeur, enz.)	ях бастан	[jaχ bastan]
barsten (leidingen, enz.)	кафидан	[kafidan]

druk (de)	фишор	[fiʃor]
niveau (bijv. olieniveau)	сатҳ	[sath]
slap (de drijfriem is ~)	суст шудааст	[sust ʃudaast]

deuk (de)	пачақ	[patʃaq]
geklop (vreemde geluiden)	овоз, садо	[ovoz], [sado]
barst (de)	тарқиш	[tarqiʃ]
kras (de)	харош	[χaroʃ]

179. Auto's. Weg

weg (de)	роҳ, раҳ	[roh], [rah]
snelweg (de)	автомагистрал	[avtomagistral]
autoweg (de)	шоссе	[ʃosse]
richting (de)	самт	[samt]
afstand (de)	масофат	[masofat]

brug (de)	пул, кӯпрук	[pul], [kœpruk]
parking (de)	ҷойи мошинмонӣ	[dʒoji moʃinmoni:]
plein (het)	майдон	[majdon]
verkeersknooppunt (het)	чорсӯ	[tʃorsœ]
tunnel (de)	туннел	[tunnel]

benzinestation (het)	колонкаи бензингири	[kolonkai benzingiri]
parking (de)	истгоҳи мошинҳо	[istgohi moʃinho]
benzinepomp (de)	бензокалонка	[benzokalonka]
garage (de)	автосервис	[avtoservis]
tanken (ww)	пур кардан	[pur kardan]
brandstof (de)	сӯзишворӣ	[sœziʃvori:]
jerrycan (de)	канистра	[kanistra]

asfalt (het)	асфалт	[asfalt]
markering (de)	нишонагузорӣ	[niʃonaguzori:]
trottoirband (de)	ҳошия, канора	[hoʃija], [kanora]
geleiderail (de)	деворак	[devorak]
greppel (de)	ҷӯйбор	[dʒœjbor]
vluchtstrook (de)	канори роҳ	[kanori roh]
lichtmast (de)	сутун	[sutun]

besturen (een auto ~)	рондан	[rondan]
afslaan (naar rechts ~)	гардонидан	[gardonidan]
U-bocht maken (ww)	тоб хӯрдан	[tob χœrdan]
achteruit (de)	ақиб рафтан	[aqib raftan]
toeteren (ww)	сигнал додан	[signal dodan]

toeter (de)	бонг	[bong]
vastzitten (in modder)	дармондан	[darmondan]
spinnen (wielen gaan ~)	андармон шудан	[andarmon ʃudan]
uitzetten (ww)	хомӯш кардан	[χomœʃ kardan]

| snelheid (de) | суръат | [sur'at] |
| een snelheidsovertreding maken | суръат баланд кардан | [sur'at baland kardan] |

bekeuren (ww)	ҷарима андохтан	[dʒarima andoχtan]
verkeerslicht (het)	чароғи рахнамо	[tʃaroʁi rahnamo]
rijbewijs (het)	хуҷҷати ронандагӣ	[hudʒdʒati ronandagi:]

overgang (de)	гузаргох	[guzargoh]
kruispunt (het)	чоррaха	[tʃorraha]
zebrapad (oversteekplaats)	гузаргохи пиёдагардон	[guzargohi pijɔdagardon]
bocht (de)	гардиш	[gardiʃ]
voetgangerszone (de)	рохи пиёдагард	[rohi pijɔdagard]

180. Verkeersborden

verkeersregels (mv.)	қоидаи харакати рох	[qoidai harakati roh]
verkeersbord (het)	нишонаи рох	[niʃonai roh]
inhalen (het)	пешкунӣ	[peʃkuni:]
bocht (de)	гардиш	[gardiʃ]
U-bocht, kering (de)	хамгашт	[hamgaʃt]
Rotonde (de)	харакати гирдобагирд	[harakati girdobagird]

Verboden richting	даромадан манъ аст	[daromadan man' ast]
Verboden toegang	харакат манъ аст	[harakat man' ast]
Inhalen verboden	пешкунӣ манъ аст	[peʃkuni: man' ast]
Parkeerverbod	таваққуф манъ аст	[tavaqquf man' ast]
Verbod stil te staan	истодан манъ аст	[istodan man' ast]

Gevaarlijke bocht	хамгашти сахт	[χamgaʃti saχt]
Gevaarlijke daling	нишеби рост	[niʃebi rost]
Eenrichtingsweg	харакати якчониба	[harakati jakdʒoniba]
Voetgangers	гузаргохи пиёдагардон	[guzargohi pijɔdagardon]
Slipgevaar	рохи лағжон	[rohi laʁʒon]
Voorrang verlenen	рох додан	[roh dodan]

MENSEN. GEBEURTENISSEN IN HET LEVEN

Gebeurtenissen in het leven

181. Vakanties. Evenement

feest (het)	ид, чашн	[id], [dʒaʃn]
nationale feestdag (de)	иди миллӣ	[idi milli:]
feestdag (de)	рӯзи ид	[rœzi id]
herdenken (ww)	ид кардан	[id kardan]
gebeurtenis (de)	воқеа, ҳодиса	[voqea], [hodisa]
evenement (het)	чорабинӣ	[ʧorabini:]
banket (het)	зиёфати бошукӯҳ	[zijɔfati boʃukœh]
receptie (de)	қабул, зиёфат	[qabul], [zijɔfat]
feestmaal (het)	базм	[bazm]
verjaardag (de)	солгард, солагӣ	[solgard], [solagi:]
jubileum (het)	чашн	[dʒaʃn]
vieren (ww)	чашн гирифтан	[dʒaʃn giriftan]
Nieuwjaar (het)	Соли Нав	[soli nav]
Gelukkig Nieuwjaar!	Соли нав муборак!	[soli nav muborak]
Sinterklaas (de)	Бобои барфӣ	[boboi barfi:]
Kerstfeest (het)	Мавлуди Исо	[mavludi iso]
Vrolijk kerstfeest!	Иди мавлуд муборак!	[idi mavlud muborak]
kerstboom (de)	арчаи солинавӣ	[arʧai solinavi:]
vuurwerk (het)	салют	[saljut]
bruiloft (de)	тӯй, тӯйи арӯсӣ	[tœj], [tœji arœsi:]
bruidegom (de)	домод, домодшаванда	[domod], [domodʃavanda]
bruid (de)	арӯс	[arœs]
uitnodigen (ww)	даъват кардан	[da'vat kardan]
uitnodiging (de)	даъватнома	[da'vatnoma]
gast (de)	меҳмон	[mehmon]
op bezoek gaan	ба меҳмонӣ рафтан	[ba mehmoni: raftan]
gasten verwelkomen	қабули меҳмонҳо	[qabuli mehmonho]
geschenk, cadeau (het)	тӯҳфа	[tœhfa]
geven (iets cadeau ~)	бахшидан	[baxʃidan]
geschenken ontvangen	тухфа гирифтан	[tuhfa giriftan]
boeket (het)	дастаи гул	[dastai gul]
felicitaties (mv.)	муборакбод	[muborakbod]
feliciteren (ww)	муборакбод гуфтан	[muborakbod guftan]
wenskaart (de)	аткриткаи табрикӣ	[atkritkai tabriki:]

| een kaartje versturen | фиристодани аткритка | [firistodani atkritka] |
| een kaartje ontvangen | аткритка гирифтан | [atkritka giriftan] |

toast (de)	нӯшбод	[nœʃbod]
aanbieden (een drankje ~)	зиёфат кардан	[zijɔfat kardan]
champagne (de)	шампан	[ʃampan]

plezier hebben (ww)	хурсандӣ кардан	[χursandi: kardan]
plezier (het)	шодӣ, хурсандӣ	[ʃodi:], [χursandi:]
vreugde (de)	шодӣ	[ʃodi:]

| dans (de) | ракс | [raks] |
| dansen (ww) | рақсидан | [raqsidan] |

| wals (de) | валс | [vals] |
| tango (de) | танго | [tango] |

182. Begrafenissen. Begrafenis

kerkhof (het)	гӯристон, қабристон	[gœriston], [qabriston]
graf (het)	гӯр, кабр	[gœr], [kabr]
kruis (het)	салиб	[salib]
grafsteen (de)	санги қабр	[sangi qabr]
omheining (de)	панҷара	[pandʒara]
kapel (de)	калисои хурд	[kalisoi χurd]

dood (de)	марг	[marg]
sterven (ww)	мурдан	[murdan]
overledene (de)	раҳматӣ	[rahmati:]
rouw (de)	мотам	[motam]

begraven (ww)	гӯр кардан	[gœr kardan]
begrafenisonderneming (de)	бюрои дафнкунӣ	[bjuroi dafnkuni:]
begrafenis (de)	дафн, ҷаноза	[dafn], [dʒanoza]
krans (de)	гулчанбар	[gulʧanbar]
doodskist (de)	тобут	[tobut]
lijkwagen (de)	аробаи тобуткашӣ	[arobai tobutkaʃʃ]
lijkkleed (de)	кафан	[kafan]

| begrafenisstoet (de) | ҷараёни дафнкунӣ | [dʒarajɔni dafnkuni:] |
| urn (de) | зарфи хокистари мурдаи сӯзондашуда | [zarfi χokistari murdai sœzondaʃuda] |

| crematorium (het) | хонаи мурдасӯзӣ | [χonai murdasœzi:] |

overlijdensbericht (het)	таъзиянома	[ta'zijanoma]
huilen (wenen)	гиря кардан	[girja kardan]
snikken (huilen)	нолидан	[nolidan]

183. Oorlog. Soldaten

| peloton (het) | взвод | [vzvod] |
| compagnie (de) | рота | [rota] |

regiment (het)	полк	[polk]
leger (armee)	армия, қӯшун	[armija], [qœʃun]
divisie (de)	дивизия	[divizija]

sectie (de)	даста	[dasta]
troep (de)	қӯшун	[qœʃun]

soldaat (militair)	аскар	[askar]
officier (de)	афсар	[afsar]

soldaat (rang)	аскари қаторй	[askari qatori:]
sergeant (de)	сержант	[serʒant]
luitenant (de)	лейтенант	[lejtenant]

kapitein (de)	капитан	[kapitan]
majoor (de)	майор	[majɔr]
kolonel (de)	полковник	[polkovnik]
generaal (de)	генерал	[general]

matroos (de)	баҳрчй	[bahrtʃi:]
kapitein (de)	капитан	[kapitan]
bootsman (de)	ботсман	[botsman]

artillerist (de)	артиллерися	[artillerisja]
valschermjager (de)	десантчй	[desanttʃi:]
piloot (de)	лётчик	[ljɔttʃik]
stuurman (de)	штурман	[ʃturman]
mecanicien (de)	механик	[meχanik]

sappeur (de)	сапёр	[sapjɔr]
parachutist (de)	парашютчй	[paraʃjuttʃi:]
verkenner (de)	разведкачй	[razvedkatʃi:]
scherpschutter (de)	мерган	[mergan]

patrouille (de)	посбон	[posbon]
patrouilleren (ww)	посбонй кардан	[posboni: kardan]
wacht (de)	посбон	[posbon]

krijger (de)	чанговар, аскар	[dʒangovar], [askar]
held (de)	қаҳрамон	[qahramon]
heldin (de)	қаҳрамонзан	[qahramonzan]
patriot (de)	ватандӯст	[vatandœst]

verrader (de)	хоин, хиёнаткор	[χoin], [χijɔnatkor]
verraden (ww)	хиёнат кардан	[χijɔnat kardan]

deserteur (de)	гуреза, фирорй	[gureza], [firori:]
deserteren (ww)	фирор кардан	[firor kardan]

huurling (de)	зархарид	[zarχarid]
rekruut (de)	аскари нав	[askari nav]
vrijwilliger (de)	довталаб	[dɔvtalab]

gedode (de)	кvel-ушташуда	[kuʃtaʃuda]
gewonde (de)	захмдор	[zaχmdor]
krijgsgevangene (de)	асир	[asir]

184. Oorlog. Militaire acties. Deel 1

oorlog (de)	ҷанг	[ʤang]
oorlog voeren (ww)	ҷангидан	[ʤangidan]
burgeroorlog (de)	ҷанги граждани	[ʤangi graʒdani:]
achterbaks (bw)	аҳдшиканона	[ahdʃikanona]
oorlogsverklaring (de)	эълони ҷанг	[ɛ'loni ʤang]
verklaren (de oorlog ~)	эълон кардан	[ɛ'lon kardan]
agressie (de)	таҷовуз, агрессия	[taʤovuz], [agressija]
aanvallen (binnenvallen)	хучум кардан	[huʤum kardan]
binnenvallen (ww)	забт кардан	[zabt kardan]
invaller (de)	забткунанда	[zabtkunanda]
veroveraar (de)	забткунанда	[zabtkunanda]
verdediging (de)	мудофиа	[mudofia]
verdedigen (je land ~)	мудофиа кардан	[mudofia kardan]
zich verdedigen (ww)	худро мудофиа кардан	[χudro mudofia kardan]
vijand (de)	душман	[duʃman]
tegenstander (de)	рақиб	[raqib]
vijandelijk (bn)	... и душман	[i duʃman]
strategie (de)	стратегия	[strategija]
tactiek (de)	тактика	[taktika]
order (de)	фармон	[farmon]
bevel (het)	фармон	[farmon]
bevelen (ww)	фармон додан	[farmon dodan]
opdracht (de)	супориш	[suporiʃ]
geheim (bn)	пинхони	[pinhoni:]
veldslag (de)	ҷанг	[ʤang]
strijd (de)	муҳориба	[muhoriba]
aanval (de)	ҳамла	[hamla]
bestorming (de)	хучум	[huʤum]
bestormen (ww)	хучуми қатъй кардан	[huʤumi qat'i: kardan]
bozotting (de)	муҳосира	|muhosira]
aanval (de)	хучум	[huʤum]
in het offensief te gaan	хучум кардан	[huʤum kardan]
terugtrekking (de)	ақибнишинй	[aqibniʃini:]
zich terugtrekken (ww)	ақиб гаштан	[aqib gaʃtan]
omsingeling (de)	муҳосира, иҳота	[muhosira], [ihota]
omsingelen (ww)	муҳосира кардан	[muhosira kardan]
bombardement (het)	бомбаандози	[bombaandozi:]
een bom gooien	бомба партофтан	[bomba partoftan]
bombarderen (ww)	бомбаборон кардан	[bombaboron kardan]
ontploffing (de)	таркиш, таркидан	[tarkiʃ], [tarkidan]
schot (het)	тир, тирпаррони	[tir], [tirpɐrroni:]

| een schot lossen | тир паррондан | [tir parrondan] |
| schieten (het) | тирпарронй | [tirparroni:] |

mikken op (ww)	нишон гирифтан	[niʃon giriftan]
aanleggen (een wapen ~)	рост кардан	[rost kardan]
treffen (doelwit ~)	задан	[zadan]

zinken (tot zinken brengen)	ғарқ кардан	[ʁarq kardan]
kogelgat (het)	сӯрох	[sœroχ]
zinken (gezonken zijn)	ғарқ шудан	[ʁarq ʃudan]

front (het)	фронт, ҷабха	[front], [dʒabχa]
evacuatie (de)	тахлия	[taχlija]
evacueren (ww)	тахлия кардан	[taχlija kardan]

loopgraaf (de)	хандақ	[χandaq]
prikkeldraad (de)	симхор	[simχor]
verdedigingsobstakel (het)	садд	[sadd]
wachttoren (de)	бурчи дидбонй	[burtʃi didboni:]

hospitaal (het)	беморхонаи ҳарбй	[bemorχonai harbi:]
verwonden (ww)	захмдор кардан	[zaχmdor kardan]
wond (de)	захм, реш	[zaχm], [reʃ]
gewonde (de)	захмдор	[zaχmdor]
gewond raken (ww)	захм бардоштан	[zaχm bardoʃtan]
ernstig (~e wond)	вазнин	[vaznin]

185. Oorlog. Militaire acties. Deel 2

krijgsgevangenschap (de)	асирй	[asiri:]
krijgsgevangen nemen	асир гирифтан	[asir giriftan]
krijgsgevangene zijn	дар асирй будан	[dar asiri: budan]
krijgsgevangen genomen worden	асир афтидан	[asir aftidan]

concentratiekamp (het)	лагери консентратсионй	[lageri konsentratsioni:]
krijgsgevangene (de)	асир	[asir]
vluchten (ww)	гурехтан	[gureχtan]

verraden (ww)	хиёнат кардан	[χijɔnat kardan]
verrader (de)	хоин, хиёнаткор	[χoin], [χijɔnatkor]
verraad (het)	хиёнат, хоинй	[χijɔnat], [χoini:]

| fusilleren (executeren) | тирборон кардан | [tirboron kardan] |
| executie (de) | тирборон | [tirboron] |

uitrusting (de)	либоси ҳарбй	[libosi harbi:]
schouderstuk (het)	пагон	[pagon]
gasmasker (het)	ниқоби зидди газ	[niqobi ziddi gaz]

portofoon (de)	ратсия	[ratsija]
geheime code (de)	рамз	[ramz]
samenzwering (de)	пинхонкунй	[pinhonkuni:]
wachtwoord (het)	рамз	[ramz]

mijn (landmijn)	мина	[mina]
ondermijnen (legden mijnen)	мина гузоштан	[mina guzoʃtan]
mijnenveld (het)	майдони минадор	[majdoni minador]

luchtalarm (het)	бонги хатари ҳавой	[bongi χatari havoi:]
alarm (het)	бонги хатар	[bongi χatar]
signaal (het)	бонг, ишорат	[bong], [iʃorat]
vuurpijl (de)	ракетаи хабардиҳанда	[raketai χabardihanda]

staf (generale ~)	штаб	[ʃtab]
verkenningstocht (de)	разведкачиён	[razvedkatʃijon]
toestand (de)	вазъият	[vaz'ijat]
rapport (het)	гузориш, рапорт	[guzoriʃ], [raport]
hinderlaag (de)	камин	[kamin]
versterking (de)	мадади ҳарбӣ	[madadi harbi:]
doel (bewegend ~)	ҳадаф, нишон	[hadaf], [niʃon]
proefterrein (het)	майдони тирандозӣ	[majdoni tirandozi:]
manoeuvres (mv.)	манёвр	[manjovr]

paniek (de)	воҳима	[vohima]
verwoesting (de)	xapoдӣ	[χarodi:]
verwoestingen (mv.)	харобазор	[χarobazor]
verwoesten (ww)	харод кардан	[χarod kardan]

overleven (ww)	зинда мондан	[zinda mondan]
ontwapenen (ww)	беярок кардан	[bejarok kardan]
behandelen (een pistool ~)	кор фармудан	[kor farmudan]

| Geeft acht! | Ором! | [orom] |
| Op de plaats rust! | Озод! | [ozod] |

heldendaad (de)	корнома	[kornoma]
eed (de)	қасам	[qasam]
zweren (een eed doen)	қасам хурдан	[qasam χurdan]

decoratie (de)	мукофот	[mukofot]
onderscheiden (een ereteken geven)	мукофот додан	[mukofot dodan]
medaille (de)	медал	[medal]
orde (de)	орден, нишон	[orden], [niʃon]

overwinning (de)	ғалаба	[ʁalaba]
verlies (het)	шикаст хӯрдан	[ʃikast χœrdan]
wapenstilstand (de)	сулҳи мувакқати	[sulhi muvakqati]

wimpel (vaandel)	байрақ	[bajraq]
roem (de)	шараф, шӯҳрат	[ʃaraf], [ʃœhrat]
parade (de)	расмигузашт	[rasmiguzaʃt]
marcheren (ww)	қадамзании низомӣ	[qadamzani:i nizomi:]

186. Wapens

| wapens (mv.) | яроқ, силоҳ | [jaroq], [siloh] |
| vuurwapens (mv.) | аслиҳаи оташфишон | [aslihai otaʃfiʃon] |

koude wapens (mv.)	яроқи беоташ	[jaroqi beotaʃ]
chemische wapens (mv.)	силоҳи химиявӣ	[silohi ximijavi:]
kern-, nucleair (bn)	… и ядро, ядрой	[i jadro], [jadroi:]
kernwapens (mv.)	аслиҳаи ядрой	[aslihai jadroi:]

bom (de)	бомба	[bomba]
atoombom (de)	бомбаи атомй	[bombai atomi:]

pistool (het)	тапонча	[tapontʃa]
geweer (het)	милтиқ	[miltiq]
machinepistool (het)	автомат	[avtomat]
machinegeweer (het)	пулемёт	[pulemjɔt]

loop (schietbuis)	даҳони мил	[dahoni mil]
loop (bijv. geweer met kortere ~)	мил	[mil]
kaliber (het)	калибр	[kalibr]

trekker (de)	куланги силоҳи оташфишон	[kulangi silohi otaʃfiʃon]
korrel (de)	нишон	[niʃon]
magazijn (het)	тирдон	[tirdon]
geweerkolf (de)	қундоқ	[qundoq]

granaat (handgranaat)	гранатаи дастӣ	[granatai dasti:]
explosieven (mv.)	моддаи тарканда	[moddai tarkanda]

kogel (de)	тир	[tir]
patroon (de)	тир	[tir]
lading (de)	заряд	[zarjad]
ammunitie (de)	лавозимоти ҷангй	[lavozimoti dʒangi:]

bommenwerper (de)	самолёти бомбаандоз	[samoljɔti bombaandoz]
straaljager (de)	қиркунанда	[qirkunanda]
helikopter (de)	вертолёт	[vertoljɔt]

afweergeschut (het)	тӯпи зенитӣ	[tœpi zeniti:]
tank (de)	танк	[tank]
kanon (tank met een ~ van 76 mm)	тӯп	[tœp]

artillerie (de)	артиллерия	[artillerija]
kanon (het)	тӯп	[tœp]
aanleggen (een wapen ~)	рост кардан	[rost kardan]

projectiel (het)	тир, тири тӯп	[tir], [tiri tœp]
mortiergranaat (de)	минаи миномёт	[minai minomjɔt]
mortier (de)	миномёт	[minomjɔt]
granaatscherf (de)	тикка	[tikka]

duikboot (de)	киштии зериобӣ	[kiʃti:i zeriobi:]
torpedo (de)	торпеда	[torpeda]
raket (de)	ракета	[raketa]

laden (geweer, kanon)	тир пур кардан	[tir pur kardan]
schieten (ww)	тир задан	[tir zadan]

| richten op (mikken) | нишон гирифтан | [niʃon giriftan] |
| bajonet (de) | найза | [najza] |

degen (de)	шамшер	[ʃamʃer]
sabel (de)	шамшер, шоф	[ʃamʃer], [ʃof]
speer (de)	найза	[najza]
boog (de)	камон	[kamon]
pijl (de)	тир	[tir]
musket (de)	туфанг	[tufang]
kruisboog (de)	камон, камонғӯлак	[kamon], [kamonʁœlak]

187. Oude mensen

primitief (bn)	ибтидой	[ibtidoi:]
voorhistorisch (bn)	пеш аз таърих	[peʃ az ta'riχ]
eeuwenoude (~ beschaving)	қадим	[qadim]

Steentijd (de)	Асри сангин	[asri sangin]
Bronstijd (de)	Давраи биринчӣ	[davrai birinʤi:]
IJstijd (de)	Давраи яхбандӣ	[davrai jaχbandi:]

stam (de)	қабила	[qabila]
menseneter (de)	одамхӯр	[odamχœr]
jager (de)	шикорчӣ	[ʃikortʃi:]
jagen (ww)	шикор кардан	[ʃikor kardan]
mammoet (de)	мамонт	[mamont]

grot (de)	ғор	[ʁor]
vuur (het)	оташ	[otaʃ]
kampvuur (het)	гулхан	[gulχan]
rotstekening (de)	нақшхои рӯйи санг	[naqʃhoi rœji sang]

werkinstrument (het)	олати меҳнат	[olati mehnat]
speer (de)	найза	[najza]
stenen bijl (de)	табари сангин	[tabari sangin]
oorlog voeren (ww)	чангидан	[ʤangidan]
temmen (bijv. wolf ~)	дастомӯз кардан	[dastomœz kardan]

idool (het)	бут, санам	[but], [sanam]
aanbidden (ww)	парастидан	[parastidan]
bijgeloof (het)	хурофот	[χurofot]
ritueel (het)	расм, маросим	[rasm], [marosim]

evolutie (de)	таҳаввул	[tahavvul]
ontwikkeling (de)	пешравӣ	[peʃravi:]
verdwijning (de)	нест шудан	[nest ʃudan]
zich aanpassen (ww)	мувофиқат кардан	[muvofiqat kardan]

archeologie (de)	археология	[arχeologija]
archeoloog (de)	археолог	[arχeolog]
archeologisch (bn)	археологӣ	[arχeologi:]

| opgravingsplaats (de) | ҳафриёт | [hafrijɔt] |
| opgravingen (mv.) | ҳафриёт | [hafrijɔt] |

vondst (de)	бозёфт	[bozjɔft]
fragment (het)	порча	[pɔrtʃa]

188. Middeleeuwen

volk (het)	халқ	[χalq]
volkeren (mv.)	халқхо	[χalqho]
stam (de)	қабила	[qabila]
stammen (mv.)	қабилахо	[qabilaho]

barbaren (mv.)	барбархо	[barbarho]
Galliërs (mv.)	галлхо	[gallho]
Goten (mv.)	готхо	[gotho]
Slaven (mv.)	сақлоб	[saqlob]
Vikings (mv.)	викингхо	[vikingho]

Romeinen (mv.)	румихо	[rumiho]
Romeins (bn)	... и Рим, римй	[i rim], [rimi:]

Byzantijnen (mv.)	византиягихо	[vizantijagiho]
Byzantium (het)	Византия	[vizantija]
Byzantijns (bn)	византиягй	[vizantijagi:]

keizer (bijv. Romeinse ~)	император	[imperator]
opperhoofd (het)	пешво, рохбар	[peʃvo], [rohbar]
machtig (bn)	тавоно	[tavono]
koning (de)	шох	[ʃoh]
heerser (de)	хукмдор	[hukmdor]

ridder (de)	баходур	[bahodur]
feodaal (de)	феодал	[feodal]
feodaal (bn)	феодалй	[feodali:]
vazal (de)	вассал	[vassal]

hertog (de)	гертсог	[gertsog]
graaf (de)	граф	[graf]
baron (de)	барон	[baron]
bisschop (de)	епископ	[episkop]

harnas (het)	либосу аслихаи чангй	[libosu aslihai tʃangi:]
schild (het)	сипар	[sipar]
zwaard (het)	шамшер	[ʃamʃer]
vizier (het)	рӯйпӯши тоскулох	[rœjpœʃi toskuloh]
maliënkolder (de)	зирех	[zireh]

kruistocht (de)	юриши салибдорон	[juriʃi salibdoron]
kruisvaarder (de)	салибдор	[salibdor]

gebied (bijv. bezette ~en)	хок	[χok]
aanvallen (binnenvallen)	хуҷум кардан	[huʤum kardan]
veroveren (ww)	забт кардан	[zabt kardan]
innemen (binnenvallen)	ғасб кардан	[ʁasb kardan]
bezetting (de)	мухосира	[muhosira]
bezet (bn)	мухосирашуда	[muhosiraʃuda]

belegeren (ww)	муҳосира кардан	[muhosira kardan]
inquisitie (de)	инквизитсия	[inkvizitsija]
inquisiteur (de)	инквизитор	[inkvizitor]
foltering (de)	шиканҷа	[ʃikandʒa]
wreed (bn)	бераҳм	[berahm]
ketter (de)	бидъаткор	[bid'atkor]
ketterij (de)	бидъат	[bid'at]

zeevaart (de)	баҳрнавардӣ	[bahrnavardi:]
piraat (de)	роҳзани баҳрӣ	[rohzani bahri:]
piraterij (de)	роҳзании баҳрӣ	[rohzani:i bahri:]
enteren (het)	абордаж	[abordaʒ]
buit (de)	сайд, ғанимат	[sajd], [ʁanimat]
schatten (mv.)	ганҷ	[gandʒ]

ontdekking (de)	кашф	[kaʃf]
ontdekken (bijv. nieuw land)	кашф кардан	[kaʃf kardan]
expeditie (de)	экспедитсия	[ɛkspeditsija]

musketier (de)	туфангдор	[tufangdor]
kardinaal (de)	кардинал	[kardinal]
heraldiek (de)	гербшиносӣ	[gerbʃinosi:]
heraldisch (bn)	… и гербшиносӣ	[i gerbʃinosi:]

189. Leider. Baas. Autoriteiten

koning (de)	шоҳ	[ʃoh]
koningin (de)	малика	[malika]
koninklijk (bn)	шоҳӣ, … и шоҳ	[ʃohi:], [i ʃoh]
koninkrijk (het)	шоҳигарӣ	[ʃohigari:]

| prins (de) | шоҳзода | [ʃohzoda] |
| prinses (de) | шоҳдухтар | [ʃohduxtar] |

president (de)	президент	[prezident]
vicepresident (de)	ноиб-президент	[noib-prezident]
senator (de)	сенатор	[senator]

monarch (de)	монарх, подшоҳ	[monarχ], [podʃoh]
heerser (de)	ҳукмдор	[hukmdor]
dictator (de)	ҳукмфармо	[hukmfarmo]
tiran (de)	мустабид	[mustabid]
magnaat (de)	магнат	[magnat]

directeur (de)	директор, мудир	[direktor], [mudir]
chef (de)	сардор	[sardor]
beheerder (de)	идоракунанда	[idorakunanda]
baas (de)	хӯҷаин, саркор	[χœdʒain], [sarkor]
eigenaar (de)	соҳиб, хӯҷаин	[sohib], [χœdʒain]

leider (de)	сарвар, роҳбар	[sarvar], [rohbar]
hoofd	сардор	[sardor]
(bijv. ~ van de delegatie)		
autoriteiten (mv.)	ҳукумат	[hukumat]

superieuren (mv.)	сардорон	[sardoron]
gouverneur (de)	губернатор	[gubernator]
consul (de)	консул	[konsul]
diplomaat (de)	дипломат	[diplomat]
burgemeester (de)	мир	[mir]
sheriff (de)	шериф	[ʃerif]

keizer (bijv. Romeinse ~)	император	[imperator]
tsaar (de)	шоҳ	[ʃoh]
farao (de)	фиръавн	[fir'avn]
kan (de)	хон	[χon]

190. Weg. Weg. Routebeschrijving

| weg (de) | роҳ, раҳ | [roh], [rah] |
| route (de kortste ~) | роҳ | [roh] |

autoweg (de)	шоссе	[ʃosse]
snelweg (de)	автомагистрал	[avtomagistral]
rijksweg (de)	роҳи миллӣ	[rohi milli:]

| hoofdweg (de) | роҳи асосӣ | [rohi asosi:] |
| landweg (de) | роҳи деҳот | [rohi dehot] |

| pad (het) | пайраҳа | [pajraha] |
| paadje (het) | пайраҳа | [pajraha] |

Waar?	Дар кучо?	[dar kudʒo]
Waarheen?	Кучо?	[kudʒo]
Waaruit?	Аз кучо?	[az kudʒo]

| richting (de) | самт | [samt] |
| aanwijzen (de weg ~) | нишон додан | [niʃon dodan] |

naar links (bw)	ба тарафи чап	[ba tarafi tʃap]
naar rechts (bw)	ба тарафи рост	[ba tarafi rost]
rechtdoor (bw)	рост	[rost]
terug (bijv. ~ keren)	ақиб	[aqib]

bocht (de)	гардиш	[gardiʃ]
afslaan (naar rechts ~)	гардонидан	[gardonidan]
U-bocht maken (ww)	тоб хӯрдан	[tob χœrdan]

| zichtbaar worden (ww) | намоён будан | [namojon budan] |
| verschijnen (in zicht komen) | намудор шудан | [namudor ʃudan] |

stop (korte onderbreking)	истгоҳ	[istgoh]
zich verpozen (uitrusten)	истироҳат кардан	[istirohat kardan]
rust (de)	истироҳат	[istirohat]

verdwalen (de weg kwijt zijn)	роҳ гум кардан	[roh gum kardan]
leiden naar ... (de weg)	бурдан ба	[burdan ba]
bereiken (ergens aankomen)	баромадан ба ...	[baromadan ba]
deel (~ van de weg)	қисм, қитъа	[qism], [qit'a]

asfalt (het)	асфалт	[asfalt]
trottoirband (de)	ҳошия, канора	[hoʃija], [kanora]
greppel (de)	ҷӯй	[dʒœj]
putdeksel (het)	люк	[ljuk]
vluchtstrook (de)	канори роҳ	[kanori roh]
kuil (de)	чукурӣ	[tʃuquri:]

gaan (te voet)	рафтан	[raftan]
inhalen (voorbijgaan)	пеш карда гузаштан	[peʃ karda guzaʃtan]

stap (de)	кадам	[kadam]
te voet (bw)	пои пиёда	[poi pijɔda]

blokkeren (de weg ~)	банд кардан	[band kardan]
slagboom (de)	ғав	[ʁav]
doodlopende straat (de)	кӯчаи бумбаста	[kœtʃai bumbasta]

191. De wet overtreden. Criminelen. Deel 1

bandiet (de)	роҳзан	[rohzan]
misdaad (de)	ҷиноят	[dʒinojat]
misdadiger (de)	ҷинояткор	[dʒinojatkor]

dief (de)	дузд	[duzd]
stelen (ww)	дуздидан	[duzdidan]
stelen (de)	дузди	[duzdi:]
diefstal (de)	ғорат	[ʁorat]

kidnappen (ww)	дуздидан	[duzdidan]
kidnapping (de)	одамдузди	[odamduzdi:]
kidnapper (de)	одамдузд	[odamduzd]

losgeld (het)	фидия	[fidija]
eisen losgeld (ww)	фидия талаб кардан	[fidija talab kardan]

overvallen (ww)	ғорат кардан	[ʁorat kardan]
overval (de)	ғорат	[ʁorat]
overvaller (de)	ғоратгар	[ʁoratgar]

afpersen (ww)	тамаъ ҷустан	[tama' dʒustan]
afperser (de)	тамаъкор	[tama'kor]
afpersing (de)	тамаъҷӯй	[tama'dʒœi:]

vermoorden (ww)	куштан	[kuʃtan]
moord (de)	қатл, куштор	[qatl], [kuʃtor]
moordenaar (de)	кушанда	[kuʃanda]

schot (het)	тир, тирпаррони	[tir], [tirparroni:]
een schot lossen	тир паррондан	[tir parrondan]
neerschieten (ww)	паррондан	[parrondan]
schieten (ww)	тир задан	[tir zadan]
schieten (het)	тирандози	[tirandozi:]
ongeluk (gevecht, enz.)	ҳодиса	[hodisa]
gevecht (het)	занозани	[zɑnozɑni:]

| Help! | Ёри диҳед! | [jori dihed] |
| slachtoffer (het) | қурбонй, қурбон | [qurboni:], [qurbon] |

beschadigen (ww)	осеб расонидан	[oseb rasonidan]
schade (de)	зарар	[zarar]
lijk (het)	ҷасад	[dʒasad]
zwaar (~ misdrijf)	вазнин	[vaznin]

aanvallen (ww)	ҳучум кардан	[hudʒum kardan]
slaan (iemand ~)	задан	[zadan]
in elkaar slaan (toetakelen)	лату кӯб кардан	[latu kœb kardan]
ontnemen (beroven)	кашида гирифтан	[kaʃida giriftan]
steken (met een mes)	сар буридан	[sar buridan]
verminken (ww)	маъюб кардан	[ma'jub kardan]
verwonden (ww)	захмдор кардан	[zaχmdor kardan]

chantage (de)	таҳдид	[tahdid]
chanteren (ww)	таҳдид кардан	[tahdid kardan]
chanteur (de)	таҳдидгар	[tahdidgar]

afpersing (de)	рэкет	[rɛket]
afperser (de)	рэкетчй	[rɛkettʃi:]
gangster (de)	роҳзан, ғоратгар	[rohzan], [ʁoratgar]
maffia (de)	мафия	[mafija]

kruimeldief (de)	кисабур	[kisabur]
inbreker (de)	дузди кулфшикан	[duzdi qulfʃikan]
smokkelen (het)	қочоқчигй	[qotʃoqtʃigi:]
smokkelaar (de)	қочоқчй	[qotʃoqtʃi:]

namaak (de)	сохтакорй	[soχtakori:]
namaken (ww)	сохтакорй кардан	[soχtakori: kardan]
namaak-, vals (bn)	қалбақй	[qalbaqi:]

192. De wet overtreden. Criminelen. Deel 2

verkrachting (de)	таҷовуз ба номус	[tadʒovuz ba nomus]
verkrachten (ww)	ба номус таҷовуз кардан	[ba nomus tadʒovuz kardan]
verkrachter (de)	зӯрикунанда	[zœrikunanda]
maniak (de)	васвосй, савдой	[vasvosi:], [savdoi:]

prostituee (de)	фоҳиша	[fohiʃa]
prostitutie (de)	фоҳишагй	[fohiʃagi:]
pooier (de)	занҷаллоб	[zandʒallob]

| drugsverslaafde (de) | нашъаманд | [naʃ'amand] |
| drugshandelaar (de) | нашъаҷаллоб | [naʃ'adʒallob] |

opblazen (ww)	таркондан	[tarkondan]
explosie (de)	тарқиш, тарқидан	[tarkiʃ], [tarkidan]
in brand steken (ww)	оташ задан	[otaʃ zadan]
brandstichter (de)	оташзананда	[otaʃzananda]
terrorisme (het)	терроризм	[terrorizm]
terrorist (de)	террорчй	[terrortʃi:]

gijzelaar (de)	шахси гаравӣ, гаравгон	[ʃaχsi garavi:], [garavgon]
bedriegen (ww)	фиреб додан, фирефтан	[fireb dodan], [fireftan]
bedrog (het)	фиреб	[fireb]
oplichter (de)	фиребгар	[firebgar]

omkopen (ww)	пора додан	[pora dodan]
omkoperij (de)	пора додан	[pora dodan]
smeergeld (het)	пора, ришва	[pora], [riʃva]

vergif (het)	захр	[zahr]
vergiftigen (ww)	захр додан	[zahr dodan]
vergif innemen (ww)	захр хӯрдан	[zahr χœrdan]

zelfmoord (de)	худкушӣ	[χudkuʃi:]
zelfmoordenaar (de)	худкуш	[χudkuʃ]

bedreigen (bijv. met een pistool)	дӯғ задан	[dœʁ zadan]
bedreiging (de)	дӯғ, пӯписа	[dœʁ], [pœpisa]
een aanslag plegen	суиқасд кардан	[suiqasd kardan]
aanslag (de)	суиқасд	[suiqasd]

stelen (een auto)	дуздидан	[duzdidan]
kapen (een vliegtuig)	дуздидан	[duzdidan]

wraak (de)	интиқом	[intiqom]
wreken (ww)	интиқом гирифтан	[intiqom giriftan]

martelen (gevangenen)	шиканҷа кардан	[ʃikandʒa kardan]
foltering (de)	шиканҷа	[ʃikandʒa]
folteren (ww)	азоб додан	[azob dodan]

piraat (de)	роҳзани баҳрӣ	[rohzani bahri:]
straatschender (de)	бадахлоқ	[badaχloq]
gewapend (bn)	мусаллаҳ	[musallah]
geweld (het)	таҷовуз	[tadʒovuz]
onwettig (strafbaar)	ғайрилегалӣ	[ʁajrilegali:]

spionage (de)	ҷосусӣ	[dʒosusi:]
spioneren (ww)	ҷосусӣ кардан	[dʒosusi: kardan]

193. Politie. Wet. Deel 1

gerecht (het)	адлия	[adlija]
gerechtshof (het)	суд	[sud]

rechter (de)	довар	[dovar]
jury (de)	суди халқӣ	[sudi χalqi:]
juryrechtspraak (de)	суди касамиён	[sudi kasamijɔn]
berechten (ww)	суд кардан	[sud kardan]

advocaat (de)	адвокат, ҳимоягар	[advokat], [himojagar]
beklaagde (de)	айбдор	[ajbdor]
beklaagdenbank (de)	курсии судшаванда	[kursi:i cudʃavanda]

beschuldiging (de)	айбдоркунй	[ajbdorkuni:]
beschuldigde (de)	айбдоршаванда	[ajbdorʃavanda]
vonnis (het)	ҳукм, ҳукмнома	[hukm], [hukmnoma]
veroordelen	ҳукм кардан	[hukm kardan]
(in een rechtszaak)		
schuldige (de)	гунаҳкор, айбдор	[gunahkor], [ajbdor]
straffen (ww)	ҷазо додан	[dʒazo dodan]
bestraffing (de)	ҷазо	[dʒazo]
boete (de)	ҷарима	[dʒarima]
levenslange opsluiting (de)	ҳабси якумрй	[habsi jakumri:]
doodstraf (de)	ҷазои қатл	[dʒazoi qatl]
elektrische stoel (de)	курсии барқй	[kursi:i barqi:]
schavot (het)	дор	[dor]
executeren (ww)	қатл кардан	[qatl kardan]
executie (de)	ҳукми куш	[hukmi kuʃ]
gevangenis (de)	маҳбас	[mahbas]
cel (de)	камера	[kamera]
konvooi (het)	қаравулон	[qaravulon]
gevangenisbewaker (de)	назоратчии ҳабсхона	[nazorattʃi:i habsχona]
gedetineerde (de)	маҳбус	[mahbus]
handboeien (mv.)	дастбанд	[dastband]
handboeien omdoen	ба даст кишан андохтан	[ba dast kiʃan andoχtan]
ontsnapping (de)	гурез	[gurez]
ontsnappen (ww)	гурехтан	[gureχtan]
verdwijnen (ww)	гум шудан	[gum ʃudan]
vrijlaten (uit de gevangenis)	озод кардан	[ozod kardan]
amnestie (de)	амнистия, афви умумй	[amnistija], [afvi umumi:]
politie (de)	полис	[polis]
politieagent (de)	полис	[polis]
politiebureau (het)	милисахона	[milisaχona]
knuppel (de)	чӯбдасти резинй	[tʃœbdasti rezini:]
megafoon (de)	баландгӯяк	[balandgœjak]
patrouilleerwagen (de)	мошини дидбонй	[moʃini didboni:]
sirene (de)	бурғу	[burʁu]
de sirene aansteken	даргиронидани сирена	[dargironidani sirena]
geloei (het) van de sirene	хуввоси сирена	[huvvosi sirena]
plaats delict (de)	ҷойи ҷиноят	[dʒoji dʒinojat]
getuige (de)	шоҳид	[ʃohid]
vrijheid (de)	озодй	[ozodi:]
handlanger (de)	шарик	[ʃarik]
ontvluchten (ww)	паноҳ шудан	[panoh ʃudan]
spoor (het)	пай	[paj]

194. Politie. Wet. Deel 2

opsporing (de)	чустучӯ	[dʒustudʒœ]
opsporen (ww)	чустучӯ кардан	[dʒustudʒœ kardan]
verdenking (de)	шубҳа	[ʃubha]
verdacht (bn)	шубҳанок	[ʃubhanok]
aanhouden (stoppen)	нигоҳ доштан	[nigoh doʃtan]
tegenhouden (ww)	дастгир кардан	[dastgir kardan]

strafzaak (de)	кори чиноятӣ	[kori dʒinojati:]
onderzoek (het)	тафтиш	[taftiʃ]
detective (de)	муфаттиши махфӣ	[mufattiʃi maxfi:]
onderzoeksrechter (de)	муфаттиш	[mufattiʃ]
versie (de)	версия	[versija]

motief (het)	ангеза	[angeza]
verhoor (het)	истинток кардан	[istintok kardan]
ondervragen (door de politie)	истинток	[istintok]
ondervragen (omstanders ~)	райпурсӣ кардан	[rajpursi: kardan]
controle (de)	тафтиш	[taftiʃ]

razzia (de)	мухосира,иҳота	[muhosira,ihota]
huiszoeking (de)	кофтуков	[koftukov]
achtervolging (de)	таъқиб	[ta'qib]
achtervolgen (ww)	таъқиб кардан	[ta'qib kardan]
opsporen (ww)	поидан	[poidan]

arrest (het)	ҳабс	[habs]
arresteren (ww)	ҳабс кардан	[habs kardan]
vangen, aanhouden (een dief, enz.)	дастгир кардан	[dastgir kardan]
aanhouding (de)	дастгир карданй	[dastgir kardani:]

document (het)	ҳуҷҷат, санад	[hudʒdʒat], [sanad]
bewijs (het)	исбот	[isbot]
bewijzen (ww)	исбот кардан	[isbot kardan]
voetspoor (het)	из, пай	[iz], [paj]
vingerafdrukken (mv.)	нақши ангуштон	[naqʃi anguʃton]
bewijs (het)	далел	[dalel]

alibi (het)	алиби	[alibi]
onschuldig (bn)	бегуноҳ, беайб	[begunoh], [beajb]
onrecht (het)	беадолатӣ	[beadolati:]
onrechtvaardig (bn)	беинсоф	[beinsof]

crimineel (bn)	чиноятӣ	[dʒinojati:]
confisqueren (in beslag nemen)	мусодира кардан	[musodira kardan]
drug (de)	маводи нашъадор	[mavodi naʃ'ador]
wapen (het)	яроқ	[jaroq]
ontwapenen (ww)	беярок кардан	[bejarok kardan]
bevelen (ww)	фармон додан	[farmon dodan]
verdwijnen (ww)	гум шудан	[gum ʃudan]
wet (de)	қонун	[qonun]
wettelijk (bn)	қонунӣ, ... и қонун	[qonuni:], [i konun]

onwettelijk (bn)	ғайриқонунй	[ʁajriqonuni:]
verantwoordelijkheid (de)	ҷавобгарй	[dʒavobgari:]
verantwoordelijk (bn)	ҷавобгар	[dʒavobgar]

NATUUR

De Aarde. Deel 1

195. De kosmische ruimte

kosmos (de)	кайҳон	[kajhon]
kosmisch (bn)	… и кайҳон	[i kajhon]
kosmische ruimte (de)	фазои кайҳон	[fazoi kajhon]
wereld (de)	ҷаҳон	[dʒahon]
heelal (het)	коинот	[koinot]
sterrenstelsel (het)	галактика	[galaktika]
ster (de)	ситора	[sitora]
sterrenbeeld (het)	бурҷ	[burdʒ]
planeet (de)	сайёра	[sajjora]
satelliet (de)	радиф	[radif]
meteoriet (de)	метеорит, шиҳобпора	[meteorit], [ʃihobpora]
komeet (de)	ситораи думдор	[sitorai dumdor]
asteroïde (de)	астероид	[asteroid]
baan (de)	мадор	[mador]
draaien (om de zon, enz.)	давр задан	[davr zadan]
atmosfeer (de)	атмосфера	[atmosfera]
Zon (de)	Офтоб	[oftob]
zonnestelsel (het)	манзумаи шамсӣ	[manzumai ʃamsi:]
zonsverduistering (de)	гирифтани офтоб	[giriftani oftob]
Aarde (de)	Замин	[zamin]
Maan (de)	Моҳ	[moh]
Mars (de)	Миррих	[mirriχ]
Venus (de)	Зӯҳра, Ноҳид	[zœhra], [nohid]
Jupiter (de)	Муштарӣ	[muʃtari:]
Saturnus (de)	Кайвон	[kajvon]
Mercurius (de)	Уторид	[utorid]
Uranus (de)	Уран	[uran]
Neptunus (de)	Нептун	[neptun]
Pluto (de)	Плутон	[pluton]
Melkweg (de)	Роҳи Каҳкашон	[rohi kahkaʃon]
Grote Beer (de)	Дубби Акбар	[dubbi akbar]
Poolster (de)	Ситораи қутбӣ	[sitorai qutbi:]
marsmannetje (het)	миррихӣ	[mirriχi:]
buitenaards wezen (het)	инопланетянҳо	[inoplanetjanho]

bovenaards (het)	махлуқӣ кайҳонӣ	[maχluqi: kajhoni:]
vliegende schotel (de)	табақи парвозкунанда	[tabaqi parvozkunanda]

ruimtevaartuig (het)	киштии кайҳонӣ	[kiʃti:i kajhoni:]
ruimtestation (het)	стантсияи мадорӣ	[stantsijai madori:]
start (de)	оғоз	[oʁoz]

motor (de)	муҳаррик	[muharrik]
straalpijp (de)	сопло	[soplo]
brandstof (de)	сӯзишворӣ	[sœziʃvori:]

cabine (de)	кабина	[kabina]
antenne (de)	антенна	[antenna]
patrijspoort (de)	иллюминатор	[illjuminator]

zonnebatterij (de)	батареи офтобӣ	[batarei oftobi:]
ruimtepak (het)	скафандр	[skafandr]

gewichtloosheid (de)	бевазнӣ	[bevazni:]
zuurstof (de)	оксиген	[oksigen]

koppeling (de)	пайваст	[pajvast]
koppeling maken	пайваст кардан	[pajvast kardan]

observatorium (het)	расадхона	[rasadχona]
telescoop (de)	телескоп	[teleskop]
waarnemen (ww)	мушоҳида кардан	[muʃohida kardan]
exploreren (ww)	таҳқиқ кардан	[tahqiq kardan]

196. De Aarde

Aarde (de)	Замин	[zamin]
aardbol (de)	кураи замин	[kurai zamin]
planeet (de)	сайёра	[sajjora]

atmosfeer (de)	атмосфера	[atmosfera]
aardrijkskunde (de)	география	[geografija]
natuur (de)	табиат	[tabiat]

wereldbol (de)	глобус	[globus]
kaart (de)	харита	[χarita]
atlas (de)	атлас	[atlas]

Azië (het)	Осиё	[osijo]
Afrika (het)	Африқо	[afriqo]
Australië (het)	Австралия	[avstralija]

Amerika (het)	Америка	[amerika]
Noord-Amerika (het)	Америкаи Шимолӣ	[amerikai ʃimoli:]
Zuid-Amerika (het)	Америкаи Ҷанубӣ	[amerikai dʒanubi:]

Antarctica (het)	Антарктида	[antarktida]
Arctis (de)	Арктика	[arktika]

197. Windrichtingen

noorden (het)	шимол	[ʃimol]
naar het noorden	ба шимол	[ba ʃimol]
in het noorden	дар шимол	[dar ʃimol]
noordelijk (bn)	шимолӣ, ... и шимол	[ʃimoli:], [i ʃimol]
zuiden (het)	ҷануб	[dʒanub]
naar het zuiden	ба ҷануб	[ba dʒanub]
in het zuiden	дар ҷануб	[dar dʒanub]
zuidelijk (bn)	ҷанубӣ, ... и ҷануб	[dʒanubi:], [i dʒanub]
westen (het)	ғарб	[ʁarb]
naar het westen	ба ғарб	[ba ʁarb]
in het westen	дар ғарб	[dar ʁarb]
westelijk (bn)	ғарбӣ, ... и ғарб	[ʁarbi:], [i ʁarb]
oosten (het)	шарқ	[ʃarq]
naar het oosten	ба шарқ	[ba ʃarq]
in het oosten	дар шарқ	[dar ʃarq]
oostelijk (bn)	шарқӣ	[ʃarqi:]

198. Zee. Oceaan

zee (de)	баҳр	[bahr]
oceaan (de)	уқёнус	[uqjɔnus]
golf (baai)	халиҷ	[χalidʒ]
straat (de)	гулӯгоҳ	[gulœgoh]
grond (vaste grond)	хушкӣ, замин	[χuʃki:], [zamin]
continent (het)	материк, қитъа	[materik], [qit'a]
eiland (het)	ҷазира	[dʒazira]
schiereiland (het)	нимҷазира	[nimdʒazira]
archipel (de)	галаҷазира	[galadʒazira]
baai, bocht (de)	халиҷ	[χalidʒ]
haven (de)	бандар	[bandar]
lagune (de)	лагуна	[laguna]
kaap (de)	димоға	[dimoʁa]
atol (de)	атолл	[atoll]
rif (het)	харсанги зериобӣ	[χarsangi zeriobi:]
koraal (het)	марҷон	[mardʒon]
koraalrif (het)	обсанги марҷонӣ	[obsangi mardʒoni:]
diep (bn)	чуқур	[tʃuqur]
diepte (de)	чуқурӣ	[tʃuquri:]
diepzee (de)	қаър	[qa'r]
trog (bijv. Marianentrog)	чуқурӣ	[tʃuquri:]
stroming (de)	ҷараён	[dʒarajɔn]
omspoelen (ww)	шустан	[ʃustan]

oever (de)	соҳил, соҳили баҳр	[sohil], [sohili bahr]
kust (de)	соҳил	[sohil]
vloed (de)	мадд	[madd]
eb (de)	ҷазр	[dʒazr]
ondiepte (ondiep water)	пастоб	[pastob]
bodem (de)	қаър	[qa'r]
golf (hoge ~)	мавҷ	[mavdʒ]
golfkam (de)	теғаи мавҷ	[teʁai mavdʒ]
schuim (het)	кафк	[kafk]
storm (de)	тӯфон, бӯрои	[tœfon], [bœroi]
orkaan (de)	тундбод	[tundbod]
tsunami (de)	сунами	[sunami]
windstilte (de)	сукунати ҳаво	[sukunati havo]
kalm (bijv. ~e zee)	ором	[orom]
pool (de)	қутб	[qutb]
polair (bn)	қутбӣ	[qutbi:]
breedtegraad (de)	арз	[arz]
lengtegraad (de)	тӯл	[tœl]
parallel (de)	параллел	[parallel]
evenaar (de)	хати истиво	[χati istivo]
hemel (de)	осмон	[osmon]
horizon (de)	уфуқ	[ufuq]
lucht (de)	ҳаво	[havo]
vuurtoren (de)	мино	[mino]
duiken (ww)	ғӯта задан	[ʁœta zadan]
zinken (ov. een boot)	ғарқ шудан	[ʁarq ʃudan]
schatten (mv.)	ганҷ	[gandʒ]

199. Namen van zeeën en oceanen

Atlantische Oceaan (de)	Уқёнуси Атлантик	[uqjonusi atlantik]
Indische Oceaan (de)	Уқёнуси Ҳинд	[uqjonusi hind]
Stille Oceaan (de)	Уқёнуси Ором	[uqjonusi orom]
Noordelijke IJszee (de)	Уқёнуси яхбастаи шимолӣ	[uqjonusi jaχbastai ʃimoli:]
Zwarte Zee (de)	Баҳри Сиёҳ	[bahri sijɔh]
Rode Zee (de)	Баҳри Сурх	[bahri surχ]
Gele Zee (de)	Баҳри Зард	[bahri zard]
Witte Zee (de)	Баҳри Сафед	[bahri safed]
Kaspische Zee (de)	Баҳри Хазар	[bahri χazar]
Dode Zee (de)	Баҳри Майит	[bahri majit]
Middellandse Zee (de)	Баҳри Миёназамин	[bahri mijɔnazamin]
Egeïsche Zee (de)	Баҳри Эгей	[bahri ɛgej]
Adriatische Zee (de)	Баҳри Адриатика	[bahri adriatika]
Arabische Zee (de)	Баҳри Арави	[bahri aravi]

Japanse Zee (de)	Баҳри Ҷопон	[bahri ʤopon]
Beringzee (de)	Баҳри Беринг	[bahri bering]
Zuid-Chinese Zee (de)	Баҳри Хитойи Ҷанубӣ	[bahri χitoji ʤanubi:]

Koraalzee (de)	Баҳри Марҷон	[bahri marʤon]
Tasmanzee (de)	Баҳри Тасман	[bahri tasman]
Caribische Zee (de)	Баҳри Кариб	[bahri karib]

| Barentszzee (de) | Баҳри Баренс | [bahri barens] |
| Karische Zee (de) | Баҳри Кара | [bahri kara] |

Noordzee (de)	Баҳри Шимолӣ	[bahri ʃimoli:]
Baltische Zee (de)	Баҳри Балтика	[bahri baltika]
Noorse Zee (de)	Баҳри Норвегия	[bahri norvegija]

200. Bergen

berg (de)	кӯҳ	[kœh]
bergketen (de)	силсилакӯҳ	[silsilakœh]
gebergte (het)	қаторкӯҳ	[qatorkœh]

bergtop (de)	қулла	[kulla]
bergpiek (de)	қулла	[qulla]
voet (ov. de berg)	доманаи кӯҳ	[domanai kœh]
helling (de)	нишебӣ	[niʃebi:]

vulkaan (de)	вулқон	[vulqon]
actieve vulkaan (de)	вулқони амалкунанда	[vulqoni amalkunanda]
uitgedoofde vulkaan (de)	вулқони хомӯшшуда	[vulqoni χomœʃʃuda]

uitbarsting (de)	оташфишонӣ	[otaʃfiʃoni:]
krater (de)	танӯра	[tanœra]
magma (het)	магма, тафта	[magma], [tafta]
lava (de)	гудоза	[gudoza]
gloeiend (~e lava)	тафта	[tafta]

kloof (canyon)	оббурда, дара	[obburda], [dara]
bergkloof (de)	дара	[dara]
spleet (de)	тангно	[tangno]
afgrond (de)	партгоҳ	[partgoh]

bergpas (de)	ағба	[aʁba]
plateau (het)	пуштаи кӯҳ	[puʃtai kœh]
klip (de)	шух	[ʃuχ]
heuvel (de)	теппа	[teppa]

gletsjer (de)	пирях	[pirjaχ]
waterval (de)	шаршара	[ʃarʃara]
geiser (de)	гейзер	[gejzer]
meer (het)	кӯл	[kul]

vlakte (de)	ҳамворӣ	[hamvori:]
landschap (het)	манзара	[manzara]
echo (de)	акси садо	[aksi sado]

alpinist (de)	кӯҳнавард	[kœhnavard]
bergbeklimmer (de)	шухпаймо	[ʃuχpajmo]
trotseren (berg ~)	фатҳ кардан	[fath kardan]
beklimming (de)	болобарой	[bolobaroi:]

201. Bergen namen

Alpen (de)	Кӯҳҳои Алп	[kœhhoi alp]
Mont Blanc (de)	Монблан	[monblan]
Pyreneeën (de)	Кӯҳҳои Пиреней	[kœhhoi pirenej]
Karpaten (de)	Кӯҳҳои Карпат	[kœhhoi karpat]
Oeralgebergte (het)	Кӯҳҳои Урал	[kœhhoi ural]
Kaukasus (de)	Кӯҳҳои Кавказ	[kœhhoi kavkaz]
Elbroes (de)	Елбруз	[elbruz]
Altaj (de)	Алтай	[altaj]
Tiensjan (de)	Тиёншон	[tijonʃon]
Pamir (de)	Кӯҳҳои Помир	[kœhhoi pomir]
Himalaya (de)	Ҳимолой	[himoloj]
Everest (de)	Эверест	[ɛverest]
Andes (de)	Кӯҳҳои Анд	[kœhhoi and]
Kilimanjaro (de)	Килиманҷаро	[kilimandʒaro]

202. Rivieren

rivier (de)	дарё	[darjɔ]
bron (~ van een rivier)	чашма	[tʃaʃma]
riverbedding (de)	маҷрои дарё	[madʒroi darjɔ]
riverbekken (het)	ҳавза	[havza]
uitmonden in ...	рехтан ба ...	[reχtan ba]
zijrivier (de)	шохоб	[ʃoχob]
oever (de)	соҳил	[sohil]
stroming (de)	ҷараён	[dʒarajɔn]
stroomafwaarts (bw)	мувофиқи рафти об	[muvofiqi rafti ob]
stroomopwaarts (bw)	муқобили самти об	[muqobili samti ob]
overstroming (de)	обхезй	[obχezi:]
overstroming (de)	обхез	[obχez]
buiten zijn oevers treden	дамидан	[damidan]
overstromen (ww)	зер кардан	[zer kardan]
zandbank (de)	тунукоба	[tunukoba]
stroomversnelling (de)	мавҷрез	[mavdʒrez]
dam (de)	сарбанд	[sarband]
kanaal (het)	канал	[kanal]
spaarbekken (het)	обанбор	[obanbor]
sluis (de)	шлюз	[ʃljuz]

waterlichaam (het)	обанбор	[obanbor]
moeras (het)	ботлоқ, ботқоқ	[botloq], [botqoq]
broek (het)	ботлоқ	[botloq]
draaikolk (de)	гирдоб	[girdob]
stroom (de)	чӯй	[dʒœj]
drink- (abn)	нӯшиданй	[nœʃidani:]
zoet (~ water)	ширин	[ʃirin]
IJs (het)	ях	[jaχ]
bevriezen (rivier, enz.)	ях бастан	[jaχ bastan]

203. Namen van rivieren

Seine (de)	Сена	[sena]
Loire (de)	Луара	[luara]
Theems (de)	Темза	[temza]
Rijn (de)	Рейн	[rejn]
Donau (de)	Дунай	[dunaj]
Wolga (de)	Волга	[volga]
Don (de)	Дон	[don]
Lena (de)	Лена	[lena]
Gele Rivier (de)	Хуанхе	[χuanχe]
Blauwe Rivier (de)	Янсзи	[janszi]
Mekong (de)	Меконг	[mekong]
Ganges (de)	Ганга	[ganga]
Nijl (de)	Нил	[nil]
Kongo (de)	Конго	[kongo]
Okavango (de)	Окаванго	[okavango]
Zambezi (de)	Замбези	[zambezi]
Limpopo (de)	Лимпопо	[limpopo]
Mississippi (de)	Миссисипи	[missisipi]

204. Bos

bos (het)	чангал	[dʒangal]
bos- (abn)	чангалй	[dʒangali:]
oerwoud (dicht bos)	чангалзор	[dʒangalzor]
bosje (klein bos)	дарахтзор	[daraχtzor]
open plek (de)	чаман	[tʃaman]
struikgewas (het)	буттазор	[buttazor]
struiken (mv.)	буттазор	[buttazor]
paadje (het)	пайраҳа	[pajraha]
ravijn (het)	оббурда	[obburda]
boom (de)	дарахт	[daraχt]

| blad (het) | барг | [barg] |
| gebladerte (het) | баргхои дарахт | [barghoi daraχt] |

vallende bladeren (mv.)	баргрезӣ	[bargrezi:]
vallen (ov. de bladeren)	рехтан	[reχtan]
boomtop (de)	нӯг	[nœg]

tak (de)	шох, шохча	[ʃoχ], [ʃoχʧa]
ent (de)	шохи дарахг	[ʃoχi daraχg]
knop (de)	муғча	[muʁʤa]
naald (de)	сӯзан	[sœzan]
dennenappel (de)	чалғӯза	[ʤalʁœza]

boom holte (de)	сӯрохи дарахт	[sœroχi daraχt]
nest (het)	ошёна, лона	[oʃʲona], [lona]
hol (het)	хона	[χona]

stam (de)	тана	[tana]
wortel (bijv. boom~s)	реша	[reʃa]
schors (de)	пӯсти дарахт	[pœsti daraχt]
mos (het)	ушна	[uʃna]

ontwortelen (een boom)	реша кофтан	[reʃa koftan]
kappen (een boom ~)	зада буридан	[zada buridan]
ontbossen (ww)	бурида нест кардан	[burida nest kardan]
stronk (de)	кундаи дарахт	[kundai daraχt]

kampvuur (het)	гулхан	[gulχan]
bosbrand (de)	сӯхтор, оташ	[sœχtor], [otaʃ]
blussen (ww)	хомӯш кардан	[χomœʃ kardan]

boswachter (de)	чангалбон	[ʤangalbon]
bescherming (de)	нигохбонӣ	[nigohboni:]
beschermen (bijv. de natuur ~)	нигохбонӣ кардан	[nigohboni: kardan]
stroper (de)	қӯруқшикан	[qœruqʃikan]
val (de)	қапқон, дом	[qapqon], [dom]

| plukken (vruchten, enz.) | чидан | [ʧidan] |
| verdwalen (de weg kwijt zijn) | рох гум кардан | [roh gum kardan] |

205. Natuurlijke hulpbronnen

natuurlijke rijkdommen (mv.)	захирахои табий	[zaχirahoi tabi:i:]
delfstoffen (mv.)	маъданхои фоиданок	[ma'danhoi foidanok]
lagen (mv.)	кон, маъдаи	[kon], [ma'dai]
veld (bijv. olie~)	кон	[kon]

winnen (uit erts ~)	кандан	[kandan]
winning (de)	кандани	[kandani:]
erts (het)	маъдан	[ma'dan]
mijn (bijv. kolenmijn)	кон	[kon]
mijnschacht (de)	чох	[ʧoh]
mijnwerker (de)	конкан	[konkan]

gas (het)	газ	[gaz]
gasleiding (de)	қубури газ	[quburi gaz]

olie (aardolie)	нефт	[neft]
olieleiding (de)	қубури нефт	[quburi neft]
oliebron (de)	чоҳи нафт	[ʧohi naft]
boortoren (de)	бурчи нафткашй	[burdʒi naftkaʃi:]
tanker (de)	танкер	[tanker]

zand (het)	рег	[reg]
kalksteen (de)	оҳаксанг	[ohaksang]
grind (het)	сангреза, шағал	[sangreza], [ʃaʁal]
veen (het)	торф	[torf]
klei (de)	гил	[gil]
steenkool (de)	ангишт	[angiʃt]

IJzer (het)	оҳан	[ohan]
goud (het)	зар, тилло	[zar], [tillo]
zilver (het)	нуқра	[nuqra]
nikkel (het)	никел	[nikel]
koper (het)	мис	[mis]

zink (het)	рух	[ruh]
mangaan (het)	манган	[mangan]
kwik (het)	симоб	[simob]
lood (het)	сурб	[surb]

mineraal (het)	минерал, маъдан	[mineral], [ma'dan]
kristal (het)	булӯр, шӯша	[buloer], [ʃœʃa]
marmer (het)	мармар	[marmar]
uraan (het)	уран	[uran]

De Aarde. Deel 2

206. Weer

weer (het)	обу ҳаво	[obu havo]
weersvoorspelling (de)	пешгӯии ҳаво	[peʃɡœi:i havo]
temperatuur (de)	ҳарорат	[harorat]
thermometer (de)	ҳароратсанҷ	[haroratsandʒ]
barometer (de)	барометр, ҳавосанҷ	[barometr], [havosandʒ]
vochtig (bn)	намнок	[namnok]
vochtigheid (de)	намй, рутубат	[nami:], [rutubat]
hitte (de)	гармй	[garmi:]
heet (bn)	тафсон	[tafson]
het is heet	ҳаво тафсон аст	[havo tafson ast]
het is warm	ҳаво гарм аст	[havo garm ast]
warm (bn)	гарм	[garm]
het is koud	ҳаво сард аст	[havo sard ast]
koud (bn)	хунук, сард	[χunuk], [sard]
zon (de)	офтоб	[oftob]
schijnen (de zon)	тобидан	[tobidan]
zonnig (~e dag)	... и офтоб	[i oftob]
opgaan (ov. de zon)	баромадан	[baromadan]
ondergaan (ww)	паст шудан	[past ʃudan]
wolk (de)	абр	[abr]
bewolkt (bn)	... и абр, абрй	[i abr], [abri:]
regenwolk (de)	абри сиёҳ	[abri sijoh]
somber (bn)	абрнок	[abrnok]
regen (de)	борон	[boron]
het regent	борон меборад	[boron meborad]
regenachtig (bn)	серборон	[serboron]
motregenen (ww)	сим-сим боридан	[sim-sim boridan]
plensbui (de)	борони сахт	[boroni saχt]
stortbui (de)	борони сел	[boroni sel]
hard (bn)	сахт	[saχt]
plas (de)	кӯлмак	[kœlmak]
nat worden (ww)	шилтиқ шудан	[ʃiltiq ʃudan]
mist (de)	туман	[tuman]
mistig (bn)	... и туман	[i tuman]
sneeuw (de)	барф	[barf]
het sneeuwt	барф меборад	[barf meborad]

207. Zwaar weer. Natuurrampen

noodweer (storm)	раъду барк	[ra'du bark]
bliksem (de)	барқ	[barq]
flitsen (ww)	дурахшидан	[duraχʃidan]
donder (de)	тундар	[tundar]
donderen (ww)	гулдуррос задан	[guldurros zadan]
het dondert	раъд гулдуррос мезанад	[ra'd guldurros mezanad]
hagel (de)	жола	[ʒola]
het hagelt	жола меборад	[ʒola meborad]
overstromen (ww)	зер кардан	[zer kardan]
overstroming (de)	обхезй	[obχezi:]
aardbeving (de)	заминчунбй	[zamindʒunbi:]
aardschok (de)	заминчунбй,такон	[zamindʒunbi:,takon]
epicentrum (het)	эпимарказ	[ɛpimarkaz]
uitbarsting (de)	оташфишонй	[otaʃfiʃoni:]
lava (de)	гудоза	[gudoza]
wervelwind (de)	гирдбод	[girdbod]
windhoos (de)	торнадо	[tornado]
tyfoon (de)	тӯфон	[tœfon]
orkaan (de)	тундбод	[tundbod]
storm (de)	тӯфон, бӯрои	[tœfon], [bœroi]
tsunami (de)	сунами	[sunami]
cycloon (de)	сиклон	[siklon]
onweer (het)	ҳавои бад	[havoi bad]
brand (de)	сӯхтор, оташ	[sœχtor], [otaʃ]
ramp (de)	садама, фалокат	[sadama], [falokat]
meteoriet (de)	метеорит, шихобпора	[meteorit], [ʃihobpora]
lawine (de)	тарма	[tarma]
sneeuwverschuiving (de)	тарма	[tarma]
sneeuwjacht (de)	бӯрони барфй	[bœroni barfi.]
sneeuwstorm (de)	бӯрон	[bœron]

208. Geluiden. Geluiden

stilte (de)	хомӯшй	[χomœʃi:]
geluid (het)	садо	[sado]
lawaai (het)	маѓал	[maʁal]
lawaai maken (ww)	маѓал кардан	[maʁal kardan]
lawaaierig (bn)	сермаѓал	[sermaʁal]
luid (~ spreken)	баланд	[baland]
luid (bijv. ~e stem)	баланд	[baland]
aanhoudend (voortdurend)	доимй, ҳамешаги	[doimi:], [hameʃagi:]

schreeuw (de)	дод, фарёд	[dod], [farjɔd]
schreeuwen (ww)	дод задан	[dod zadan]
gefluister (het)	пичиррос	[pitʃirros]
fluisteren (ww)	пичиррос задан	[pitʃirros zadan]

geblaf (het)	аккос	[akkos]
blaffen (ww)	аккос задан	[akkos zadan]

gekreun (het)	нолиш, нола	[noliʃ], [nola]
kreunen (ww)	нолиш кардан	[noliʃ kardan]
hoest (de)	сулфа	[sulfa]
hoesten (ww)	сулфидан	[sulfidan]

gefluit (het)	ҳуштак	[huʃtak]
fluiten (op het fluitje blazen)	ҳуштак кашидан	[huʃtak kaʃidan]
geklop (het)	тақ-тақ	[taq-taq]
kloppen (aan een deur)	тақ-тақ кардан	[taq-taq kardan]

kraken (hout, ijs)	қарс-қурс кардан	[qars-qurs kardan]
gekraak (het)	қарс-қурс	[qars-kurs]

sirene (de)	бурғу	[burʁu]
fluit (stoom ~)	гудок	[gudok]
fluiten (schip, trein)	гудок кашидан	[gudok kaʃidan]
toeter (de)	сигнал	[signal]
toeteren (ww)	сигнал додан	[signal dodan]

209. Winter

winter (de)	зимистон	[zimiston]
winter- (abn)	зимистонӣ, ... и зимистон	[zimistoni:], [i zimiston]
in de winter (bw)	дар зимистон	[dar zimiston]

sneeuw (de)	барф	[barf]
het sneeuwt	барф меборад	[barf meborad]
sneeuwval (de)	бориши барф	[boriʃi barf]
sneeuwhoop (de)	барфтӯда	[barftœda]

sneeuwvlok (de)	барфак	[barfak]
sneeuwbal (de)	барф	[barf]
sneeuwman (de)	одами барфин	[odami barfin]
IJspegel (de)	шӯша	[ʃœʃa]

december (de)	декабр	[dekabr]
januari (de)	январ	[janvar]
februari (de)	феврал	[fevral]

vorst (de)	хунукӣ	[xunuki:]
vries- (abn)	бисёр хунук	[hisjɔr xunuk]

onder nul (bw)	аз сифр поён	[az sifr pojɔn]
eerste vorst (de)	сармои бармаҳал	[sarmoi barmahal]
rijp (de)	қирав	[qirav]
koude (de)	хунукӣ, сардӣ	[xunuki:], [sardi:]

het is koud	сард аст	[sard ast]
bontjas (de)	пӯстин	[pœstin]
wanten (mv.)	дастпӯшаки бепанча	[dastpœʃaki bepandʒa]

ziek worden (ww)	бемор шудан	[bemor ʃudan]
verkoudheid (de)	шамол хӯрдани	[ʃamol χœrdani]
verkouden raken (ww)	шамол хӯрдан	[ʃamol χœrdan]

IJs (het)	ях	[jaχ]
IJzel (de)	яхча	[jaχʧa]
bevriezen (rivier, enz.)	ях бастан	[jaχ bastan]
IJsschol (de)	яхпора	[jaχpora]

ski's (mv.)	лижа	[liʒa]
skiër (de)	лижарон	[liʒaron]
skiën (ww)	лижаронй	[liʒaroni:]
schaatsen (ww)	конкибозй	[konkibozi:]

Fauna

210. Zoogdieren. Roofdieren

roofdier (het)	дарранда	[darranda]
tijger (de)	бабр, паланг	[babr], [palang]
leeuw (de)	шер	[ʃer]
wolf (de)	гург	[gurg]
vos (de)	рӯбоҳ	[rœboh]
jaguar (de)	юзи ало	[juzi alo]
luipaard (de)	паланг	[palang]
jachtluipaard (de)	юз	[juz]
panter (de)	пантера	[pantera]
poema (de)	пума	[puma]
sneeuwluipaard (de)	шерпаланг	[ʃerpalang]
lynx (de)	силовсин	[silovsin]
coyote (de)	койот	[kojɔt]
jakhals (de)	шагол	[ʃagol]
hyena (de)	кафтор	[kaftor]

211. Wilde dieren

dier (het)	ҳайвон	[hajvon]
beest (het)	ҳайвони ваҳшй	[hajvoni vahʃiː]
eekhoorn (de)	санҷоб	[sandʒob]
egel (de)	хорпушт	[xorpuʃt]
haas (de)	заргӯш	[zargœʃ]
konijn (het)	харгӯш	[xargœʃ]
das (de)	қашқалдоқ	[qaʃqaldoq]
wasbeer (de)	енот	[enot]
hamster (de)	миримӯшон	[mirimœʃon]
marmot (de)	суғур	[suʁur]
mol (de)	кӯрмуш	[kœrmuʃ]
muis (de)	муш	[muʃ]
rat (de)	калламуш	[kallamuʃ]
vleermuis (de)	кӯршапарак	[kœrʃaparak]
hermeliin (de)	қоқум	[qoqum]
sabeldier (het)	самур	[samur]
marter (de)	савсор	[savsor]
wezel (de)	росу	[rosu]
nerts (de)	вашақ	[vaʃaq]

| bever (de) | кундуз | [kunduz] |
| otter (de) | сагоби | [sagobi] |

paard (het)	асп	[asp]
eland (de)	шохгавазн	[ʃohgavazn]
hert (het)	гавазн	[gavazn]
kameel (de)	шутур, уштур	[ʃutur], [uʃtur]

bizon (de)	бизон	[bizon]
oeros (de)	гови вахшй	[govi vahʃi:]
buffel (de)	говмеш	[govmeʃ]

zebra (de)	гӯрхар	[gœrxar]
antilope (de)	антилопа, ғизол	[antilopa], [ʁizol]
ree (de)	оху	[ohu]
damhert (het)	оху	[ohu]
gems (de)	нахчир, бузи кӯхӣ	[naxtʃir], [buzi kœhi:]
everzwijn (het)	хуки вахши	[xuki vahʃi]

walvis (de)	кит, нахaнг	[kit], [nahang]
rob (de)	тюлен	[tjulen]
walrus (de)	морж	[morʒ]
zeehond (de)	гурбаи обӣ	[gurbai obi:]
dolfijn (de)	делфин	[delfin]

beer (de)	хирс	[xirs]
IJsbeer (de)	хирси сафед	[xirsi safed]
panda (de)	панда	[panda]

aap (de)	маймун	[majmun]
chimpansee (de)	шимпанзе	[ʃimpanze]
orang-oetan (de)	орангутанг	[orangutang]
gorilla (de)	горилла	[gorilla]
makaak (de)	макака	[makaka]
gibbon (de)	гиббон	[gibbon]

olifant (de)	фил	[fil]
neushoorn (de)	карк, каркадан	[kark], [karkadan]
giraffe (de)	заррофа	[zarrofa]
nijlpaard (het)	бахмут	[bahmut]

| kangoeroe (de) | кенгуру | [kenguru] |
| koala (de) | коала | [koala] |

mangoest (de)	росу	[rosu]
chinchilla (de)	вашақ	[vaʃaq]
stinkdier (het)	скунс	[skuns]
stekelvarken (het)	чайра, дугпушт	[dʒajra], [dugpuʃt]

212. Huisdieren

poes (de)	гурба	[gurba]
kater (de)	гурбаи нар	[gurbai nar]
hond (de)	саг	[sag]

paard (het)	асп	[asp]
hengst (de)	айғир, аспи нар	[ajʁir], [aspi nar]
merrie (de)	модиён, байтал	[modijɔn], [bajtal]

koe (de)	гов	[gov]
stier (de)	барзагов	[barzagov]
os (de)	барзагов	[barzagov]

schaap (het)	меш, гӯсфанд	[meʃ], [gœsfand]
ram (de)	гӯсфанд	[gœsfand]
geit (de)	буз	[buz]
bok (de)	така, серка	[taka], [serka]

| ezel (de) | хар, маркаб | [χar], [markab] |
| muilezel (de) | хачир | [χatʃir] |

varken (het)	хуқ	[χuq]
biggetje (het)	хукбача	[χukbatʃa]
konijn (het)	харгӯш	[χargœʃ]

| kip (de) | мурғ | [murʁ] |
| haan (de) | хурӯс | [χurœs] |

eend (de)	мурғобӣ	[murʁobi:]
woerd (de)	мурғобии нар	[murʁobi:i nar]
gans (de)	қоз, ғоз	[qoz], [ʁoz]

| kalkoen haan (de) | хурӯси мурги марҷон | [χurœsi murʁi mardʒon] |
| kalkoen (de) | мокиёни мурги марҷон | [mokijɔni murʁi mardʒon] |

huisdieren (mv.)	ҳайвони хонагӣ	[hajvoni χonagi:]
tam (bijv. hamster)	ромшуда	[romʃuda]
temmen (tam maken)	дастомӯз кардан	[dastomœz kardan]
fokken (bijv. paarden ~)	калон кардан	[kalon kardan]

boerderij (de)	ферма	[ferma]
gevogelte (het)	паррандаи хонагӣ	[parrandai χonagi:]
rundvee (het)	чорво	[tʃorvo]
kudde (de)	пода	[poda]

paardenstal (de)	саисхона, аспхона	[saisχona], [aspχona]
zwijnenstal (de)	хукхона	[χukχona]
koeienstal (de)	оғил, говхона	[oʁil], [govχona]
konijnenhok (het)	харгӯшхона	[χargœʃχona]
kippenhok (het)	мурғхона	[murʁχona]

213. Honden. Hondenrassen

hond (de)	саг	[saɡ]
herdershond (de)	саги чупонӣ	[sagi tʃœponi:]
Duitse herdershond (de)	афчаркаи немисӣ	[aftʃarkai nemisi:]
poedel (de)	пудел	[pudel]
teckel (de)	такса	[taksa]
buldog (de)	булдог	[buldog]

boxer (de)	боксёр	[boksjɔr]
mastiff (de)	мастиф	[mastif]
rottweiler (de)	ротвейлер	[rotvejler]
doberman (de)	доберман	[doberman]

basset (de)	бассет	[basset]
bobtail (de)	бобтейл	[bobtejl]
dalmatiër (de)	далматинес	[dalmatines]
cockerspaniël (de)	кокер-спаниел	[koker-spaniel]

| newfoundlander (de) | нюфаунленд | [njufaunlend] |
| sint-bernard (de) | сенбернар | [senbernar] |

poolhond (de)	хаски	[χaski]
chowchow (de)	чау-чау	[tʃau-tʃau]
spits (de)	шпитс	[ʃpits]
mopshond (de)	мопс, саги хонагӣ	[mops], [sagi χonagi:]

214. Dierengeluiden

geblaf (het)	аккос	[akkos]
blaffen (ww)	аккос задан	[akkos zadan]
miauwen (ww)	мияв-мияв кардан	[mijav-mijav kardan]
spinnen (katten)	мав-мав кардан	[mav-mav kardan]

loeien (ov. een koe)	маос задан	[maos zadan]
brullen (stier)	ғурридан	[ʁurridan]
grommen (ov. de honden)	ғуррос задан	[ʁurros zadan]

gehuil (het)	уллос	[ullos]
huilen (wolf, enz.)	уллос кашидан	[ullos kaʃidan]
janken (ov. een hond)	мингос задан	[mingos zadan]

mekkeren (schapen)	баос задан	[baos zadan]
knorren (varkens)	хур-хур кардан	[χur-χur kardan]
gillen (bijv. varken)	вангас кардан	[vangas kardan]

kwaken (kikvorsen)	вақ-вақ кардан	[vaq-vaq kardan]
zoemen (hommel, enz.)	виззос задан	[vizzos zadan]
tjirpen (sprinkhanen)	чиррос задан	[tʃirros zadan]

215. Jonge dieren

jong (het)	бача	[batʃa]
poesje (het)	гурбача	[gurbatʃa]
muisje (het)	мушбача	[muʃbatʃa]
puppy (de)	сагбача	[sagbatʃa]

jonge haas (de)	харгӯшбача	[χargœʃbatʃa]
konijntje (het)	харгӯшча	[χargœʃtʃa]
wolfje (het)	гургбача	[gurgbatʃa]
vosje (het)	рӯбохча	[rœbohtʃa]

beertje (het)	хирсбача	[χirsbatʃa]
leeuwenjong (het)	шербача	[ʃerbatʃa]
tijgertje (het)	бабрак	[babrak]
olifantenjong (het)	филбача	[filbatʃa]

biggetje (het)	хукбача	[χukbatʃa]
kalf (het)	гӯсола	[gœsola]
geitje (het)	бузғола, бузбача	[buzʁola], [buzbatʃa]
lam (het)	барра	[barra]
reekalf (het)	оҳубача	[ohubatʃa]
jonge kameel (de)	шутурбача, уш ча	[ʃuturbatʃa], [uʃ tʃa]

slangenjong (het)	морбача	[morbatʃa]
kikkertje (het)	қурбоққача	[qurboqqatʃa]

vogeltje (het)	чӯча	[tʃœdʒa]
kuiken (het)	чӯча	[tʃœdʒa]
eendje (het)	мурғобича	[murʁobitʃa]

216. Vogels

vogel (de)	паранда	[paranda]
duif (de)	кафтар	[kaftar]
mus (de)	гунҷишк, чумчук	[gundʒiʃk], [tʃumtʃuk]
koolmees (de)	фотимачумчуқ	[fotimatʃumtʃuq]
ekster (de)	акка	[akka]

raaf (de)	зоғ	[zoʁ]
kraai (de)	зоғи ало	[zoʁi alo]
kauw (de)	зоғча	[zoʁtʃa]
roek (de)	шӯрнӯл	[ʃœrnœl]

eend (de)	мурғобӣ	[murʁobi:]
gans (de)	қоз, ғоз	[qoz], [ʁoz]
fazant (de)	тазарв	[tazarv]

arend (de)	укоб	[ukob]
havik (de)	пайғу	[pajʁu]
valk (de)	боз, шоҳин	[boz], [ʃohin]
gier (de)	каргас	[kargas]
condor (de)	кондор	[kondor]

zwaan (de)	қу	[qu]
kraanvogel (de)	куланг, турна	[kulang], [turna]
ooievaar (de)	лаклак	[laklak]

papegaai (de)	тӯтӣ	[tœti:]
kolibrie (de)	колибри	[kolibri]
pauw (de)	товус	[tovus]

struisvogel (de)	шутурмурғ	[ʃuturmurʁ]
reiger (de)	ҳавосил	[havosil]
flamingo (de)	бутимор	[butimor]
pelikaan (de)	мурғи саққо	[murʁi saqqo]

| nachtegaal (de) | булбул | [bulbul] |
| zwaluw (de) | фароштурук | [faroʃturuk] |

lijster (de)	дурроч	[durrodʒ]
zanglijster (de)	дуррочи хушхон	[durrodʒi χuʃχon]
merel (de)	дуррочи сиёх	[durrodʒi sijɔh]

gierzwaluw (de)	досак	[dosak]
leeuwerik (de)	чӯр, чаковак	[dʒœr], [tʃakovak]
kwartel (de)	бедона	[bedona]

koekoek (de)	фохтак	[foχtak]
uil (de)	бум, чуғз	[bum], [dʒuʁz]
oehoe (de)	чуғз	[tʃuʁz]
auerhoen (het)	дурроч	[durrodʒ]
korhoen (het)	титав	[titav]
patrijs (de)	кабк, каклик	[kabk], [kaklik]

spreeuw (de)	сор, соч	[sor], [sotʃ]
kanarie (de)	канарейка	[kanarejka]
hazelhoen (het)	рябчик	[rjabtʃik]
vink (de)	саъва	[sa'va]
goudvink (de)	севғар	[sevʁar]

meeuw (de)	моҳихӯрак	[mohiχœrak]
albatros (de)	уқоби баҳрӣ	[uqobi bahri:]
pinguïn (de)	пингвин	[pingvin]

217. Vogels. Zingen en geluiden

fluiten, zingen (ww)	хондан	[χondan]
schreeuwen (dieren, vogels)	наъра кашидан	[na'ra kaʃidan]
kraaien (ov. een haan)	чеғи хурӯс	[dʒeʁi χurœs]
kukeleku	қу-қу-қу-ку	[qu-qu-qu-ku]

klokken (hen)	қут-қут кардан	[qut-qut kardan]
krassen (kraai)	қарқар кардан	[qarqar kardan]
kwaken (eend)	ғоқ-ғоқ кардан	[ʁoq-ʁok kardan]
plepen (kuiken)	чи-чи кардан	[tʃi:-tʃi: kardan]
tjilpen (bijv. een mus)	чириқ-чириқ кардан	[tʃiriq-tʃiriq kardan]

218. Vis. Zeedieren

brasem (de)	симмоҳӣ	[simmohi:]
karper (de)	капур	[kapur]
baars (de)	аломоҳӣ	[alomohi:]
meerval (de)	лаққамоҳӣ	[laqqamohi:]
snoek (de)	шӯртан	[ʃœrtan]

zalm (de)	озодмоҳӣ	[ozodmohi:]
steur (de)	тосмоҳӣ	[tosmohi:]
haring (de)	шӯрмоҳӣ	[ʃœrmohi:]

atlantische zalm (de)	озодмохӣ	[ozodmoχi:]
makreel (de)	зағӯтамохӣ	[zaʁœtamohi:]
platvis (de)	камбала	[kambala]

snoekbaars (de)	суфмохӣ	[sufmohi:]
kabeljauw (de)	равғанмохӣ	[ravʁanmohi:]
tonijn (de)	самак	[samak]
forel (de)	гулмохӣ	[gulmohi:]

paling (de)	мормохӣ	[mormohi:]
sidderrog (de)	скати барқдор	[skati barqdor]
murene (de)	мурена	[murena]
piranha (de)	пираня	[piranja]

haai (de)	наханг	[nahang]
dolfijn (de)	делфин	[delfin]
walvis (de)	кит, наханг	[kit], [nahang]

krab (de)	харчанг	[χartʃang]
kwal (de)	медуза	[meduza]
octopus (de)	хаштпо	[haʃtpo]

zeester (de)	ситораи бахрӣ	[sitorai bahri:]
zee-egel (de)	хорпушти бахрӣ	[χorpuʃti bahri:]
zeepaardje (het)	аспакмохӣ	[aspakmohi:]

oester (de)	садафак	[sadafak]
garnaal (de)	креветка	[krevetka]
kreeft (de)	харчанги бахрӣ	[χartʃangi bahri:]
langoest (de)	лангуст	[langust]

219. Amfibieën. Reptielen

| slang (de) | мор | [mor] |
| giftig (slang) | захрдор | [zahrdor] |

adder (de)	мори афъӣ	[mori afʼi:]
cobra (de)	мори айнакдор, кӯбро	[mori ajnakdor], [kœbro]
python (de)	мори печон	[mori petʃon]
boa (de)	мори печон	[mori petʃon]

ringslang (de)	мори обӣ	[mori obi:]
ratelslang (de)	шақшақамор	[ʃaqʃaqamor]
anaconda (de)	анаконда	[anakonda]

hagedis (de)	калтакалос	[kaltakalos]
leguaan (de)	сусмор, игуана	[susmor], [iguana]
varaan (de)	сусмор	[susmor]
salamander (de)	калтакалос	[kaltakalos]
kameleon (de)	бӯқаламун	[bœqalamun]
schorpioen (de)	каждум	[kaʒdum]

| schildpad (de) | сангпушт | [sangpuʃt] |
| kikker (de) | қурбоққа | [qurboqqa] |

| pad (de) | ғук, қурбоққаи чӯлӣ | [ʁuk], [qurboqqai ʧœli:] |
| krokodil (de) | тимсоҳ | [timsoh] |

220. Insecten

insect (het)	ҳашарот	[ħaʃarot]
vlinder (de)	шапалак	[ʃapalak]
mier (de)	мӯрча	[mœrʧa]
vlieg (de)	магас	[magas]
mug (de)	пашша	[paʃʃa]
kever (de)	гамбуск	[gambusk]

wesp (de)	ору	[oru]
bij (de)	занбӯри асал	[zanbœri asal]
hommel (de)	говзанбӯр	[govzanbœr]
horzel (de)	ғурмагас	[ʁurmagas]

| spin (de) | тортанак | [tortanak] |
| spinnenweb (het) | тори тортанак | [tori tortanak] |

libel (de)	сӯзанак	[sœzanak]
sprinkhaan (de)	малах	[malaχ]
nachtvlinder (de)	шапалак	[ʃapalak]

kakkerlak (de)	нонхӯрак	[nonχœrak]
mijt (de)	кана	[kana]
vlo (de)	кайк	[kajk]
kriebelmug (de)	пашша	[paʃʃa]

treksprinkhaan (de)	малах	[malaχ]
slak (de)	тӯкумшуллуқ	[tœkumʃulluq]
krekel (de)	чирчирак	[ʧirʧirak]
glimworm (de)	шабтоб	[ʃabtob]
lieveheersbeestje (het)	момохолак	[momoχolak]
meikever (de)	гамбуски саврӣ	[gambuski savri:]

bloedzuiger (de)	шуллук	[ʃulluk]
rups (de)	кирм	[kirm]
aardworm (de)	кирм	[kirm]
larve (de)	кирм	[kirm]

221. Dieren. Lichaamsdelen

snavel (de)	нӯл, минқор	[nœl], [minqor]
vleugels (mv.)	қанот	[qanot]
poot (ov. een vogel)	пой	[poj]
verenkleed (het)	болу пар	[bolu par]
veer (de)	пар	[par]
kuifje (het)	пӯпӣ	[pœpi:]

| kiouwen (mv.) | ғалсама | [ʁalsama] |
| kuit, dril (de) | тухм | [luχm] |

larve (de)	кирм, кирмак	[kirm], [kirmak]
vin (de)	қаноти моҳӣ	[qanoti mohi:]
schubben (mv.)	пулакча	[pulaktʃa]

slagtand (de)	дандони ашк	[dandoni aʃk]
poot (bijv. ~ van een kat)	панҷа	[pandʒa]
muil (de)	фук	[fuk]
bek (mond van dieren)	даҳон	[dahon]
staart (de)	дум	[dum]
snorharen (mv.)	муйлаб, бурут	[mujlab], [burut]

| hoef (de) | сум | [sum] |
| hoorn (de) | шох | [ʃoχ] |

schild (schildpad, enz.)	косаи сангпушт	[kosai sangpuʃt]
schelp (de)	гӯшмоҳӣ, садаф	[gœʃmohi:], [sadaf]
eierschaal (de)	пӯчоқи тухм	[pœtʃoqi tuχm]

| vacht (de) | пашм | [paʃm] |
| huid (de) | пуст | [pust] |

222. Acties van de dieren

vliegen (ww)	паридан	[paridan]
cirkelen (vogel)	давр задан	[davr zadan]
wegvliegen (ww)	парида рафтан	[parida raftan]
klapwieken (ww)	пар задан	[par zadan]

| pikken (vogels) | дона чидан | [dona tʃidan] |
| broeden (de eend zit te ~) | болои тухмҳо нишастан | [boloi tuχmho niʃastan] |

| uitbroeden (ww) | аз тухм баромадан | [az tuχm baromadan] |
| een nest bouwen | лона сохтан | [lona soχtan] |

kruipen (ww)	хазидан	[χazidan]
steken (bij)	неш задан	[neʃ zadan]
bijten (de hond, enz.)	газидан	[gazidan]

snuffelen (ov. de dieren)	бӯй гирифтан	[bœj giriftan]
blaffen (ww)	аккос задан	[akkos zadan]
sissen (slang)	фашшос задан	[faʃʃos zadan]

| doen schrikken (ww) | тарсондан | [tarsondan] |
| aanvallen (ww) | ҳуҷум кардан | [hudʒum kardan] |

knagen (ww)	хоидан	[χoidan]
schrammen (ww)	харошидан	[χaroʃidan]
zich verbergen (ww)	пинҳон шудан	[pinhon ʃudan]

spelen (ww)	бози кардан	[bozi: kardan]
jagen (ww)	шикор кардан	[ʃikor kardan]
winterslapen	ба хоби зимистона рафтан	[ba χobi zimistona raftan]
uitsterven (dinosauriërs, enz.)	мурда рафтан	[murda raftan]

223. Dieren. Leefomgevingen

leefgebied (het)	муҳити ҳаёт	[muhiti hajot]
migratie (de)	кӯчидан	[kœtʃidan]
berg (de)	кӯҳ	[kœh]
rif (het)	харсанги зериобӣ	[χarsangi zeriobi:]
klip (de)	шух	[ʃuχ]
bos (het)	ҷангал	[dʒangal]
jungle (de)	ҷангал	[dʒangal]
savanne (de)	саванна	[savanna]
toendra (de)	тундра	[tundra]
steppe (de)	дашт, чӯл	[daʃt], [tʃœl]
woestijn (de)	биёбон	[bijobon]
oase (de)	воҳа	[voha]
zee (de)	баҳр	[bahr]
meer (het)	кул	[kul]
oceaan (de)	уқёнус	[uqjonus]
moeras (het)	ботлоқ, ботқоқ	[botloq], [botqoq]
zoetwater- (abn)	... и оби ширин	[i obi ʃirin]
vijver (de)	сарҳавз	[sarhavz]
rivier (de)	дарё	[darjo]
berenhol (het)	хонаи хирс	[χonai χirs]
nest (het)	ошёна, лона	[oʃjona], [lona]
boom holte (de)	сӯрохи дарахт	[sœroχi daraχt]
hol (het)	хона	[χona]
mierenhoop (de)	мӯрчахона	[mœrtʃaχona]

224. Dierverzorging

dierentuin (de)	боғи ҳайвонот	[boʁi hajvonot]
natuurreservaat (het)	мамнӯъгоҳ	[mamnœ'goh]
fokkerij (de)	парвардахона	[parvardaχona]
openluchtkooi (de)	қафас, катак	[qafas], [katak]
kooi (de)	қафас	[qafas]
hondenhok (het)	сагхона	[sagχona]
duiventil (de)	кафтархона	[kaftarχona]
aquarium (het)	аквариум	[akvarium]
dolfinarium (het)	делфинарий	[delfinarij]
fokken (bijv. honden ~)	парвариш кардан	[parvariʃ kardan]
nakomelingen (mv.)	насл	[nasl]
temmen (tam maken)	дастомӯз кардан	[dastomœz kardan]
voeding (de)	хӯрокворӣ	[χœrokvori:]
voederen (ww)	хӯрок додан	[χœrok dodan]
dresseren (ww)	ром кардан	[rom kardan]

dierenwinkel (de)	мағозаи зоологй	[maʁozai zoologi:]
muilkorf (de)	пӯзбанд	[pœzband]
halsband (de)	гарданбанд	[gardanband]
naam (ov. een dier)	ном	[nom]
stamboom (honden met ~)	насабнома	[nasabnoma]

225. Dieren. Diversen

meute (wolven)	тӯда	[tœda]
zwerm (vogels)	села	[sela]
school (vissen)	села	[sela]
kudde (wilde paarden)	гала	[gala]

| mannetje (het) | нар | [nar] |
| vrouwtje (het) | мода | [moda] |

hongerig (bn)	гурусна	[gurusna]
wild (bn)	ваҳшй	[vahʃi:]
gevaarlijk (bn)	хавфнок	[χavfnok]

226. Paarden

| paard (het) | асп | [asp] |
| ras (het) | зот | [zot] |

| veulen (het) | тойча, дунан | [tojtʃa], [dunan] |
| merrie (de) | модиён, байтал | [modijɔn], [bajtal] |

mustang (de)	мустанг	[mustang]
pony (de)	аспи тоту	[aspi totu]
koudbloed (de)	аспи калони боркаш	[aspi kaloni borkaʃ]

| manen (mv.) | ёл | [jɔl] |
| staart (de) | дум | [dum] |

hoef (de)	сум	[sum]
hoefijzer (het)	наъл	[na'l]
beslaan (ww)	наъл кардан	[na'l kardan]
paardensmid (de)	оҳангар	[ohangar]

zadel (het)	зин	[zin]
stijgbeugel (de)	узангу	[uzangu]
breidel (de)	лаҷом	[ladʒom]
leidsels (mv.)	ҷилав	[dʒilav]
zweep (de)	қамчин	[qamtʃin]

ruiter (de)	човандоз	[tʃovandoz]
zadelen (ww)	зин кардан	[zin kardan]
een paard bestijgen	ба зин нишастан	[ba zin niʃastan]

| galop (de) | чорхез | [tʃorχez] |
| galopperen (ww) | чорхез кардан | [tʃorχez kardan] |

draf (de)	лӯкка	[lœkka]
in draf (bw)	лӯкказанон	[lœkkazanon]
draven (ww)	лӯккидан	[lœkkidan]

| renpaard (het) | аспи тозӣ | [aspi tozi:] |
| paardenrace (de) | пойга | [pojga] |

paardenstal (de)	саисхона, аспхона	[saisχona], [aspχona]
voederen (ww)	хӯрок додан	[χœrok dodan]
hooi (het)	алафи хушк	[alafi χuʃk]
water geven (ww)	об додан	[ob dodan]
wassen (paard ~)	тоза кардан	[toza kardan]

paardenkar (de)	ароба	[aroba]
grazen (gras eten)	чаридан	[tʃaridan]
hinniken (ww)	шиха кашидан	[ʃiha kaʃidan]
een trap geven	лагат задан	[lagat zadan]

Flora

227. Bomen

boom (de)	дарахт	[daraχt]
loof- (abn)	паҳнбарг	[pahnbarg]
dennen- (abn)	... и сӯзанбарг	[i sœzanbarg]
groenblijvend (bn)	ҳамешасабз	[hameʃasabz]
appelboom (de)	дарахти себ	[daraχti seb]
perenboom (de)	дарахти нок	[daraχti nok]
zoete kers (de)	дарахти гелос	[daraχti gelos]
zure kers (de)	дарахти олуболу	[daraχti olubolu]
pruimelaar (de)	дарахти олу	[daraχti olu]
berk (de)	тӯс	[tœs]
eik (de)	булут	[bulut]
linde (de)	зерфун	[zerfun]
esp (de)	сиёҳбед	[sijɔhbed]
esdoorn (de)	заранг	[zarang]
spar (de)	коч, ел	[kodʒ], [el]
den (de)	санавбар	[sanavbar]
lariks (de)	коҷи баргрез	[kodʒi bargrez]
zilverspar (de)	пихта	[piχta]
ceder (de)	дарахти чалғӯза	[daraχti dʒalʁœza]
populier (de)	сафедор	[safedor]
lijsterbes (de)	ғубайро	[ʁubajro]
wilg (de)	бед	[bed]
els (de)	роздор	[rozdor]
beuk (de)	бук, олаш	[buk], [olaʃ]
iep (de)	дарахти ларг	[daraχti larg]
es (de)	шумтол	[ʃumtol]
kastanje (de)	шоҳбулут	[ʃohbulut]
magnolia (de)	магнолия	[magnolija]
palm (de)	нахл	[naχl]
cipres (de)	дарахти сарв	[daraχti sarv]
mangrove (de)	дарахти анбаҳ	[daraχti anbah]
baobab (apenbroodboom)	баобаб	[baobab]
eucalyptus (de)	эвкалипт	[ɛvkalipt]
mammoetboom (de)	секвойя	[sekvojja]

228. Heesters

struik (de)	бутта	[butta]
heester (de)	бутта	[butta]

| wijnstok (de) | ток | [tok] |
| wijngaard (de) | токзор | [tokzor] |

frambozenstruik (de)	тамашк	[tamaʃk]
zwarte bes (de)	қоти сиёҳ	[qoti sijɔh]
rode bessenstruik (de)	коти сурх	[koti surχ]
kruisbessenstruik (de)	бектошй	[bektoʃi:]

acacia (de)	акатсия, ақоқиё	[akatsija], [aqoqijɔ]
zuurbes (de)	буттаи зирк	[buttai zirk]
jasmijn (de)	ёсуман	[jɔsuman]

jeneverbes (de)	арча, ардач	[artʃa], [ardadʒ]
rozenstruik (de)	буттаи гул	[buttai gul]
hondsroos (de)	хуч	[χutʃ]

229. Champignons

paddenstoel (de)	занбӯруғ	[zanbœruʁ]
eetbare paddenstoel (de)	занбӯруғи хӯрданй	[zanbœruʁi χœrdani:]
giftige paddenstoel (de)	занбӯруғи захрнок	[zanbœruʁi zahrnɔk]
hoed (de)	кулоҳаки занбӯруғ	[kulohaki zanbœruʁ]
steel (de)	тана	[tana]

gewoon eekhoorntjesbrood (het)	занбӯруғи сафед	[zanbœruʁi safed]
rosse populierenboleet (de)	занбӯруғи сурх	[zanbœruʁi surχ]
berkenboleet (de)	занбӯруғи тӯсй	[zanbœruʁi tœsi:]
cantharel (de)	қӯзиқандй	[qœziqandi:]
russula (de)	занбӯруғи хомхӯрак	[zanbœruʁi χomχœrak]

morille (de)	бурмазанбӯруғ	[burmazanbœruʁ]
vliegenzwam (de)	маргимагас	[margimagas]
groene knolzwam (de)	занбӯруғи захрнок	[zanbœruʁi zahrnɔk]

230. Vruchten. Bessen

| vrucht (de) | мева, самар | [meva], [samar] |
| vruchten (mv.) | меваҳо, самарҳо | [mevaho], [samarho] |

appel (de)	себ	[seb]
peer (de)	мурӯд, нок	[murœd], [nok]
pruim (de)	олу	[olu]

aardbei (de)	қулфинай	[qulfinaj]
zure kers (de)	олуболу	[olubolu]
zoete kers (de)	гелос	[gelos]
druif (de)	ангур	[angur]

framboos (de)	тамашк	[tamaʃk]
zwarte bes (de)	қоти сиёҳ	[qoti sijɔh]
rode bes (de)	коти сурх	[koti surχ]

| kruisbes (de) | бектош | [bektoʃi:] |
| veenbes (de) | клюква | [kljukva] |

sinaasappel (de)	афлесун, пӯртахол	[aflesun], [pœrtaχol]
mandarijn (de)	норанг	[norang]
ananas (de)	ананас	[ananas]
banaan (de)	банан	[banan]
dadel (de)	хурмо	[χurmo]

citroen (de)	лиму	[limu]
abrikoos (de)	дарахти зардолу	[daraχti zardolu]
perzik (de)	шафтолу	[ʃaftolu]
kiwi (de)	кивй	[kivi:]
grapefruit (de)	норинч	[norinʤ]

bes (de)	буттамева	[buttameva]
bessen (mv.)	буттамевахо	[buttamevaho]
vossenbes (de)	брусника	[brusnika]
bosaardbei (de)	тути заминй	[tuti zamini:]
bosbes (de)	черника	[ʧernika]

231. Bloemen. Planten

| bloem (de) | гул | [gul] |
| boeket (het) | дастаи гул | [dastai gul] |

roos (de)	гул, гули садбарг	[gul], [guli sadbarg]
tulp (de)	лола	[lola]
anjer (de)	гули мехак	[guli meχak]
gladiool (de)	гули ёқут	[guli joqut]

korenbloem (de)	тугмагул	[tugmagul]
klokje (het)	гули момо	[guli momo]
paardenbloem (de)	коқу	[koqu]
kamille (de)	бобуна	[bobuna]

aloë (de)	уд, сабр, алоэ	[ud], [sabr], [aloɛ]
cactus (de)	гули ханчарй	[guli χanʤari:]
ficus (de)	тутанчир	[tutanʤir]

lelie (de)	савсан	[savsan]
geranium (de)	анчибар	[anʤibar]
hyacint (de)	сунбул	[sunbul]

mimosa (de)	нозгул	[nozgul]
narcis (de)	наргис	[nargis]
Oostindische kers (de)	настаран	[nastaran]

orchidee (de)	сахлаб, сӯхлаб	[sahlab], [sœhlab]
pioenroos (de)	гули ашрафй	[guli aʃrafi:]
viooltje (het)	бунафша	[bunafʃa]

| driekleurig viooltje (het) | бунафшаи фарангй | [bunafʃai farangi:] |
| vergeet-mij-nietje (het) | марзангӯш | [marzangœʃ] |

madeliefje (het)	гули марворидак	[guli marvoridak]
papaver (de)	кӯкнор	[kœknor]
hennep (de)	бангдона, канаб	[bangdona], [kanab]
munt (de)	пудина	[pudina]

| lelietje-van-dalen (het) | гули барфак | [guli barfak] |
| sneeuwklokje (het) | бойчечак | [bojʧeʧak] |

brandnetel (de)	газна	[gazna]
veldzuring (de)	шилха	[ʃilχa]
waterlelie (de)	нилуфари сафед	[nilufari safed]
varen (de)	фарн	[farn]
korstmos (het)	гулсанг	[gulsang]

oranjerie (de)	гулхона	[gulχona]
gazon (het)	чаман, сабзазор	[ʧaman], [sabzazor]
bloemperk (het)	гулзор	[gulzor]

plant (de)	растанӣ	[rastani:]
gras (het)	алаф	[alaf]
grasspriet (de)	хас	[χas]

blad (het)	барг	[barg]
bloemblad (het)	гулбарг	[gulbarg]
stengel (de)	поя	[poja]
knol (de)	бех, дона	[beχ], [dona]

| scheut (de) | неш | [neʃ] |
| doorn (de) | хор | [χor] |

bloeien (ww)	гул кардан	[gul kardan]
verwelken (ww)	пажмурда шудан	[paʒmurda ʃudan]
geur (de)	бӯй	[bœj]
snijden (bijv. bloemen ~)	буридан	[buridan]
plukken (bloemen ~)	кандан	[kandan]

232. Granen, graankorrels

graan (hot)	дона, ғалла	[dona], [ʁalla]
graangewassen (mv.)	растаниҳои ғалладона	[rastanihoi ʁalladona]
aar (de)	хӯша	[χœʃa]

tarwe (de)	гандум	[gandum]
rogge (de)	чавдор	[ʤavdor]
haver (de)	хуртумон	[hurtumon]
gierst (de)	арзан	[arzan]
gerst (de)	чав	[ʤav]

maïs (de)	чуворимакка	[ʤuvorimakka]
rijst (de)	шолӣ, биринч	[ʃoli:], [birinʤ]
boekweit (de)	марчумак	[marʤumak]

| erwt (de) | нахӯд | [naχœd] |
| boon (de) | лӯбиё | [lœbijɔ] |

soja (de)	соя	[soja]
linze (de)	наск	[nask]
bonen (mv.)	лӯбиё	[lœbijɔ]

233. Groenten. Groene groenten

groenten (mv.)	сабзавот	[sabzavot]
verse kruiden (mv.)	сабзавот	[sabzavot]

tomaat (de)	помидор	[pomidor]
augurk (de)	бодиринг	[bodiring]
wortel (de)	сабзй	[sabzi:]
aardappel (de)	картошка	[kartoʃka]
ui (de)	пиёз	[pijɔz]
knoflook (de)	сир	[sir]

kool (de)	карам	[karam]
bloemkool (de)	гулкарам	[gulkaram]
spruitkool (de)	карами брусселй	[karami brusseli:]
broccoli (de)	карами брокколй	[karami brokkoli:]

rode biet (de)	лаблабу	[lablabu]
aubergine (de)	бодинҷон	[bodindʒon]
courgette (de)	таррак	[tarrak]
pompoen (de)	каду	[kadu]
knolraap (de)	шалғам	[ʃalʁam]

peterselie (de)	чаъфарй	[dʒa'fari:]
dille (de)	шибит	[ʃibit]
sla (de)	коху	[kohu]
selderij (de)	карафс	[karafs]
asperge (de)	морчӯба	[mortʃœba]
spinazie (de)	испаноқ	[ispanoq]

erwt (de)	нахӯд	[naχœd]
bonen (mv.)	лӯбиё	[lœbijɔ]
maïs (de)	чувооримакка	[dʒuvorimakka]
boon (de)	лӯбиё	[lœbijɔ]

peper (de)	қаламфур	[qalamfur]
radijs (de)	шалғамча	[ʃalʁamtʃa]
artisjok (de)	анганор	[anganor]

REGIONALE AARDRIJKSKUNDE

Landen. Nationaliteiten

234. West-Europa

Europese Unie (de)	Иттиҳоди Аврупо	[ittihodi avrupo]
Oostenrijk (het)	Австрия	[avstrija]
Oostenrijker (de)	австриягӣ	[avstrijagi:]
Oostenrijkse (de)	зани австриягӣ	[zani avstrijagi:]
Oostenrijks (bn)	австриягӣ	[avstrijagi:]
Groot-Brittannië (het)	Инглистон	[ingliston]
Engeland (het)	Англия	[anglija]
Engelsman (de)	англис	[anglis]
Engelse (de)	англисзан	[angliszan]
Engels (bn)	англисӣ	[anglisi:]
België (het)	Белгия	[belgija]
Belg (de)	белгиягӣ	[belgijagi:]
Belgische (de)	зани белгиягӣ	[zani belgijagi:]
Belgisch (bn)	белгиягӣ	[belgijagi:]
Duitsland (het)	Олмон	[olmon]
Duitser (de)	немис, олмонӣ	[nemis], [olmoni:]
Duitse (de)	зани немис	[zani nemis]
Duits (bn)	немисӣ, олмонӣ	[nemisi:], [olmoni:]
Nederland (het)	Ҳоланд	[holand]
Holland (het)	Ҳолландия	[hollandija]
Nederlander (de)	голландӣ	[gollandi:]
Nederlandse (de)	зани голландӣ	[zani gollandi:]
Nederlands (bn)	голландӣ	[gollandi:]
Griekenland (het)	Юнон	[junon]
Griek (de)	юнонӣ	[junoni:]
Griekse (de)	зани юнонӣ	[zani junoni:]
Grieks (bn)	юнонӣ	[junoni:]
Denemarken (het)	Дания	[danija]
Deen (de)	даниягӣ	[danijagi:]
Deense (de)	зани даниягӣ	[zani danijagi:]
Deens (bn)	даниягӣ	[danijagi:]
Ierland (het)	Ирландия	[irlandija]
Ier (de)	ирландӣ	[irlandi:]
Ierse (de)	зани ирландӣ	[zani irlandi:]
Iers (bn)	ирландӣ	[irlandi:]
IJsland (het)	Исландия	[islandija]

IJslander (de)	исландӣ	[islandi:]
IJslandse (de)	зани исландӣ	[zani islandi:]
IJslands (bn)	исландӣ	[islandi:]

Spanje (het)	Испониё	[isponijɔ]
Spanjaard (de)	испанӣ	[ispani:]
Spaanse (de)	зани испанӣ	[zani ispani:]
Spaans (bn)	испанӣ	[ispani:]

Italië (het)	Итолиё	[itolijɔ]
Italiaan (de)	италиявӣ	[italijavi:]
Italiaanse (de)	зани италиявӣ	[zani italijavi:]
Italiaans (bn)	италиявӣ	[italijavi:]

Cyprus (het)	Кипр	[kipr]
Cyprioot (de)	кипрӣ	[kipri:]
Cypriotische (de)	зани кипрӣ	[zani kipri:]
Cypriotisch (bn)	кипрӣ	[kipri:]

Malta (het)	Малта	[malta]
Maltees (de)	малтиягӣ	[maltijagi:]
Maltese (de)	зани малтиягӣ	[zani maltijagi:]
Maltees (bn)	малтиягӣ	[maltijagi:]

Noorwegen (het)	Норвегия	[norvegija]
Noor (de)	норвегӣ	[norvegi:]
Noorse (de)	зани норвегӣ	[zani norvegi:]
Noors (bn)	норвегӣ	[norvegi:]

Portugal (het)	Португалия	[portugalija]
Portugees (de)	португалӣ	[portugali:]
Portugese (de)	зани португалӣ	[zani portugali:]
Portugees (bn)	португалӣ	[portugali:]

Finland (het)	Финланд	[finland]
Fin (de)	фин	[fin]
Finse (de)	финзан	[finzan]
Fins (bn)	... и финхо, финӣ	[i finho], [fini:]

Frankrijk (het)	Фаронса	[faronsa]
Fransman (de)	фаронsavӣ	[faronsavi:]
Française (de)	зани фаронсавӣ	[zani faronsavi:]
Frans (bn)	фаронсавӣ	[faronsavi:]

Zweden (het)	Шветсия	[ʃvetsija]
Zweed (de)	швед	[ʃved]
Zweedse (de)	зани швед	[zani ʃved]
Zweeds (bn)	шведӣ	[ʃvedi:]

Zwitserland (het)	Швейсария	[ʃvejsarija]
Zwitser (de)	швейсариягӣ	[ʃvejsarijagi:]
Zwitserse (de)	зани швейсариягӣ	[zani ʃvejsarijagi:]
Zwitsers (bn)	швейсариягӣ	[ʃvejsarijagi:]

| Schotland (het) | Шотландия | [ʃotlandija] |
| Schot (de) | шотландӣ | [ʃotlandi:] |

| Schotse (de) | зани шотландӣ | [zani ʃotlandi:] |
| Schots (bn) | шотландӣ | [ʃotlandi:] |

Vaticaanstad (de)	Вотикон	[votikon]
Liechtenstein (het)	Лихтенштейн	[liҳtenʃtejn]
Luxemburg (het)	Люксембург	[ljuksemburg]
Monaco (het)	Монако	[monako]

235. Centraal- en Oost-Europa

Albanië (het)	Албания	[albanija]
Albanees (de)	албанӣ	[albani:]
Albanese (de)	албанзан	[albanzan]
Albanees (bn)	албанӣ	[albani:]

Bulgarije (het)	Булғористон	[bulʁoriston]
Bulgaar (de)	булғор	[bulʁor]
Bulgaarse (de)	булғорзан	[bulʁorzan]
Bulgaars (bn)	булғорӣ	[bulʁori:]

Hongarije (het)	Маҷористон	[madʒoriston]
Hongaar (de)	венгер, маҷор	[venger], [madʒor]
Hongaarse (de)	венгерзан	[vengerzan]
Hongaars (bn)	венгерӣ	[vengeri:]

Letland (het)	Латвия	[latvija]
Let (de)	латвиягӣ	[latvijagi:]
Letse (de)	зани латвиягӣ	[zani latvijagi:]
Lets (bn)	латвиягӣ	[latvijagi:]

Litouwen (het)	Литва	[litva]
Litouwer (de)	литвонӣ	[litvoni:]
Litouwse (de)	зани литвонӣ	[zani litvoni:]
Litouws (bn)	литвонӣ	[litvoni:]

Polen (het)	Полша, Лаҳистон	[polʃa], [lahiston]
Pool (de)	лаҳистонӣ	[lahistoni:]
Poolse (de)	зани лаҳистонӣ	[zani lahistoni:]
Pools (bn)	лаҳистонӣ	[lahistoni:]

Roemenië (het)	Руминия	[ruminija]
Roemeen (de)	руминиягӣ	[ruminijagi:]
Roemeense (de)	зани руминиягӣ	[zani ruminijagi:]
Roemeens (bn)	руминиягӣ	[ruminijagi:]

Servië (het)	Сербия	[serbija]
Serviër (de)	серб	[serb]
Servische (de)	сербзан	[serbzan]
Servisch (bn)	сербӣ	[serbi:]

Slowakije (het)	Словакия	[slovakija]
Slowaak (de)	словак	[slovak]
Slowaakse (de)	словакзан	[slovakzan]
Slowaakse (bn)	словакӣ	[slovaki:]

Kroatië (het)	Хорватия	[χorvatija]
Kroaat (de)	хорват	[χorvat]
Kroatische (de)	хорватзан	[χorvatzan]
Kroatisch (bn)	хорватӣ	[χorvati:]

Tsjechië (het)	Чехия	[ʧeχija]
Tsjech (de)	чех	[ʧeχ]
Tsjechische (de)	зани чех	[zani ʧeχ]
Tsjechisch (bn)	чехӣ	[ʧeχi:]

Estland (het)	Эстония	[εstonija]
Est (de)	эстонӣ	[εstoni:]
Estse (de)	эстонзан	[εstonzan]
Ests (bn)	эстонӣ	[εstoni:]

Bosnië en Herzegovina (het)	Босния ва Херсеговина	[bosnija va hersegovina]
Macedonië (het)	Македуния	[maqdunija]
Slovenië (het)	Словения	[slovenija]
Montenegro (het)	Монтенегро	[montenegro]

236. Voormalige USSR landen

Azerbeidzjan (het)	Озарбойҷон	[ozarbojʤon]
Azerbeidzjaan (de)	озарбойҷонӣ, озарӣ	[ozarbojʤoni:], [ozari:]
Azerbeidjaanse (de)	озарбойҷонзан	[ozarbojʤonzan]
Azerbeidjaans (bn)	озарбойҷонӣ, озарӣ	[ozarbojʤoni:], [ozari:]

Armenië (het)	Арманистон	[armaniston]
Armeen (de)	арманӣ	[armani:]
Armeense (de)	зани арманӣ	[zani armani:]
Armeens (bn)	арманӣ	[armani:]

Wit-Rusland (het)	Беларус	[belarus]
Wit-Rus (de)	белорус	[belorus]
Wit-Russische (de)	белорусзан	[beloruszan]
Wit-Russisch (bn)	белорусӣ	[belorusi:]

Georgië (het)	Гурҷистон	[gurʤiston]
Georgiër (de)	гурҷӣ	[gurʤi:]
Georgische (de)	гурҷизан	[gurʤizan]
Georgisch (bn)	гурҷӣ	[gurʤi:]

Kazakstan (het)	Қазоқистон	[qazoqiston]
Kazak (de)	қазоқ	[qazoq]
Kazakse (de)	зани қазоқ	[zani qazoq]
Kazakse (bn)	қазоқӣ	[qazoqi:]

Kirgizië (het)	Қирғизистон	[qirʁiziston]
Kirgiziër (de)	қирғиз	[qirʁiz]
Kirgizische (de)	зани қирғиз	[zani qirʁiz]
Kirgizische (bn)	қирғизӣ	[qirʁizi:]

| Moldavië (het) | Молдова | [moldova] |
| Moldaviër (de) | молдаван | [moldavan] |

Moldavische (de)	зани молдаван	[zani moldavan]
Moldavisch (bn)	молдаванй	[moldavani:]

Rusland (het)	Россия	[rossija]
Rus (de)	рус	[rus]
Russin (de)	зани рус	[zani rus]
Russisch (bn)	русй	[rusi:]

Tadzjikistan (het)	Тоҷикистон	[todʒikiston]
Tadzjiek (de)	тоҷик	[todʒik]
Tadzjiekse (de)	тоҷикзан	[todʒikzan]
Tadzjieks (bn)	тоҷикй	[todʒiki:]

Turkmenistan (het)	Туркманистон	[turkmaniston]
Turkmeen (de)	туркман	[turkman]
Turkmeense (de)	туркманзан	[turkmanzan]
Turkmeens (bn)	туркманй	[turkmani:]

Oezbekistan (het)	Ӯзбакистон	[œzbakiston]
Oezbeek (de)	ӯзбек	[œzbek]
Oezbeekse (de)	ӯзбекзан	[œzbekzan]
Oezbeeks (bn)	ӯзбекй	[œzbeki:]

Oekraïne (het)	Украйина	[ukrajina]
Oekraïner (de)	украинй	[ukraini:]
Oekraïense (de)	украинзан	[ukrainzan]
Oekraïens (bn)	украинй	[ukraini:]

237. Azië

Azië (het)	Осиё	[osijo]
Aziatisch (bn)	осиёй, ... и Осиё	[osijoi:], [i osijo]

Vietnam (het)	Ветнам	[vetnam]
Vietnamees (de)	ветнамй	[vetnami:]
Vietnamese (de)	зани ветнамй	[zani vetnami:]
Vietnamees (bn)	ветнамй	[vetnami:]

India (het)	Ҳиндуотон	[hinduston]
Indiër (de)	ҳинду	[hindu]
Indische (de)	зани ҳинду	[zani hindu]
Indisch (bn)	ҳиндуй	[hindui:]

Israël (het)	Исроил	[isroil]
Israëliër (de)	исроилй	[isroili:]
Israëlische (de)	зани исроилй	[zani isroili:]
Israëlisch (bn)	... и исроилй	[i isroili:]

China (het)	Чин	[tʃin]
Chinees (de)	хитой	[xitoi:]
Chinese (de)	зани хитой	[zani xitoi:]
Chinees (bn)	хитой	[xitoi:]
Koreaan (de)	кореягй	[korejagi:]
Koreaanse (de)	зани кореяги	[zani korejagi:]

Koreaans (bn)	кореягӣ	[korejagi:]
Libanon (het)	Лубнон	[lubnon]
Libanees (de)	лубнонӣ	[lubnoni:]
Libanese (de)	зани лубнонӣ	[zani lubnoni:]
Libanees (bn)	лубнонӣ	[lubnoni:]
Mongolië (het)	Муғулистон	[muʁuliston]
Mongool (de)	муғул	[muʁul]
Mongoolse (de)	зани муғул	[zani muʁul]
Mongools (bn)	муғулӣ	[muʁuli:]
Maleisië (het)	Малайзия	[malajzija]
Maleisiër (de)	малайзиягӣ	[malajzijagi:]
Maleisische (de)	зани малайзиягӣ	[zani malajzijagi:]
Maleisisch (bn)	малайзиягӣ	[malajzijagi:]
Pakistan (het)	Покистон	[pokiston]
Pakistaan (de)	покистонӣ	[pokistoni:]
Pakistaanse (de)	зани покистонӣ	[zani pokistoni:]
Pakistaans (bn)	покистонӣ	[pokistoni:]
Saoedi-Arabië (het)	Арабистони Саудӣ	[arabistoni saudi:]
Arabier (de)	араб	[arab]
Arabische (de)	арабзан	[arabzan]
Arabisch (bn)	арабӣ	[arabi:]
Thailand (het)	Таиланд	[tailand]
Thai (de)	тайӣ	[taji:]
Thaise (de)	зани тайӣ	[zani taji:]
Thai (bn)	тайӣ	[taji:]
Taiwan (het)	Тайван	[tajvan]
Taiwanees (de)	тайванӣ	[tajvani:]
Taiwanese (de)	зани тайванӣ	[zani tajvani:]
Taiwanees (bn)	тайванӣ	[tajvani:]
Turkije (het)	Туркия	[turkija]
Turk (de)	турк	[turk]
Turkse (de)	туркзан	[turkzan]
Turks (bn)	туркӣ	[turki:]
Japan (het)	Жопун, Чопон	[ʒopun], [ʤopon]
Japanner (de)	чопонӣ	[ʤoponi:]
Japanse (de)	зани чопонӣ	[zani ʤoponi:]
Japans (bn)	чопонӣ	[ʤoponi:]
Afghanistan (het)	Афғонистон	[afʁoniston]
Bangladesh (het)	Бангладеш	[bangladeʃ]
Indonesië (het)	Индонезия	[indonezija]
Jordanië (het)	Урдун	[urdun]
Irak (het)	Ироқ	[iroq]
Iran (het)	Эрон	[ɛron]
Cambodja (het)	Камбоча	[kamboʤa]
Koeweit (het)	Кувайт	[kuvajt]
Laos (het)	Лаос	[laos]

Myanmar (het)	Мянма	[mjanma]
Nepal (het)	Непал	[nepal]
Verenigde Arabische Emiraten	Иморатҳои Муттаҳидаи Араб	[imorathoi muttahidai arab]

Syrië (het)	Сурия	[surija]
Palestijnse autonomie (de)	Фаластин	[falastin]
Zuid-Korea (het)	Кореяи Ҷанубӣ	[korejai dʒanubi:]
Noord-Korea (het)	Кореяи Шимолй	[korejai ʃimoli:]

238. Noord-Amerika

Verenigde Staten van Amerika	Иёлоти Муттаҳидаи Америка	[ijoloti muttahidai amerika]
Amerikaan (de)	америкой	[amerikoi:]
Amerikaanse (de)	америкоизан	[amerikoizan]
Amerikaans (bn)	америкой	[amerikoi:]

Canada (het)	Канада	[kanada]
Canadees (de)	канадагй	[kanadagi:]
Canadese (de)	канадагизан	[kanadagizan]
Canadees (bn)	канадагй	[kanadagi:]

Mexico (het)	Мексика	[meksika]
Mexicaan (de)	мексикагй	[meksikagi:]
Mexicaanse (de)	зани мексикагй	[zani meksikagi:]
Mexicaans (bn)	мексикагй	[meksikagi:]

239. Midden- en Zuid-Amerika

Argentinië (het)	Аргентина	[argentina]
Argentijn (de)	аргентинагй	[argentinagi:]
Argentijnse (de)	аргентинзан	[argentinzan]
Argentijns (bn)	аргентинагй	[argentinagi:]

Brazilië (het)	Бразилия	[brazilija]
Braziliaan (de)	бразилиягй	[brazilijagi:]
Braziliaanse (de)	бразилиягизан	[brazilijagizan]
Braziliaans (bn)	бразилиягй	[brazilijagi:]

Colombia (het)	Колумбия	[kolumbija]
Colombiaan (de)	колумбиягй	[kolumbijagi:]
Colombiaanse (de)	зани колумбиягй	[zani kolumbijagi:]
Colombiaans (bn)	колумбиягй	[kolumbijagi:]

Cuba (het)	Куба	[kuba]
Cubaan (de)	кубагй	[kubagi:]
Cubaanse (de)	зани кубагй	[zani kubagi:]
Cubaans (bn)	кубагй	[kubagi:]

Chili (het)	Чиле	[tʃile]
Chileen (de)	чилигй	[tʃiligi:]

Chileense (de)	зани чилигӣ	[zani tʃiligi:]
Chileens (bn)	чилигӣ	[tʃiligi:]

Bolivia (het)	Боливия	[bolivija]
Venezuela (het)	Венесуэла	[venesuɛla]
Paraguay (het)	Парагвай	[paragvaj]
Peru (het)	Перу	[peru]
Suriname (het)	Суринам	[ʂurinam]
Uruguay (het)	Уругвай	[urugvaj]
Ecuador (het)	Эквадор	[ɛkvador]

Bahama's (mv.)	Ҷазираҳои Багам	[dʒazirahoi bagam]
Haïti (het)	Гаити	[gaiti]
Dominicaanse Republiek (de)	Ҷумхурии Доминикан	[dʒumhuri:i dominikan]
Panama (het)	Панама	[panama]
Jamaica (het)	Ямайка	[jamajka]

240. Afrika

Egypte (het)	Миср	[misr]
Egyptenaar (de)	мисрӣ	[misri:]
Egyptische (de)	зани мисрӣ	[zani misri:]
Egyptisch (bn)	мисрӣ	[misri:]

Marokko (het)	Марокаш	[marokaʃ]
Marokkaan (de)	марокашӣ	[marokaʃi:]
Marokkaanse (de)	зани марокашӣ	[zani marokaʃi:]
Marokkaans (bn)	марокашӣ	[marokaʃi:]

Tunesië (het)	Тунис	[tunis]
Tunesiër (de)	тунисӣ	[tunisi:]
Tunesische (de)	зани тунисӣ	[zani tunisi:]
Tunesisch (bn)	тунисӣ	[tunisi:]

Ghana (het)	Гана	[gana]
Zanzibar (het)	Занзибар	[zanzibar]
Kenia (het)	Кения	[kenija]
Libië (het)	Либия	[libija]
Madagaskar (het)	Мадагаскар	[madagaskar]
Namibië (het)	Намибия	[namibija]
Senegal (het)	Сенегал	[senegal]
Tanzania (het)	Танзания	[tanzanija]
Zuid-Afrika (het)	Африқои Ҷанубӣ	[afriqoi dʒanubi:]

Afrikaan (de)	африкой	[afrikoi:]
Afrikaanse (de)	африкоизан	[afrikoizan]
Afrikaans (bn)	африкой	[afrikoi:]

241. Australië. Oceanië

Australië (het)	Австралия	[avstralija]
Australiër (de)	австралиягӣ	[avstralijagi:]

Australische (de)	австралиягизан	[avstralijagizan]
Australisch (bn)	австралиягӣ	[avstralijagi:]
Nieuw-Zeeland (het)	Зеландияи Нав	[zelandijai nav]
Nieuw-Zeelander (de)	новозеландӣ	[novozelandi:]
Nieuw-Zeelandse (de)	зани новозеландӣ	[zani novozelandi:]
Nieuw-Zeelands (bn)	новозеландӣ	[novozelandi:]
Tasmanië (het)	Тасмания	[tasmanija]
Frans-Polynesië	Полинезияи Фаронсавӣ	[polinezijai faronsavi:]

242. Steden

Amsterdam	Амстердам	[amsterdam]
Ankara	Анкара	[ankara]
Athene	Афина	[afina]
Bagdad	Бағдод	[baʁdod]
Bangkok	Бангкок	[bangkok]
Barcelona	Барселона	[barselona]
Beiroet	Бейрут	[bejrut]
Berlijn	Берлин	[berlin]
Boedapest	Будапешт	[budapeʃt]
Boekarest	Бухарест	[buχarest]
Bombay, Mumbai	Бомбей	[bombej]
Bonn	Бонн	[bonn]
Bordeaux	Бордо	[bordo]
Bratislava	Братислава	[bratislava]
Brussel	Брюссел	[brjussel]
Caïro	Қоҳира	[qohira]
Calcutta	Калкутта	[kalkutta]
Chicago	Чикаго	[tʃikago]
Dar Es Salaam	Дар ес Салаам	[dar es salaam]
Delhi	Деҳли	[dehli]
Den Haag	Гаага	[gaaga]
Dubai	Дубай	[dubaj]
Dublin	Дублин	[dublin]
Florence	Флоренсия	[florensija]
Frankfort	Франкфурт	[frankfurt]
Genève	Женева	[ʒeneva]
Hamburg	Гамбург	[gamburg]
Hanoi	Ҳаной	[hanoj]
Havana	Гавана	[gavana]
Helsinki	Ҳелсинки	[helsinki]
Hiroshima	Ҳиросима	[hirosima]
Hongkong	Ҳонг Конг	[hong kong]
Istanbul	Истамбул	[istambul]
Joruzalem	Иерусалим	[ierusalim]
Kiev	Киев	[kiev]

Kopenhagen	Копенҳаген	[kopenhagen]
Kuala Lumpur	Куала Лумпур	[kuala lumpur]
Lissabon	Лиссабон	[lissabon]
Londen	Лондон	[london]
Los Angeles	Лос-Анчелес	[los-andʒeles]
Lyon	Лион	[lion]
Madrid	Мадрид	[madrid]
Marseille	Марсел	[marsel]
Mexico-Stad	Мехико	[meχiko]
Miami	Майами	[majami]
Montreal	Монреал	[monreal]
Moskou	Москва	[moskva]
München	Мюнхен	[mjunχen]
Nairobi	Найроби	[najrobi]
Napels	Неапол	[neapol]
New York	Ню Йорк	[nju jɔrk]
Nice	Нитсса	[nitssa]
Oslo	Осло	[oslo]
Ottawa	Оттава	[ottava]
Parijs	Париж	[pariʒ]
Peking	Пекин	[pekin]
Praag	Прага	[praga]
Rio de Janeiro	Рио-де-Жанейро	[rio-de-ʒanejro]
Rome	Рим	[rim]
Seoel	Сеул	[seul]
Singapore	Сингапур	[singapur]
Sint-Petersburg	Санкт-Петербург	[sankt-peterburg]
Sjanghai	Шанҳай	[ʃanhaj]
Stockholm	Стокхолм	[stokholm]
Sydney	Сидней	[sidnej]
Taipei	Тайпей	[tajpej]
Tokio	Токио	[tokio]
Toronto	Торонто	[toronto]
Venetië	Венетсия	[venetsija]
Warschau	Варшава	[varʃava]
Washington	Вашингтон	[vaʃington]
Wenen	Вена	[vena]

243. Politiek. Overheid. Deel 1

politiek (de)	сиёсат	[sijɔsat]
politiek (bn)	сиёсӣ	[sijɔsi:]
politicus (de)	сиёсатмадор	[sijɔsatmador]
staat (land)	давлат	[davlat]
burger (de)	гражданин	[graʒdanin]
staatsburgerschap (het)	гражданият	[graʒdanijat]
nationaal wapen (het)	нишони миллӣ	[niʃoni milli:]

volkslied (het)	гимн	[gimn]
regering (de)	ҳукумат	[hukumat]
staatshoofd (het)	раиси кишвар	[raisi kiʃvar]

| parlement (het) | маҷлис | [madʒlis] |
| partij (de) | ҳизб | [hizb] |

| kapitalisme (het) | капитализм | [kapitalizm] |
| kapitalistisch (bn) | капиталистӣ | [kapitalisti:] |

| socialisme (het) | сотсиализм | [sotsializm] |
| socialistisch (bn) | сотсиалистӣ | [sotsialisti:] |

communisme (het)	коммунизм	[kommunizm]
communistisch (bn)	коммунистӣ	[kommunisti:]
communist (de)	коммунист	[kommunist]

| democratie (de) | демократия | [demokratija] |
| democraat (de) | демократ | [demokrat] |

| democratisch (bn) | демократӣ | [demokrati:] |
| democratische partij (de) | ҳизби демократӣ | [hizbi demokrati:] |

| liberaal (de) | либерал | [liberal] |
| liberaal (bn) | либералӣ, ... и либерал | [liberali:], [i liberal] |

| conservator (de) | консерватор | [konservator] |
| conservatief (bn) | консервативӣ | [konservativi:] |

republiek (de)	ҷумҳурият	[dʒumhurijat]
republikein (de)	ҷумҳурихоҳ	[dʒumhurixoh]
Republikeinse Partij (de)	ҳизби ҷумҳурихоҳон	[hizbi dʒumhurixohon]

| verkiezing (de) | интихобот | [intixobot] |
| kiezen (ww) | интихоб кардан | [intixob kardan] |

| kiezer (de) | интихобкунанда | [intixobkunanda] |
| verkiezingscampagne (de) | маъракаи интихоботӣ | [ma'rakai intixoboti:] |

stemming (de)	овоздиҳӣ	[ovozdihi:]
stemmen (ww)	овоз додан	[ovoz dodan]
stemrecht (het)	ҳуқуқи овоздиҳӣ	[huquqi ovozdihi:]

kandidaat (de)	номзад	[nomzad]
zich kandideren	номзад интихоб шудан	[nomzad intixob ʃudan]
campagne (de)	маърака	[ma'raka]

| oppositie- (abn) | мухолиф | [muxolif] |
| oppositie (de) | оппозитсия | [oppozitsija] |

bezoek (het)	ташриф	[taʃrif]
officieel bezoek (het)	ташрифи расмӣ	[taʃrifi rasmi:]
internationaal (bn)	байналхалқӣ	[bajnalxalqi:]

| onderhandelingen (mv.) | гуфтугузор | [guftuguzor] |
| onderhandelen (ww) | гуфтушунид гузарондан | [guʃluʃunid guzarondan] |

244. Politiek. Overheid. Deel 2

maatschappij (de)	ҷамъият	[dʒam'ijat]
grondwet (de)	конститутсия	[konstitutsija]
macht (politieke ~)	ҳокимият	[hokimijat]
corruptie (de)	ришватхӯрӣ	[riʃvatχœri:]
wet (de)	қонун	[qonun]
wettelijk (bn)	конунӣ, ... и конун	[konuni:], [i konun]
rechtvaardigheid (de)	ҳаққоният	[haqqonijat]
rechtvaardig (bn)	ҳаққонӣ	[haqqoni:]
comité (het)	комитет	[komitet]
wetsvoorstel (het)	лоиҳаи қонун	[loihai qonun]
begroting (de)	буҷет	[budʒet]
beleid (het)	сиёсат	[sijɔsat]
hervorming (de)	ислоҳот	[islohot]
radicaal (bn)	радикалӣ	[radikali:]
macht (vermogen)	қувва	[quvva]
machtig (bn)	тавоно	[tavono]
aanhanger (de)	тарафдор	[tarafdor]
invloed (de)	таъсир, нуфуз	[ta'sir], [nufuz]
regime (het)	тартибот	[tartibot]
conflict (het)	низоъ	[nizo']
samenzwering (de)	суиқасд	[suiqasd]
provocatie (de)	иғво	[iʁvo]
omverwerpen (ww)	сарнагун кардан	[sarnagun kardan]
omverwerping (de)	сарнагун кардани	[sarnagun kardani]
revolutie (de)	инқилоб	[inqilob]
staatsgreep (de)	табаддулот	[tabaddulot]
militaire coup (de)	табаддулоти ҳарби	[tabadduloti harbi]
crisis (de)	бӯҳрон	[bœhron]
economische recessie (de)	таназзули иқтисодӣ	[tanazzuli iqtisodi:]
betoger (de)	намоишгар	[namoiʃgar]
betoging (de)	намоиш	[namoiʃ]
krijgswet (de)	вазъияти ҷанг	[vaz'ijati dʒang]
militaire basis (de)	пойгоҳи ҳарбӣ	[pojgohi harbi:]
stabiliteit (de)	устуворӣ	[ustuvori:]
stabiel (bn)	устувор	[ustuvor]
uitbuiting (de)	истисмор	[istismor]
uitbuiten (ww)	истисмор кардан	[istismor kardan]
racisme (het)	нажодпарастӣ	[naʒodparasti:]
racist (de)	нажодпараст	[naʒodparast]
fascisme (het)	фашизм	[faʃizm]
fascist (de)	фашист	[faʃist]

245. Landen. Diversen

vreemdeling (de)	хоричӣ	[χoridʒi:]
buitenlands (bn)	хоричӣ	[χoridʒi:]
in het buitenland (bw)	дар хорича	[dar χoridʒa]
emigrant (de)	муҳоҷир	[muhodʒir]
emigratie (de)	муҳоҷират	[muhodʒirat]
emigreren (ww)	муҳоҷират кардан	[muχodʒirat kardan]
Westen (het)	Ғарб	[ʁarb]
Oosten (het)	Шарқ	[ʃarq]
Verre Oosten (het)	Шарқи Дур	[ʃarqi dur]
beschaving (de)	тамаддун	[tamaddun]
mensheid (de)	башарият	[baʃarijat]
wereld (de)	дунё	[dunjo]
vrede (de)	сулҳ	[sulh]
wereld- (abn)	ҷаҳонӣ	[dʒahoni:]
vaderland (het)	ватан	[vatan]
volk (het)	халқ	[χalq]
bevolking (de)	аҳолӣ	[aholi:]
mensen (mv.)	одамон	[odamon]
natie (de)	миллат	[millat]
generatie (de)	насл	[nasl]
gebied (bijv. bezette ~en)	хок	[χok]
regio, streek (de)	минтақа	[mintaqa]
deelstaat (de)	штат	[ʃtat]
traditie (de)	анъана	[an'ana]
gewoonte (de)	одат	[odat]
ecologie (de)	экология	[ɛkologija]
Indiaan (de)	ҳиндуи Америка	[hindui amerika]
zigeuner (de)	лӯлӣ	[lœli:]
zigeunerin (dc)	лӯлизан	[lœlizan]
zigeuner- (abn)	... и лӯлӣ	[i lœli:]
rijk (het)	империя	[imperija]
kolonie (de)	мустамлика	[mustamlika]
slavernij (de)	ғуломӣ	[ʁulomi:]
invasie (de)	тохтутоз	[toχtutoz]
hongersnood (de)	гуруснагӣ	[gurusnagi:]

246. Grote religieuze groepen. Bekentenissen

religie (de)	дин	[din]
religieus (bn)	динӣ	[dini:]

geloof (het)	ақоиди динӣ	[aqoidi dini:]
geloven (ww)	бовар доштан	[bovar doʃtan]
gelovige (de)	имондор	[imondor]

| atheïsme (het) | атеизм, бединӣ | [ateizm], [bedini:] |
| atheïst (de) | атеист, бедин | [ateist], [bedin] |

christendom (het)	масеҳият	[masehijat]
christen (de)	масеҳӣ	[masehi:]
christelijk (bn)	масеҳӣ	[masehi:]

katholicisme (het)	мазҳаби католикӣ	[mazhabi katoliki:]
katholiek (de)	католик	[katolik]
katholiek (bn)	католикӣ	[katoliki:]

protestantisme (het)	Мазҳаби протестантӣ	[mazhabi protestanti:]
Protestante Kerk (de)	Калисои протестантӣ	[kalisoi protestanti:]
protestant (de)	протестант	[protestant]

orthodoxie (de)	Православӣ	[pravoslavi:]
Orthodoxe Kerk (de)	Калисои православӣ	[kalisoi pravoslavi:]
orthodox	православӣ	[pravoslavi:]

presbyterianisme (het)	Мазҳаби пресвитерӣ	[mazhabi presviteri:]
Presbyteriaanse Kerk (de)	Калисои пресвитерӣ	[kalisoi presviteri:]
presbyteriaan (de)	пресвитерӣ	[presviteri:]

| lutheranisme (het) | калисои лютеранӣ | [kalisoi ljuterani:] |
| lutheraan (de) | лютермазҳаб | [ljutermazhab] |

| baptisme (het) | баптизм | [baptizm] |
| baptist (de) | баптист, пайрави баптизм | [baptist], [pajravi baptizm] |

Anglicaanse Kerk (de)	калисои англиканӣ	[kalisoi anglikani:]
anglicaan (de)	англиканӣ	[anglikani:]
mormonisme (het)	мазҳаби мормонӣ	[mazhabi mormoni:]
mormoon (de)	мормон	[mormon]

| Jodendom (het) | яҳудият | [jahudijat] |
| jood (aanhanger van het Jodendom) | яҳуди | [jahudi] |

| boeddhisme (het) | буддизм | [buddizm] |
| boeddhist (de) | буддой | [buddoi:] |

| hindoeïsme (het) | Ҳиндуия | [hinduija] |
| hindoe (de) | ҳиндуӣ | [hindui:] |

islam (de)	Ислом	[islom]
islamiet (de)	мусулмон	[musulmon]
islamitisch (bn)	мусулмонӣ	[musulmoni:]

sjiisme (het)	Мазҳаби шиа	[mazhabi ʃia]
sjiiet (de)	шиа	[ʃia]
soennisme (het)	Мазҳаби суннӣ	[mazhabi sunni:]
soenniet (de)	сунниён	[sunnijɔn]

247. Religies. Priesters

priester (de)	рӯҳонӣ	[rœhoni:]
paus (de)	папаи Рим	[papai rim]
monnik (de)	роҳиб	[rohib]
non (de)	роҳиба	[rohiba]
pastoor (de)	пастор	[pastor]
abt (de)	аббат	[abbat]
vicaris (de)	викарий	[vikarij]
bisschop (de)	епископ	[episkop]
kardinaal (de)	кардинал	[kardinal]
predikant (de)	воиз	[voiz]
preek (de)	ваъз	[va'z]
kerkgangers (mv.)	аҳли калисо	[ahli kaliso]
gelovige (de)	имондор	[imondor]
atheïst (de)	атеист, бедин	[ateist], [bedin]

248. Geloof. Christendom. Islam

Adam	Одам	[odam]
Eva	Ҳавво	[havvo]
God (de)	Худо, Оллоҳ	[χudo], [olloh]
Heer (de)	Худо	[χudo]
Almachtige (de)	қодир	[qodir]
zonde (de)	гуноҳ	[gunoh]
zondigen (ww)	гуноҳ кардан	[gunoh kardan]
zondaar (de)	гунаҳкор	[gunahkor]
zondares (de)	зани гунаҳгор	[zani gunahgor]
hel (de)	дӯзах, ҷаҳаннам	[dœzaχ], [dʒahannam]
paradijs (het)	биҳишт	[bihiʃt]
Jezus	Исо	[iso]
Jezus Christus	Исои Масеҳ	[isoi maseh]
Heilige Geest (de)	Рӯҳулқудс	[rœhulquds]
Verlosser (de)	Наҷоткор	[nadʒotkor]
Maagd Maria (de)	Бибӣ Марям	[bibi: marjam]
Satan	Шайтон	[ʃajton]
satanisch (bn)	шайтонӣ	[ʃajtoni:]
engel (de)	малак, фаришта	[malak], [fariʃta]
beschermengel (de)	фариштаи нигаҳбон	[fariʃtai nigahbon]
engelachtig (bn)	... и малак, ... и фаришта	[i malak], [i fariʃta]
apostel (de)	апостол, ҳаворӣ	[apostol], [havori:]
aartsengel (de)	малоикаи муқарраб	[maloikai muqarrɒb]

antichrist (de)	даччол, хари даччол	[dadʒdʒol], [χari dadʒdʒol]
Kerk (de)	Калисо	[kaliso]
bijbel (de)	Таврот ва Инчил	[tavrot va indʒil]
bijbels (bn)	Навиштачотӣ	[naviʃtadʒoti:]

Oude Testament (het)	Аҳди қадим	[ahdi qadim]
Nieuwe Testament (het)	Аҳди Ҷадид	[ahdi dʒadid]
Heilige Schrift (de)	Навиштачоти Илоҳӣ	[naviʃtadʒoti ilohi:]
Hemel, Hemelrijk (de)	Осмон, Подшоҳии Худо	[osmon], [podʃohi:i χudo]

gebod (het)	фармон	[farmon]
profeet (de)	пайғамбар	[pajʁambar]
profetie (de)	пайғамбарӣ	[pajʁambari:]

Allah	Оллоҳ	[olloh]
Mohammed	Муҳаммад	[muhammad]
Koran (de)	қуръон	[qur'on]

moskee (de)	масчид	[masdʒid]
moellah (de)	мулло	[mullo]
gebed (het)	намозхонӣ	[namozχoni:]
bidden (ww)	намоз хондан	[namoz χondan]

pelgrimstocht (de)	зиёрат	[zijɔrat]
pelgrim (de)	зиёраткунанда	[zijɔratkunanda]
Mekka	Макка	[makka]

kerk (de)	калисо	[kaliso]
tempel (de)	ибодатгоҳ	[ibodatgoh]
kathedraal (de)	собор	[sobor]
gotisch (bn)	готики	[gotiki]
synagoge (de)	каниса	[kanisa]
moskee (de)	масчид	[masdʒid]

kapel (de)	калисои хурд	[kalisoi χurd]
abdij (de)	аббатӣ	[abbati:]
nonnenklooster (het)	дайр	[dajr]
mannenklooster (het)	дайри мардон	[dajri mardon]

klok (de)	ноқус, зангӯла	[noqus], [zangœla]
klokkentoren (de)	зангӯлахона	[zangœlaχona]
luiden (klokken)	занг задан	[zang zadan]

kruis (het)	салиб	[salib]
koepel (de)	гунбаз	[gunbaz]
icoon (de)	икона	[ikona]

lot, noodlot (het)	тақдир	[taqdir]
kwaad (het)	бадӣ	[badi:]
goed (het)	некӣ	[neki:]

vampier (de)	вампир	[vampir]
heks (de)	чодугарзан, албастӣ	[dʒodugarzan], [albasti:]
demoon (de)	азозил	[azozil]
verzoeningsleer (de)	кафорат	[kaforat]
vrijkopen (ww)	кафорат кардан	[kaforat kardan]

mis (de)	ибодат	[ibodat]
de mis opdragen	ибодат кардан	[ibodat kardan]
biecht (de)	омурзиш	[omurziʃ]
biechten (ww)	омурзиш хостан	[omurziʃ χostan]
heilige (de)	муқаддас	[muqaddas]
heilig (bn)	муқаддас	[muqaddas]
wijwater (het)	оби муқаддас	[obi muqaddas]
ritueel (het)	маросим	[marosim]
ritueel (bn)	маросимӣ	[marosimi:]
offerande (de)	қурбонӣ	[qurboni:]
bijgeloof (het)	хурофот	[χurofot]
bijgelovig (bn)	хурофотпараст	[χurofotparast]
hiernamaals (het)	охират	[oχirat]
eeuwige leven (het)	ҳаёти абадӣ	[hajɔti abadi:]

DIVERSEN

249. Diverse nuttige woorden

achtergrond (de)	таг	[tag]
balans (de)	мизон	[mizon]
basis (de)	асос	[asos]
begin (het)	сар	[sar]
beurt (wie is aan de ~?)	навбат	[navbat]
categorie (de)	категория	[kategorija]
comfortabel (~ bed, enz.)	барохат	[barohat]
compensatie (de)	товон	[tovon]
deel (gedeelte)	қисм	[qism]
deeltje (het)	зарра	[zarra]
ding (object, voorwerp)	шайъ	[ʃaj']
dringend (bn, urgent)	зуд, фаврӣ	[zud], [favri:]
dringend (bw, met spoed)	зуд, фавран	[zud], [favran]
effect (het)	таъсир	[ta'sir]
eigenschap (kwaliteit)	хосият	[χosijat]
einde (het)	анҷом	[andʒom]
element (het)	элемент	[ɛlement]
feit (het)	факт	[fakt]
fout (de)	хато	[χato]
geheim (het)	сир, роз	[sir], [roz]
graad (mate)	дараҷа	[daradʒa]
groei (ontwikkeling)	афзоиш, зиёдшавӣ	[afzoiʃ], [zijodʃavi:]
hindernis (de)	сад, монеа	[sad], [monea]
hinderpaal (de)	монеа	[monea]
hulp (de)	кумак	[kumak]
ideaal (het)	идеал	[ideal]
inspanning (de)	саъю кӯшиш	[sa'ju kœʃiʃ]
keuze (een grote ~)	интихоб	[intiχob]
labyrint (het)	лабиринт	[labirint]
manier (de)	тарз	[tarz]
moment (het)	лаҳза, дам	[lahza], [dam]
nut (bruikbaarheid)	фоида	[foida]
onderscheid (het)	фарқ, тафриқа	[farq], [tafriqa]
ontwikkeling (de)	пешравӣ	[peʃravi·]
oplossing (de)	ҳал	[hal]
origineel (het)	нусхаи асл	[nusχai asl]
pauze (de)	фосила	[fosila]
positie (de)	мавқеъ	[mavqe']
principe (het)	принсип	[prinsip]

probleem (het)	масъала	[mas'ala]
proces (het)	чараён	[dʒarajɔn]
reactie (de)	аксуламал	[aksulamal]

reden (om ~ van)	сабаб	[sabab]
risico (het)	хатар, таваккал	[χatar], [tavakkal]
samenvallen (het)	рост омадани	[rost omadani]
serie (de)	силсила	[silsila]

situatie (de)	вазъият	[vaz'ijat]
soort (bijv. ~ sport)	навъ	[nav']
standaard (bn)	стандартӣ	[standarti:]
standaard (de)	стандарт	[standart]
stijl (de)	услуб	[uslub]

stop (korte onderbreking)	танаффус	[tanaffus]
systeem (het)	тартиб	[tartib]
tabel (bijv. ~ van Mendelejev)	чадвал	[dʒadval]
tempo (langzaam ~)	суръат	[sur'at]
term (medische ~en)	истилох	[istiloh]

type (soort)	хел	[χel]
variant (de)	вариант	[variant]
veelvuldig (bn)	зуд-зуд	[zud-zud]
vergelijking (de)	мукоисакунӣ	[muqoisakuni:]
voorbeeld (het goede ~)	мисол, назира	[misol], [nazira]

voortgang (de)	тараккӣ	[taraqqi:]
voorwerp (ding)	объект	[ob'ekt]
vorm (uiterlijke ~)	шакл	[ʃakl]
waarheid (de)	хакикат	[haqiqat]
zone (de)	минтака	[mintaqa]

250. Beperkende bijwoorden. Bijvoeglijke naamwoorden. Deel 1

accuraat (uurwerk, enz.)	покиза	[pokiza]
achter- (abn)	... и акиб, ... и охир	[i aqib], [i oχir]
additioneel (bn)	иловагӣ	[ilovagi:]
anders (bn)	гуногун	[gunogun]

arm (bijv. ~e landen)	камбағал	[kambaʁal]
begrijpelijk (bn)	фахмо	[fahmo]
belangrijk (bn)	мухим, зарур	[muhim], [zarur]
belangrijkst (bn)	аз хама мухим	[az hama muhim]

beleefd (bn)	боадаб, боназокат	[boadab], [bonazokat]
beperkt (bn)	махдуд	[mahdud]
betekenisvol (bn)	бисёр	[bisjor]
bijziend (bn)	наздикбин	[nazdikbin]
binnen- (abn)	дарунӣ	[daruni:]

bitter (bn)	талх	[talχ]
blind (bn)	кӯр	[kœr]
breed (een ~e straat)	васеъ	[vasė']

breekbaar (porselein, glas)	зудшикан	[zudʃikan]
buiten- (abn)	беруни, зоҳири	[beruni:], [zohiri:]
buitenlands (bn)	хоричи	[xoridʒi:]
burgerlijk (bn)	граждани	[graʒdani]
centraal (bn)	марказӣ	[markazi:]
dankbaar (bn)	сипосгузор	[siposguzor]
dicht (~e mist)	зич	[zitʃ]
dicht (bijv. ~e mist)	зич, ғафс	[zitʃ], [ʁafs]
dicht (in de ruimte)	наздик	[nazdik]
dichtbij (bn)	наздик, қариб	[nazdik], [qarib]
dichtstbijzijnd (bn)	аз ҳама наздик	[az hama nazdik]
diepvries (~product)	яхкарда	[jaxkarda]
dik (bijv. muur)	ғафс	[ʁafs]
dof (~ licht)	хира	[xira]
dom (dwaas)	аҳмак, аблаҳ	[ahmak], [ablah]
donker (bijv. ~e kamer)	торик	[torik]
dood (bn)	мурда	[murda]
doorzichtig (bn)	соф, шаффоф	[sof], [ʃaffof]
droevig (~ blik)	ғамгин	[ʁamgin]
droog (bn)	хушк	[xuʃk]
dun (persoon)	лоғар, камгӯшт	[loʁar], [kamgœʃt]
duur (bn)	қимат	[qimat]
eender (bn)	баробар	[barobar]
eenvoudig (bn)	осон	[oson]
eenvoudig (bn)	осон	[oson]
eeuwenoude (~ beschaving)	қадим	[qadim]
enorm (bn)	бузург	[buzurg]
geboorte- (stad, land)	… и ватан	[i vatan]
gebruind (bn)	гандумгун	[gandumgun]
gelijkend (bn)	монанд, шабеҳ	[monand], [ʃabeh]
gelukkig (bn)	хушбахт	[xuʃbaxt]
gesloten (bn)	пӯшида, баста	[pœʃida], [basta]
getaand (bn)	сабзина	[sabzina]
gevaarlijk (bn)	хатарнок	[xatarnok]
gewoon (bn)	оддӣ, одатӣ	[oddi:], [odati:]
gezamenlijk (~ besluit)	якчоя	[jakdʒoja]
glad (~ oppervlak)	ҳамвор	[hamvor]
glad (~ oppervlak)	ҳамвор	[hamvor]
goed (bn)	хуб	[xub]
goedkoop (bn)	арзон	[arzon]
gratis (bn)	бепул	[bepul]
groot (bn)	калон, бузург	[kalon], [buzurg]
hard (niet zacht)	сахт	[saxt]
heel (volledig)	бутун, яклухт	[butun], [jakluxt]
heet (bn)	гарм	[garm]
hongerig (bn)	гурусна	[gurusna]

hoofd- (abn)	асосӣ, муҳим	[asosi:], [muhim]
hoogste (bn)	баландтарин	[balandtarin]
huidig (courant)	ҳозира	[hozira]
jong (bn)	ҷавон	[dʒavon]

juist, correct (bn)	дуруст	[durust]
kalm (bn)	ором	[orom]
kinder- (abn)	бачагона, кӯдакона	[batʃagona], [kœdakona]
klein (bn)	хурд	[χurd]
koel (~ weer)	салқин	[salqin]

kort (kortstondig)	кӯтоҳмуддат	[kœtohmuddat]
kort (niet lang)	кӯтоҳ	[kœtoh]
koud (~ water, weer)	хунук, сард	[χunuk], [sard]
kunstmatig (bn)	сунъӣ	[sun'i:]

laatst (bn)	охирин	[oχirin]
lang (een ~ verhaal)	дур	[dur]
langdurig (bn)	давомнок	[davomnok]
lastig (~ probleem)	мураккаб	[murakkab]

leeg (glas, kamer)	холӣ	[χoli:]
lekker (bn)	бомаза	[bomaza]
licht (kleur)	кушод	[kuʃod]
licht (niet veel weegt)	сабук	[sabuk]

linker (bn)	чап	[tʃap]
luid (bijv. ~e stem)	баланд	[baland]
mager (bn)	логар	[loʁar]
mat (bijv. ~ verf)	бечило	[bedʒilo]
moe (bn)	мондашуда	[mondaʃuda]

moeilijk (~ besluit)	душвор	[duʃvor]
mogelijk (bn)	имконпазир	[imkonpazir]
mooi (bn)	зебо	[zebo]
mysterieus (bn)	асроромез	[asroromez]

naburig (bn)	… и ҳамсоя	[i hamsoja]
nalatig (bn)	мусоҳилакор	[musohilakor]
nat (~te kleding)	тар	[tar]
nerveus (bn)	асабонӣ	[asaboni:]
niet groot (bn)	хурдакак	[χurdakak]

niet moeilijk (bn)	сабук, осон	[sabuk], [oson]
nieuw (bn)	нав	[nav]
nodig (bn)	даркорӣ	[darkori:]
normaal (bn)	мӯътадил	[mœ'tadil]

251. Beperkende bijwoorden. Bijvoeglijke naamwoorden. Deel 2

onbegrijpelijk (bn)	номафҳум	[nomafhum]
onbelangrijk (bn)	андак	[andak]
onbewooglijk (bn)	беҳаракат	[beharakat]
onbewolkt (bn)	беабр	[beabr]

ondergronds (geheim)	пинхонй	[pinhoni:]
ondiep (bn)	камоб, пастоб	[kamob], [pastob]
onduidelijk (bn)	норавшан	[noravʃan]
onervaren (bn)	бетачриба	[betadʒriba]
onmogelijk (bn)	номумкин	[nomumkin]
onontbeerlijk (bn)	зарурй	[zaruri:]

onophoudelijk (bn)	бе танаффус	[be tanaffus]
ontkennend (bn)	манфй	[manfi:]
open (bn)	кушод	[kuʃod]
openbaar (bn)	чамъиятй, оммавй	[dʒam'ijati:], [ommavi:]
origineel (ongewoon)	бикр	[bikr]

oud (~ huis)	кӯхна	[kœhna]
overdreven (bn)	аз хад зиёд	[az had zijɔd]
passend (bn)	боб	[bob]
permanent (bn)	доимо, хамеша	[doimo], [hameʃa]
persoonlijk (bn)	шахсй	[ʃaχsi:]

plat (bijv. ~ scherm)	хамвор	[hamvor]
prachtig (~ paleis, enz.)	зебо	[zebo]
precies (bn)	аник	[aniq]
prettig (bn)	хуш	[χuʃ]
privé (bn)	шахсй, хусусй	[ʃaχsi:], [χususi:]

punctueel (bn)	ботартиб	[botartib]
rauw (niet gekookt)	хом	[χom]
recht (weg, straat)	рост	[rost]
rechter (bn)	рост	[rost]
rijp (fruit)	пухта	[puχta]

riskant (bn)	хатарнок	[χatarnok]
ruim (een ~ huis)	васеъ	[vase']
rustig (bn)	ором	[orom]
scherp (bijv. ~ mes)	тез	[tez]
schoon (niet vies)	тоза	[toza]

slecht (bn)	бад	[bad]
slim (verstandig)	окил	[oqil]
smal (~le weg)	танг	[tang]
snel (vlug)	босуръат	[bosur'at]
somber (bn)	торик, тира	[torik], [tira]
speciaal (bn)	махсус	[maχsus]

sterk (bn)	зӯр, бакувват	[zœr], [baquvvat]
stevig (bn)	мустахкам	[mustahkam]
straatarm (bn)	гадо	[gado]
strak (schoenen, enz.)	танг	[tang]
teder (liefderijk)	мехрубон	[mehrubon]

tegenovergesteld (bn)	мукобил	[muqobil]
tevreden (bn)	хурсанд	[χursand]
tevreden (klant, enz.)	конеъ, каноатманд	[qone'], [qanoatmand]
treurig (bn)	гамгинона	[ʁamginona]
tweedehands (bn)	истифодабурдашуда	[istifodaburdaʃuda]
uitstekend (bn)	хуб	[χub]

uitstekend (bn)	олй	[oli:]
uniek (bn)	беҳамто, нодир	[behamto], [nodir]
veilig (niet gevaarlijk)	бехатар	[beχatar]
ver (in de ruimte)	дур	[dur]

verenigbaar (bn)	мутобиқ	[mutobiq]
vermoeiend (bn)	хастакунанда	[χastakunanda]
verplicht (bn)	ҳатмй	[hatmi:]
vers (~ brood)	тоза	[toza]
verschillende (bn)	мухталиф	[muχtalif]

verst (meest afgelegen)	дур	[dur]
vettig (voedsel)	серравган	[serravʁan]
vijandig (bn)	душманона	[duʃmanona]
vloeibaar (bn)	моеъ	[moe']
vochtig (bn)	намнок	[namnok]
vol (helemaal gevuld)	пур	[pur]

volgend (~ jaar)	оянда, навбатй	[ojanda], [navbati:]
voorbij (bn)	гузашта	[guzaʃta]
voornaamste (bn)	асосй	[asosi:]
vorig (~ jaar)	гузашта	[guzaʃta]
vorig (bijv. ~e baas)	мутақаддим	[mutaqaddim]

vriendelijk (aardig)	хуб, нағз	[χub], [naʁz]
vriendelijk (goedhartig)	нек	[nek]
vrij (bn)	озод	[ozod]
vrolijk (bn)	хушҳол	[χuʃhol]
vruchtbaar (~ land)	серхосил	[serhosil]

vuil (niet schoon)	чиркин	[tʃirkin]
waarschijnlijk (bn)	эҳтимолй	[ehtimoli:]
warm (bn)	гарм	[garm]
wettelijk (bn)	конунй, ... и конун	[konuni:], [i konun]
zacht (bijv. ~ kussen)	нарм, мулоим	[narm], [muloim]

zacht (bn)	паст	[past]
zeldzaam (bn)	нодир	[nodir]
ziek (bn)	касал, бемор	[kasal], [bemor]
zoet (~ water)	ширин	[ʃirin]
zoet (bn)	ширин	[ʃiriɪ]

zonnig (~e dag)	... и офтоб	[i oftob]
zorgzaam (bn)	ғамхор	[ʁamχor]
zout (de soep is ~)	шӯр	[ʃœr]
zuur (smaak)	турш	[turʃ]
zwaar (~ voorwerp)	вазнин	[vaznin]

DE 500 BELANGRIJKSTE WERKWOORDEN

252. Werkwoorden A-C

aaien (bijv. een konijn ~)	навозиш кардан	[navoziʃ kardan]
aanbevelen (ww)	маслихат додан	[maslihat dodan]
aandringen (ww)	сахт истодан	[saχt istodan]
aankomen (ov. de treinen)	омадан	[omadan]
aanleggen (bijv. bij de pier)	ба соҳил овардан	[ba sohil ovardan]
aanraken (met de hand)	расидан	[rasidan]
aansteken (kampvuur, enz.)	алов кардан	[alov kardan]
aanstellen (in functie plaatsen)	таъйин кардан	[ta'jin kardan]
aanvallen (mil.)	хуҷум кардан	[hudʒum kardan]
aanvoelen (gevaar ~)	ҳис кардан	[his kardan]
aanvoeren (leiden)	сардорӣ кардан	[sardori: kardan]
aanwijzen (de weg ~)	нишон додан	[niʃon dodan]
aanzetten (computer, enz.)	даргирондан	[dargirondan]
adverteren (ww)	эълон кардан	[ɛ'lon kardan]
adviseren (ww)	маслихат додан	[maslihat dodan]
afdalen (on.ww.)	фуромадан	[furomadan]
afgunstig zijn (ww)	ҳасад хурдан	[hasad χurdan]
afhakken (ww)	бурида гирифтан	[burida giriftan]
afhangen van ...	мутеъ будан	[mute' budan]
afluisteren (ww)	пинхонӣ гӯш кардан	[pinhoni: gœʃ kardan]
afnemen (verwijderen)	гирифтан	[giriftan]
afrukken (ww)	кандан	[kandan]
afslaan (naar rechts ~)	гардонидан	[gardonidan]
afsnijden (ww)	буридан	[buridan]
afzeggen (ww)	бекор кардан	[bekor kardan]
amputeren (ww)	ампутатсия кардан	[amputatsija kardan]
amuseren (ww)	машғул кардан	[maʃʁul kardan]
antwoorden (ww)	ҷавоб додан	[dʒavob dodan]
applaudisseren (ww)	чапак задан	[tʃapak zadan]
aspireren (iets willen worden)	орзу кардан	[orzu kardan]
assisteren (ww)	ассистентӣ кардан	[assistenti: kardan]
bang zijn (ww)	тарсидан	[tarsidan]
barsten (plafond, enz.)	кафидан	[kafidan]
bedienen (in restaurant)	хизмат кардан	[χizmat kardan]
bedreigen (bijv. met een pistool)	дӯғ задан	[dœʁ zadan]
bedriegen (ww)	фирефтан	[fireftan]

beduiden (betekenen)	маъно доштан	[ma'no doʃtan]
bedwingen (ww)	намондан	[namondan]
beëindigen (ww)	тамом кардан	[tamom kardan]

begeleiden (vergezellen)	ҳамроҳӣ кардан	[hamrohi: kardan]
begieten (water geven)	об мондан	[ob mondan]
beginnen (ww)	сар кардан	[sar kardan]
begrijpen (ww)	фаҳмидан	[fahmidan]
behandelen (patiënt, ziekte)	табобат кардан	[tabobat kardan]

beheren (managen)	сардорӣ кардан	[sardori: kardan]
beïnvloeden (ww)	таъсир кардан	[ta'sir kardan]
bekennen (misdadiger)	иқрор шудан	[iqror ʃudan]
beledigen (met scheldwoorden)	таҳқир кардан	[tahqir kardan]

beledigen (ww)	озурда кардан	[ozurda kardan]
beloven (ww)	ваъда додан	[va'da dodan]
beperken (de uitgaven ~)	маҳдуд кардан	[mahdud kardan]
bereiken (doel ~, enz.)	расидан	[rasidan]

bereiken (plaats van bestemming ~)	рафта расидан	[rafta rasidan]
beschermen (bijv. de natuur ~)	нигоҳбонӣ кардан	[nigohboni: kardan]
beschuldigen (ww)	айбдор кардан	[ajbdor kardan]
beslissen (~ iets te doen)	қарор додан	[qaror dodan]

besmet worden (met …)	мубтало шудан	[mubtalo ʃudan]
besmetten (ziekte overbrengen)	мубтало кардан	[mubtalo kardan]
bespreken (spreken over)	муҳокима кардан	[muhokima kardan]
bestaan (een ~ voeren)	зистан	[zistan]

bestellen (eten ~)	супоридан, фармудан	[suporidan], [farmudan]
bestraffen (een stout kind ~)	ҷазо додан	[dʒazo dodan]
betalen (ww)	пул додан	[pul dodan]
betekenen (beduiden)	маънӣ доштан	[ma'ni: doʃtan]

betreuren (ww)	таассуф хӯрдан	[taassuf xœrdan]
bevallen (prettig vinden)	форидан	[foridan]
bevelen (mil.)	фармон додан	[farmon dodan]
bevredigen (ww)	қонеъ кардан	[qone' kardan]

bevrijden (stad, enz.)	озод кардан	[ozod kardan]
bewaren (oude brieven, enz.)	нигоҳ доштан	[nigoh doʃtan]
bewaren (vrede, leven)	муҳофизат кардан	[muhofizat kardan]
bewijzen (ww)	исбот кардан	[isbot kardan]

bewonderen (ww)	ба шавқ омадан	[ba ʃavq omadan]
bezitten (ww)	соҳиб будан	[sohib budan]
bezorgd zijn (ww)	нороҳат шудан	[norohat ʃudan]
bezorgd zijn (ww)	ошуфта шудан	[oʃufta ʃudan]

| bidden (praten met God) | намоз хондан | [namoz xondan] |
| bijvoegen (ww) | илова кардан | [ilova kardan] |

binden (ww)	васл кардан	[vasl kardan]
binnengaan (een kamer ~)	даромадан	[daromadan]
blozen (zich schamen)	сурх шудан	[surχ ʃudan]
blussen (brand ~)	хомӯш кардан	[χomœʃ kardan]
boos maken (ww)	бадқахр кардан	[badqahr kardan]
boos zijn (ww)	қахр кардан	[qahr kardan]
breken	даридан	[daridan]
(on.ww., van een touw)		
breken (speelgoed, enz.)	шикастан	[ʃikastan]
brengen (iets ergens ~)	овардан	[ovardan]
charmeren (ww)	чоду кардан	[dʒodu kardan]
citeren (ww)	иктибос овардан	[iktibos ovardan]
compenseren (ww)	товон додан	[tovon dodan]
compliceren (ww)	мураккаб кардан	[murakkab kardan]
componeren (muziek ~)	тасниф кардан	[tasnif kardan]
compromitteren (ww)	обрӯ резондан	[obrœ rezondan]
concurreren (ww)	рақобат кардан	[raqobat kardan]
controleren (ww)	назорат кардан	[nazorat kardan]
coöpereren (samenwerken)	ҳамкорӣ кардан	[hamkori: kardan]
coördineren (ww)	координатсия кардан	[koordinatsija kardan]
corrigeren (fouten ~)	ислох кардан	[isloh kardan]
creëren (ww)	сохтан	[soχtan]

253. Werkwoorden D-K

danken (ww)	сипосгузорӣ кардан	[siposguzori: kardan]
de was doen	чомашӯй кардан	[dʒomaʃœi: kardan]
de weg wijzen	фиристодан	[firistodan]
deelnemen (ww)	иштирок кардан	[iʃtirok kardan]
delen (wisk.)	тақсим кардан	[taqsim kardan]
denken (ww)	фикр кардан	[fikr kardan]
doden (ww)	куштан	[kuʃtan]
doen (ww)	кардан	[kardan]
dresseren (ww)	ром кардан	[rom kardan]
drinken (ww)	нӯшидан	[nœʃidan]
drogen (klederen, haar)	хушк кардан	[χuʃk kardan]
dromen (in de slaap)	хоб дидан	[χob didan]
dromen (over vakantie ~)	орзу доштан	[orzu doʃtan]
duiken (ww)	ғӯта задан	[ʁœta zadan]
durven (ww)	чуръат кардан	[dʒur'at kardan]
duwen (ww)	тела додан	[tela dodan]
een auto besturen	мошин рондан	[moʃin rondan]
een bad geven	оббозӣ дорондан	[obbozi: dorondan]
een bad nemen	шустушӯ кардан	[ʃustuʃœ kardan]
een conclusie trekken	хулоса баровардан	[χulosa barovardan]
een foto maken (ww)	сурат гирифтан	[surat giriftan]

eisen (met klem vragen)	талаб кардан	[talab kardan]
erkennen (schuld)	ба гардан гирифтан	[ba gardan giriftan]
erven (ww)	мерос гирифтан	[meros giriftan]
eten (ww)	хӯрдан	[xœrdan]
excuseren (vergeven)	афв кардан	[afv kardan]
existeren (bestaan)	зиндагӣ кардан	[zindagi: kardan]
feliciteren (ww)	муборакбод гуфтан	[muborakbod guftan]
gaan (te voet)	рафтан	[raftan]
gaan slapen	хоб рафтан	[xob raftan]
gaan zitten (ww)	нишастан	[niʃastan]
gaan zwemmen	оббозӣ кардан	[obbozi: kardan]
garanderen (garantie geven)	зомин шудан	[zomin ʃudan]
gebruiken (bijv. een potlood ~)	истеъмол кардан	[iste'mol kardan]
gebruiken (woord, uitdrukking)	истеъмол кардан	[iste'mol kardan]
geconserveerd zijn (ww)	махфуз мондан	[mahfuz mondan]
gedateerd zijn (ww)	сана гузоштан	[sana guzoʃtan]
gehoorzamen (ww)	зердаст шудан	[zerdast ʃudan]
gelijken (op elkaar lijken)	монанд будан	[monand budan]
geloven (vinden)	бовар кардан	[bovar kardan]
genoeg zijn (ww)	кофӣ будан	[kofi: budan]
geven (ww)	додан	[dodan]
gieten (in een beker ~)	рехтан	[reχtan]
glimlachen (ww)	табассум кардан	[tabassum kardan]
glimmen (glanzen)	нурафшонӣ кардан	[nurafʃoni: kardan]
gluren (ww)	пинхонӣ нигох кардан	[pinhoni: nigoh kardan]
goed raden (ww)	ёфтан	[joftan]
gooien (een steen, enz.)	андохтан	[andoχtan]
grappen maken (ww)	шӯхӣ кардан	[ʃœχi: kardan]
graven (tunnel, enz.)	кофтан	[koftan]
haasten (iemand ~)	шитоб кунондан	[ʃitob kunondan]
hebben (ww)	доштан	[doʃtan]
helpen (hulp geven)	кумак кардан	[kumak kardan]
herhalen (opnieuw zeggen)	такрор кардан	[takror kardan]
herinneren (ww)	хифз кардан	[hifz kardan]
herinneren aan … (afspraak, opdracht)	ба ёди касе овардан	[ba jodi kase ovardan]
herkennen (identificeren)	шинохтан	[ʃinoχtan]
herstellen (repareren)	дуруст кардан	[durust kardan]
het haar kammen	шона кардан	[ʃona kardan]
hopen (ww)	умед доштан	[umed doʃtan]
horen (waarnemen met het oor)	шунидан	[ʃunidan]
houden van (muziek, enz.)	дӯст доштан	[dœst doʃtan]
huilen (wenen)	гиря кардан	[girja kardan]
hulveren (ww)	як қад ларидан	[jak qad laridan]
huren (een boot ~)	киро кардан	[kiro kardan]

huren (huis, kamer)	ба иҷора гирифтан	[ba iʤora giriftan]
huren (personeel)	ба кор гирифтан	[ba kor giriftan]
imiteren (ww)	таклид кардан	[taklid kardan]

importeren (ww)	ворид кардан	[vorid kardan]
inenten (vaccineren)	эмгузаронӣ кардан	[ɛmguzaroni: kardan]
informeren (informatie geven)	ахборот додан	[aҳborot dodan]
informeren naar ... (navraag doen)	донистан	[donistan]

| inlassen (invoegen) | даровардан | [darovardan] |

inpakken (in papier)	печондан	[petʃondan]
inspireren (ww)	рӯҳбаланд кардан	[rœhbaland kardan]
instemmen (akkoord gaan)	розигӣ додан	[rozigi: dodan]
interesseren (ww)	ҳаваснок кардан	[havasnok kardan]

irriteren (ww)	ранҷондан	[randʒondan]
isoleren (ww)	ҷудо нигоҳ доштан	[dʒudo nigoh doʃtan]
jagen (ww)	шикор кардан	[ʃikor kardan]
kalmeren (kalm maken)	ором кардан	[orom kardan]

kennen (kennis hebben van iemand)	донистан	[donistan]
kennismaken (met ...)	шинос шудан	[ʃinos ʃudan]
kiezen (ww)	интихоб кардан	[intiҳob kardan]
kijken (ww)	нигоҳ кардан	[nigoh kardan]

klaarmaken (een plan ~)	тайёр кардан	[tajjor kardan]
klaarmaken (het eten ~)	пухтан	[puҳtan]
klagen (ww)	шикоят кардан	[ʃikojat kardan]
kloppen (aan een deur)	тақ-тақ кардан	[taq-taq kardan]

kopen (ww)	харидан	[ҳaridan]
kopieën maken	бисёр кардан	[bisjor kardan]
kosten (ww)	арзидан	[arzidan]
kunnen (ww)	тавонистан	[tavonistan]
kweken (planten ~)	парвариш кардан	[parvariʃ kardan]

254. Werkwoorden L-R

lachen (ww)	хандидан	[ҳandidan]
laden (geweer, kanon)	тир пур кардан	[tir pur kardan]
laden (vrachtwagen)	бор кардан	[bor kardan]
laten vallen (ww)	афтондан	[aftondan]

lenen (geld ~)	қарз гирифтан	[qarz giriftan]
leren (lesgeven)	таълим додан	[ta'lim dodan]
leven (bijv. in Frankrijk ~)	зистан	[zistan]
lezen (een boek ~)	хондан	[ҳɵndɑn]

lid worden (ww)	мулҳақ шудан	[mulhaq ʃudan]
liefhebben (ww)	дӯст доштан	[dœst doʃtan]
liegen (ww)	дурӯғ гуфтан	[durœʁ guftan]
liggen (op de tafel ~)	хобида	[ҳobida]

liggen (persoon)	хоб кардан	[χob kardan]
lijden (pijn voelen)	алам кашидан	[alam kaʃidan]
losbinden (ww)	кушодан	[kuʃodan]
luisteren (ww)	гӯш кардан	[gœʃ kardan]

lunchen (ww)	хӯроки пешин хӯрдан	[χœroki peʃin χœrdan]
markeren (op de kaart, enz.)	ишора кардан	[iʃora kardan]
melden (nieuws ~)	хабар додан	[χabar dodan]
memoriseren (ww)	ёд доштан	[jod doʃtan]

mengen (ww)	аралаш кардан	[aralaʃ kardan]
mikken op (ww)	нишон гирифтан	[niʃon giriftan]
minachten (ww)	ҳақорат кардан	[haqorat kardan]
moeten (ww)	қарздор будан	[qarzdor budan]

morsen (koffie, enz.)	резондан	[rezondan]
naderen (dichterbij komen)	наздик омадан	[nazdik omadan]
neerlaten (ww)	фуровардан	[furovardan]
nemen (ww)	гирифтан	[giriftan]

nodig zijn (ww)	даркор будан	[darkor budan]
noemen (ww)	номидан	[nomidan]
noteren (opschrijven)	қайд кардан	[qajd kardan]
omhelzen (ww)	оғуш кардан	[oʁuʃ kardan]

omkeren (steen, voorwerp)	чаппа кардан	[tʃappa kardan]
onderhandelen (ww)	гуфтушунид гузарондан	[guftuʃunid guzarondan]
ondernemen (ww)	иқдом кардан	[iqdom kardan]
onderschatten (ww)	хунукназарӣ кардан	[χunuknazari: kardan]

| onderscheiden (een ereteken geven) | мукофот додан | [mukofot dodan] |

onderstrepen (ww)	хат кашидан	[χat kaʃidan]
ondertekenen (ww)	имзо кардан	[imzo kardan]
onderwijzen (ww)	дастуруламал додан	[dasturulamal dodan]

| onderzoeken (alle feiten, enz.) | матраҳ кардан | [matrah kardan] |

ongerust maken (ww)	безобита кардан	[bezobita kardan]
onmisbaar zijn (ww)	даркор будан	[darkor budan]
ontbijten (ww)	ноништа кардан	[noniʃta kardan]

ontdekken (bijv. nieuw land)	кашф кардан	[kaʃf kardan]
ontkennen (ww)	инкор кардан	[inkor kardan]
ontlopen (gevaar, taak)	гурехтан	[gureχtan]
ontnemen (ww)	маҳрум кардан	[mahrum kardan]

ontwerpen (machine, enz.)	лоиҳа кашидан	[loiha kaʃidan]
oorlog voeren (ww)	ҷангидан	[dʒangidan]
op orde brengen	ба тартиб андохтан	[ba tartib andoχtan]
opbergen (in de kast, enz.)	баровардан	[barovardan]
opduiken (ov. een duikboot)	ба рӯи об баромадан	[ba rœi ob baromadan]

openen (ww)	кушодан	[kuʃodan]
ophangen (bijv. gordijnen ~)	овехтан	[oveχtan]
ophouden (ww)	бас кардан	[bas kardan]

oplossen (een probleem ~)	ҳал кардан	[hal kardan]
opmerken (zien)	дида мондан	[dida mondan]

opmerken (zien)	дида мондан	[dida mondan]
opscheppen (ww)	худситой кардан	[χudsitoi: kardan]
opschrijven (op een lijst)	навишта даровардан	[naviʃta darovardan]
opschrijven (ww)	навиштан	[naviʃtan]

opstaan (uit je bed)	аз ҷойгаҳ хестан	[az dʒojgah χestan]
opstarten (project, enz.)	сар кардан	[sar kardan]
opstijgen (vliegtuig)	парвоз кардан	[parvoz kardan]
optreden (resoluut ~)	амал кардан	[amal kardan]

organiseren (concert, feest)	оростан	[orostan]
overdoen (ww)	дубора хохтан	[dubora χoχtan]
overheersen (dominant zijn)	бартарӣ доштан	[bartari: doʃtan]
overschatten (ww)	аз будаш зиёд қадр кардан	[az budaʃ zijod qadr kardan]

overtuigd worden (ww)	мӯътақид будан	[mœ'taqid budan]
overtuigen (ww)	бовар кунондан	[bovar kunondan]
passen (jurk, broek)	мувофиқ омадан	[muvofiq omadan]
passeren (~ mooie dorpjes, enz.)	роҳ паймудан	[roh pajmudan]

peinzen (lang nadenken)	ба фикр рафтан	[ba fikr raftan]
penetreren (ww)	даромадан	[daromadan]
plaatsen (ww)	мондан	[mondan]
plaatsen (zetten)	ҷойгир кардан	[dʒojgir kardan]

plannen (ww)	нақша кашидан	[naqʃa kaʃidan]
plezier hebben (ww)	хурсандӣ кардан	[χursandi: kardan]
plukken (bloemen ~)	кандан	[kandan]
prefereren (verkiezen)	бехтар донистан	[beχtar donistan]

proberen (trachten)	кӯшидан	[kœʃidan]
proberen (trachten)	кӯшиш кардан	[kœʃiʃ kardan]
protesteren (ww)	эътироз баён кардан	[ɛ'tiroz bajon kardan]
provoceren (uitdagen)	иғво додан	[iʁvo dodan]

raadplegen (dokter, enz.)	маслиҳат пурсидан	[maslihat pursidan]
rapporteren (ww)	маълумот додан	[ma'lumot dodan]
redden (ww)	наҷот додан	[nadʒot dodan]
regelen (conflict)	баробар кардан	[barobar kardan]

reinigen (schoonmaken)	тоза кардан	[toza kardan]
rekenen op ...	умед бастан	[umed bastan]
rennen (ww)	давидан	[davidan]
reserveren (een hotelkamer ~)	ҷудо карда мондан	[dʒudo karda mondan]

rijden (per auto, enz.)	рафтан	[raftan]
rillen (ov. de kou)	ларзидан	[larzidan]
riskeren (ww)	таваккал кардан	[tavakkal kardan]
roepen (met je stem)	чеғ задан	[dʒeʁ zadan]
roepen (om hulp)	чеғ задан	[dʒeʁ zadan]

ruiken (bepaalde geur verspreiden)	бӯй додан	[bœj dodan]
ruiken (rozen)	буй кардан	[buj kardan]
rusten (verpozen)	дам гирифтан	[dam giriftan]

255. Verbs S-V

samenstellen, maken (een lijst ~)	тартиб додан	[tartib dodan]
schieten (ww)	тир задан	[tir zadan]
schoonmaken (bijv. schoenen ~)	тоза кардан	[toza kardan]
schoonmaken (ww)	рӯбучин кардан	[rœbutʃin kardan]

schrammen (ww)	харошидан	[χaroʃidan]
schreeuwen (ww)	дод задан	[dod zadan]
schrijven (ww)	навиштан	[naviʃtan]
schudden (ww)	чунбондан	[dʒunbondan]

selecteren (ww)	чудо карда гирифтан	[dʒudo karda giriftan]
simplificeren (ww)	соддатар кардан	[soddatar kardan]
slaan (een hond ~)	задан	[zadan]
sluiten (ww)	пӯшидан, бастан	[pœʃidan], [bastan]

smeken (bijv. om hulp ~)	таваллову зорӣ кардан	[tavallovu zori: kardan]
souperen (ww)	хӯроки шом хӯрдан	[χœroki ʃom χœrdan]
spelen (bijv. filmacteur)	бозидан	[bozidan]
spelen (kinderen, enz.)	бозӣ кардан	[bozi: kardan]

spreken met ...	гап задан бо ...	[gap zadan bo]
spuwen (ww)	туф кардан	[tuf kardan]
stelen (ww)	дуздидан	[duzdidan]
stemmen (verkiezing)	овоз додан	[ovoz dodan]
steunen (een goed doel, enz.)	тарафдорӣ кардан	[tarafdori: kardan]

stoppen (pauzeren)	истодан	[istodan]
ctoren (lastigvallen)	ташвиш додан	[taʃviʃ dodan]
strijden (tegen een vijand)	чанг кардан	[dʒang kɔrdan]
strijden (ww)	чангидан	[dʒangidan]

strijken (met een strijkbout)	уттӣ кардан	[utti: kardan]
studeren (bijv. wiskunde ~)	омӯхтан	[omœχtan]
sturen (zenden)	ирсол кардан	[irsol kardan]
tellen (bijv. geld ~)	шумурдан	[ʃumurdan]

terugkeren (ww)	баргаштан	[bargaʃtan]
terugsturen (ww)	гардонда фиристодан	[gardonda firistodan]
toebehoren aan ...	таалуқ доштан	[taaluq doʃtan]
toegeven (zwichten)	гузашт кардан	[guzaʃt kardan]

| toenemen (on. ww) | калон шудан | [kalon ʃudan] |
| toespreken (zich tot iemand richten) | мурочиат кардан | [murodʒiat kardan] |

toestaan (goedkeuren)	ичозат додан	[idʒozat dodan]
toestaan (ww)	ичозат додан	[idʒozat dodan]
toewijden (boek, enz.)	бахшидан	[baxʃidan]
tonen (uitstallen, laten zien)	нишон додан	[niʃon dodan]
trainen (ww)	машқ додан	[maʃq dodan]
transformeren (ww)	табдил кардан	[tabdil kardan]
trekken (touw)	кашидан	[kaʃidan]
trouwen (ww)	зан гирифтан	[zan giriftan]
tussenbeide komen (ww)	дахолат кардан	[daxolat kardan]
twijfelen (onzeker zijn)	шак доштан	[ʃak doʃtan]
uitdelen (pamfletten ~)	тақсим карда додан	[taqsim karda dodan]
uitdoen (licht)	куштан	[kuʃtan]
uitdrukken (opinie, gevoel)	баён кардан	[bajon kardan]
uitgaan (om te dineren, enz.)	баромадан	[baromadan]
uitlachen (bespotten)	масхара кардан	[masxara kardan]
uitnodigen (ww)	даъват кардан	[da'vat kardan]
uitrusten (ww)	тачҳиз кардан	[tadʒhiz kardan]
uitsluiten (wegsturen)	баровардан	[barovardan]
uitspreken (ww)	талаффуз кардан	[talaffuz kardan]
uittorenen (boven ...)	боло, баланд шудан	[bolo], [baland ʃudan]
uitvaren tegen (ww)	дашном додан	[daʃnom dodan]
uitvinden (machine, enz.)	ихтироъ кардан	[ixtiro' kardan]
uitwissen (ww)	пок кардан	[pok kardan]
vangen (ww)	доштан	[doʃtan]
vastbinden aan ...	барбастан	[barbastan]
vechten (ww)	занозанй кардан	[zanozani: kardan]
veranderen (bijv. mening ~)	иваз кардан	[ivaz kardan]
verbaasd zijn (ww)	ба ҳайрат афтодан	[ba hajrat aftodan]
verbazen (verwonderen)	ба ҳайрат андохтан	[ba hajrat andoxtan]
verbergen (ww)	пинхон кардан	[pinhon kardan]
verbieden (ww)	манъ кардан	[man' kardan]
verblinden (andere chauffeurs)	чашмро хира кардан	[tʃaʃmro xira kardan]
verbouwereerd zijn (ww)	таачҷуб кардан	[taatʃdʒub kardan]
verbranden (bijv. papieren ~)	сӯхтан	[sœxtan]
verdedigen (je land ~)	муҳофиза кардан	[muhofiza kardan]
verdenken (ww)	шубҳа кардан	[ʃubha kardan]
verdienen (een complimentje, enz.)	сазовори шудан	[sazovori ʃudan]
verdragen (tandpijn, enz.)	тоб овардан	[tob ovardan]
verdrinken (in het water omkomen)	ғарк шудан	[ʁark ʃudan]
verdubbelen (ww)	дучанда кардан	[dutʃanda kardan]
verdwijnen (ww)	гум шудан	[gum ʃudan]
verenigen (ww)	якчоя кардан	[jakdʒoja kardan]
vergelijken (ww)	муқоиса кардан	[muqoisa kardan]

vergeten (achterlaten)	мондан	[mondan]
vergeten (ww)	фаромӯш кардан	[farɔmœʃ kardan]
vergeven (ww)	бахшидан	[baχʃidan]
vergroten (groter maken)	калон кардан	[kalon kardan]
verklaren (uitleggen)	шарх додан	[ʃarh dodan]

verklaren (volhouden)	тасдиқ кардан	[tasdiq kardan]
verklikken (ww)	хабар расондан	[χabar rasondan]
verkopen (per stuk ~)	фурӯхтан	[furœχtan]
verlaten (echtgenoot, enz.)	ҷое барбастан	[dʒoe barbastan]
verlichten (gebouw, straat)	равшан кардан	[ravʃan kardan]

verlichten (gemakkelijker maken)	сабук кардан	[sabuk kardan]
verliefd worden (ww)	ошиқ шудан	[oʃiq ʃudan]
verliezen (bagage, enz.)	гум кардан	[gum kardan]
vermelden (praten over)	гуфта гузаштан	[gufta guzaʃtan]

vermenigvuldigen (wisk.)	зарб задан	[zarb zadan]
verminderen (ww)	камтар кардан	[kamtar kardan]
vermoeid raken (ww)	монда шудан	[monda ʃudan]
vermoeien (ww)	хаста кардан	[χasta kardan]

256. Verbs V-Z

vernietigen (documenten, enz.)	нобуд кардан	[nobud kardan]
veronderstellen (ww)	гумон доштан	[gumon doʃtan]
verontwaardigd zijn (ww)	ба ғазаб омадан	[ba ʁazab omadan]
veroordelen (in een rechtszaak)	ҳукм кардан	[hukm kardan]

veroorzaken ... (oorzaak zijn van ...)	сабаб шудан	[sabab ʃudan]
verplaatsen (ww)	кӯчондан	[kœtʃondan]
verpletteren (een insect, enz.)	торумор кардан	[torumor kardan]
verplichten (ww)	маҷбур кардан	[madʒbur kardan]
verschijnen (bijv. boek)	нашр шудан	[naʃr ʃudan]

verschijnen (in zicht komen)	намоён шудан	[namojon ʃudan]
verschillen (~ van iets anders)	фарқ доштан	[farq doʃtan]
versieren (decoreren)	оростан	[orostan]
verspreiden (pamfletten, enz.)	паҳн кардан	[pahn kardan]

verspreiden (reuk, enz.)	паҳн кардан	[pahn kardan]
versterken (positie ~)	мустаҳкам кардан	[mustahkam kardan]
verstommen (ww)	хомӯш шудан	[χomœʃ ʃudan]
vertalen (ww)	тарҷума кардан	[tardʒuma kardan]
vertellen (verhaal ~)	нақл кардан	[naql kardan]
vertrekken (bijv. naar Mexico ~)	рафтан	[raftan]

241

vertrouwen (ww)	бовар кардан	[bovar kardan]
vervolgen (ww)	давомат кардан	[davomat kardan]
verwachten (ww)	умедвор шудан	[umedvor ʃudan]
verwarmen (ww)	гарм кардан	[garm kardan]
verwarren (met elkaar ~)	иштибоҳ кардан	[iʃtiboh kardan]
verwelkomen (ww)	вохӯрдӣ кардан	[voχœrdi: kardan]
verwezenlijken (ww)	ичро кардан	[idʒro kardan]
verwijderen (een obstakel)	бартараф кардан	[bartaraf kardan]
verwijderen (een vlek ~)	тоза кардан	[toza kardan]
verwijten (ww)	таъна задан	[ta'na zadan]
verwisselen (ww)	иваз кардан	[ivaz kardan]
verzoeken (ww)	пурсидан	[pursidan]
verzuimen (school, enz.)	набудан	[nabudan]
vies worden (ww)	олуда шудан	[oluda ʃudan]
vinden (denken)	ҳисоб кардан	[hisob kardan]
vinden (ww)	ёфтан	[jɔftan]
vissen (ww)	моҳӣ гирифтан	[mohi: giriftan]
vleien (ww)	хушомадгӯй кардан	[χuʃomadgœj kardan]
vliegen (vogel, vliegtuig)	паридан	[paridan]
voederen	хӯрок додан	[χœrok dodan]
(een dier voer geven)		
volgen (ww)	рафтан	[raftan]
voorstellen (introduceren)	муаррифӣ кардан	[muarrifi: kardan]
voorstellen (Mag ik jullie ~)	шинос кардан	[ʃinos kardan]
voorstellen (ww)	таклиф кардан	[taklif kardan]
voorzien (verwachten)	пешбинӣ кардан	[peʃbini: kardan]
vorderen (vooruitgaan)	чунбидан	[dʒunbidan]
vormen (samenstellen)	ташкил додан	[taʃkil dodan]
vullen (glas, fles)	пур кардан	[pur kardan]
waarnemen (ww)	назорат кардан	[nazorat kardan]
waarschuwen (ww)	танбеҳ додан	[tanbeh dodan]
wachten (ww)	поидан	[poidan]
wassen (ww)	шустан	[ʃustan]
weerspreken (ww)	зид баромадан	[zid baromadan]
wegdraaien (ww)	рӯ гардондан	[rœ gardondan]
wegdragen (ww)	гирифта бурдан	[girifta burdan]
wegen (gewicht hebben)	вазн доштан	[vazn doʃtan]
wegjagen (ww)	ҳай кардан	[haj kardan]
weglaten (woord, zin)	партофта гузаштан	[partofta guzaʃtan]
wegvaren	ҳаракат кардан	[harakat kardan]
(uit de haven vertrekken)		
weigeren (iemand ~)	рад кардан	[rad kardan]
wekken (ww)	бедор кардан	[bedor kardan]
wensen (ww)	хостан	[χostan]
werken (ww)	кор кардан	[kor kardan]
weten (ww)	донистан	[donistan]

willen (verlangen)	хостан	[χostan]
wisselen (omruilen, iets ~)	додугирифт кардан	[dodugirift kardan]
worden (bijv. oud ~)	шудан	[ʃudan]
worstelen (sport)	гӯштин гирифтан	[gœʃtin giriftan]
wreken (ww)	интиқом гирифтан	[intiqom giriftan]
zaaien (zaad strooien)	коштан, коридан	[koʃtan], [koridan]
zeggen (ww)	гуфтан	[guftan]
zich baseerd op	асос ёфтан	[asos joftan]
zich bevrijden van ... (afhelpen)	аз ... халос шудан	[az χalos ʃudan]
zich concentreren (ww)	ҷамъ шудан	[dʒam' ʃudan]
zich ergeren (ww)	ранҷидан	[randʒidan]
zich gedragen (ww)	рафтор кардан	[raftor kardan]
zich haasten (ww)	шитоб кардан	[ʃitob kardan]
zich herinneren (ww)	ба ёд овардан	[ba jod ovardan]
zich herstellen (ww)	сиҳат шудан	[sihat ʃudan]
zich indenken (ww)	тасаввур кардан	[tasavvur kardan]
zich interesseren voor ...	ҳавас кардан	[havas kardan]
zich scheren (ww)	риш гирифтан	[riʃ giriftan]
zich trainen (ww)	машқ кардан	[maʃq kardan]
zich verdedigen (ww)	худро муҳофиза кардан	[χudro muhofiza kardan]
zich vergissen (ww)	хато кардан	[χato kardan]
zich verontschuldigen	узр пурсидан	[uzr pursidan]
zich verspreiden (meel, suiker, enz.)	рехтан	[reχtan]
zich vervelen (ww)	дилтанг шудан	[diltang ʃudan]
zijn (ww)	будан	[budan]
zinspelen (ww)	ишора кардан	[iʃora kardan]
zitten (ww)	нишастан	[niʃastan]
zoeken (ww)	ҷустан	[dʒustan]
zondigen (ww)	гуноҳ кардан	[gunoh kardan]
zuchten (ww)	нафас рост кардан	[nafas rost kardan]
zwaaien (met de hand)	афшондан	[afʃondan]
zwemmen (ww)	шино кардан	[ʃino kardan]
zwijgen (ww)	хомӯш будан	[χomœʃ budan]

www.ingramcontent.com/pod-product-compliance
Lightning Source LLC
Chambersburg PA
CBHW071325090426
42738CB00012B/2792